Wilhelm Bölsche

Von Wundern und Tieren

Neue naturwissenschaftliche Plaudereien

Wilhelm Bölsche: Von Wundern und Tieren. Neue naturwissenschaftliche Plaudereien

Berliner Ausgabe, 2017
Durchgesehener Neusatz bearbeitet und eingerichtet von Michael Holzinger

Erstdruck: Stuttgart, Deutsche Verlags-Anstalt, 1915.

Dieses Buch folgt in Rechtschreibung und Zeichensetzung obiger Textgrundlage.

Herausgeber der Reihe: Michael Holzinger
Reihengestaltung: Viktor Harvion
Umschlaggestaltung unter Verwendung des Bildes:
Jeff Servoss, Gila-Krustenechse

Gesetzt aus der Minion Pro, 11 pt

Inhalt

Vorwort

Es ist über hundert Jahre her, da kam Alexander von Humboldt von seinen Orinoko- und Kordillerenfahrten zurück, aller Wunder der Tropenlandschaft voll und wie verklärt von der ungeheuren Schau auf die Herrlichkeiten der Natur an einer ihrer irdisch größten Stellen. Daheim aber brannte der Krieg in roten Flammen zum Himmel. Eisern lag die Hand der Fremdherrschaft auf seinem deutschen Volke, und nur ein neuer furchtbarer Kampf verhieß, sie zu brechen. Damals erschienen dem edeln Manne gegen den Sturm dieser Stunde seine Urwälder und Tiere, bei denen er so lange gelebt und mit denen er so manches Abenteuer ausgefochten, plötzlich wie ein fernes blaues Reich des Friedens. Und so widmete er das wundervolle Werk, das er schrieb, die »Ansichten der Natur«, den bedrängten Gemütern, deren Sehnsucht nach den Bergen ging, wo nach den Worten des Dichters die Freiheit wohnen sollte und der Hauch der Grüfte nicht in die reineren Lüfte drang. Die kleinen Naturskizzen meines Büchleins hier sollen selbstverständlich nicht mit den Blättern Humboldts verglichen werden, die heute mit Recht für klassisch gelten. Höchstens, daß man eben an ihnen sehen kann, wie leicht es uns heute gemacht ist, von der Natur zu erzählen, nachdem solche Vorbilder uns den Weg gewiesen haben. Aber mein Büchlein fällt äußerlich in eine ähnliche Zeit. Wieder ist der Himmel blutesrot, und noch ganz anders als damals ringen wir um das Wurzelrecht und Kronenrecht unseres Volksbaumes. Fast ist die Stunde zu groß sogar für das Eingeständnis der Sehnsucht im bedrängten Gemüt. Dennoch meine ich, es trifft etwas zu, das wohl auch Humboldt meinte. Selbst im furchtbarsten eigenen Kampfe hat der Blick auf die große unerschütterliche Ewigkeitslinie der Natur eine beruhigende Macht. Gewiß, daß kein größeres Wunder ist als der Mensch selbst. Aber wenn aus diesem Wunder so die dämonischen Züge glühen wie heute, so sucht der Gedanke das Rätsel der Natur, das uralte, – und er fühlt in ihm die starke Hand, die, wie du sie nun nennen magst, zuletzt doch auch allen Dämon wieder zurückzwingt zu der Ackerscholle und dem Pfluge heilig stillen Werdens auf immer bessere Fernen zu. Um das zu erkennen und sich zu sagen auch in solcher Sturmesstunde, kann kein Bild und Wunder zu klein sein, und wäre es auch nur das Summen einer Mücke oder das leise Geigen des

Heimchens hinter dem Herd daheim, für dessen Friedensflamme unsere Helden draußen streiten.

Die meisten Blätter des kleinen Bilderbuchs, die ich hier vereine und die eine unmittelbare Fortsetzung meiner »Stunden im All« bilden, lagen bereits bei Ausbruch des Weltkrieges gedruckt vor. Nur in den letzten wird man leise das Gewitter vom düstern Horizont rollen hören. Zu der Scherzstelle vom Regenwurm sei hier noch nachgetragen, daß dieser merkwürdige Geselle gleich mehreren andern Tieren, deren Genuß dadurch vorübergehend beeinträchtigt wird, gewisse Zeiten im Leben zu haben scheint, wo er einigermaßen giftig wirken könnte.

Friedrichshagen, 1. November 1915

Wilhelm Bölsche

Eine Räubergeschichte aus dem Termitenbau

Der Mensch mit seinen sonnenhaften Augen ist von Natur ein geborenes Lichtgeschöpf. Dennoch hat ihn seine Kultur vielfältig genötigt, im Finstern zu hantieren, lange hat er in Höhlen hausen müssen, und nachher ersetzten die Höhle die düsteren Gänge und Verliese enger Burgen, die Korridore und Treppen finsterer Schlösser und Häuser. Selbst unsere höchste Technik von heute muß noch im Bergwerk graben, muß Tunnels bohren.

Die Phantasie hat das aber immer mit einem gewissen Grauen empfunden.

Aus den schwarzen Schlünden krochen ihr Drachen und Scheusale aller Art ungesehen auf den Eindringling los; in jedem Bergwerk läßt die Sage gespenstische Bergmönche und schwarze Männer umgehen, die den armen Grubenleuten den Hals umdrehen, und im alten Schloßkorridor spukt die weiße Frau. Wo die Dinge aber real bleiben, da bleibt mindestens doch die unheimliche Romantik der »Räuberhöhle« als fester Begriff.

Und doch besaßen wir seit alters wenigstens die Gabe, künstliches Licht da unten mit hineinzuführen. Was würden Wahrheit und Dichtung erst für Grauen geschaffen haben, wenn uns Menschen im ganzen das Los für unser Gesellschaftsleben getroffen hätte, das einem anderen, kleineren, ebenfalls überaus geselligen und tatkräftigen Geschöpf unseres Planeten zugefallen ist – das Los: in den Ländern der hellsten, glühendsten Sonne doch fast sein ganzes unsagbar verwickeltes, millionenköpfiges Staatsleben, fast alle Wunder seines patriarchenhaft gesegneten Liebeslebens in künstlich hergestellten finsteren, von keinerlei Kunstlicht erhellten Schachtgängen auszuleben, ja da drinnen selbst das zu treiben, was das Untrennbarste scheint von Sonne und Licht: seinen ganzen Ackerbau ...

Zu den Charaktergebilden tropischer Sonnenlandschaft gehören mitten zwischen der üppigsten sonnenfrohen Vegetation gewisse künstliche Hügel, manchmal bis sieben Meter hoch, steinhart, durchweg von außen abgeschlossen gegen diese Sonnenwelt wie mit solidesten Klostermauern, die finstere Verborgenheit des Innern zu wahren.

Das sind die Bauten der Termiten, seltsamster Insekten, von denen erst allmählich und neuerdings entscheidend bekannt geworden ist, daß die geradezu märchenhaften Taten ihres Soziallebens und »Kulturwesens« fast alles bisher von Ameisen und Bienen Berichtete noch in den Schatten stellen.

Die Termiten sind nach gangbarer Systematik engste Verwandte unserer Küchenschaben oder Schwaden, also körperlich weder den Bienen noch den Ameisen näher vergleichbar.

In solchem, wie gesagt, mehrmillionenköpfigen Staat der auffälligsten tropischen Arten lebt normal nur ein einziges eierlegendes Riesenweibchen, die Termitenkönigin. Bis zu dreißigtausend Eier kann sie an einem Tage legen, ewig so der wimmelnden Volksmasse Abrahams Segen garantierend. Zehn, vielleicht sogar bis fünfzehn Jahre kann sie das so treiben. Und ihr zur Seite steht dabei ebenso lange der ebenfalls nur als einmalige nationale Kostbarkeit vorhandene König.

Zusammen haben die beiden einst den Staat, der später den Hügel bewohnt, individuell neu begründet, indem sie aus einem anderen Staate eines Tages wie zwei Handwerksburschen fortwanderten, sich einten und eine erste schlichte kleine Hütte bauten, in der ihre Hochzeit stattfand und erste Kinderwiege stand. Aber aus dem Segen, der wachsend auf ihnen ruhte, ergab sich bald ein ungeheures Volk um sie, in Kasten geteilt, geschäftige kleine Arbeiter und wehrhafte Soldaten. Dieses »Volk« schützte und fütterte von gewissem Zeitraum an auch das ehrwürdige Elternpaar der Nation, und es fügte durch Unterkellern und Überbauen zu der alten Hütte den kolossalen Staatspalast oder besser: das Staatsbergwerk – bis diese Hütte, in der nach wie vor der Urvater und die Urmutter hausten und die Nation weiter und weiter ergänzten und vergrößerten, nur noch ein einzelnes kleines dunkles Kämmerchen im ganzen, die »Königszelle«, darstellte.

Große Schachte ventilieren diesen Gesamtbau, ohne ihn doch im Innern zu beleuchten. Denn wenn die Termiten auch wenigstens zum Teil selber nicht so unbedingt lichtscheu sind, wie man früher wohl meinte, und mehr als die hellende Sonne die trockenheiße Außenluft ihrer Heimatländer scheuen, so bleibt doch tatsächlich ihr Leben ein extremes Dunkelmännerdasein, dem nicht einmal das winzigste Grubenlämpchen glüht.

Allenthalben in das düstere Staatslabyrinth aber lagern sich kellerartige Sonderräume ein, in denen als der eigentliche Nationalwohlstand tatsächlich der eifrigste Ackerbau getrieben wird, ein regelrechter Bergwerksackerbau, der in Wahrheit nichts anderes ist als eine ebenso raffinierte wie dem Volkswohl ergiebige Pilzkultur größten Stils. Das unterirdische Nährgeflecht der Pilze wird auf besonders präparierten Mistbeeten künstlich gezüchtet und liefert vor allem den »Kinderbrei« für die beständig wie Sand am Meer sich mehrende Jugend des Volkes.

Noch nicht anderthalb Jahrhunderte ist es her, daß wir auch nur ein weniges von diesen Geheimnissen der Termite in ihrem finsteren Hades wissen. Genauere Beobachtung setzte erst neuerlich ein, und ganz besonders ist es der ausgezeichnete Münchener Professor K. Escherich gewesen, der in den letzten Jahren durch Zusammenfassung des älteren und reiche Sammlung neuen Materials unsere Kenntnis aufs glücklichste erweitert hat. Je heller jetzt aber wenigstens das Licht unserer Forschung in den Hades leuchtet, desto seltsamer, desto unerhörter werden seine teils lustigen, teils grausigen Mysterien. Und ein besonders unheimliches Kapitel betrifft da die »Gespenster« im Bau.

Auch im Termitenbergwerk gehen graue Gespenster um, die den braven Arbeiter in seiner Nacht bedrohen, kriechen gräßliche Drachen aus unsichtbarem Höhlengang, die ihn als Beute fortschleppen.

Bald sind diese »Gespenster« fremde Termiten, die in das Labyrinth der normalen Bergwerksgänge ein noch feineres, für gewöhnlich streng getrenntes Laufnetz für sich eingesponnen haben, von dem aus sie diebische Vorstöße in die Vorratskammern der rechtmäßigen Grubenbesitzer machen.

Bald sind es echte Ameisen, die ebenso aus Geheimgängen, sozusagen aus Wandschränken und unbekannten Hintertreppen, wie langbeinige Spinnen jählings huschend auftauchen und nicht bloß stehlen, sondern auch schon den kleinen hilflosen Termitenarbeiter selbst, dem gerade kein wehrhafter »Soldat« beisteht, gelegentlich überfallen und als Mordbeute verschleppen.

Kleine Käferchen aus der Gruppe der Staphyliniden gleiten wie Gnomen blitzschnell im Finstern vorbei, Kopf und Glieder tief unter einem aalglatten Deckschild verborgen, das die Dienste einer Tarnkappe tut; so unfaßbar wie allgegenwärtig, spielen sie die Hasen in den unterirdischen Kohlfeldern der Pilzgärten.

Ganz scheußlich aber sind die wirklichen »Drachenhöhlen« der Abgrundsnacht da unten, auf die zuerst Escherich bei seinen Studien auf Ceylon aufmerksam gemacht hat.

Besonders in der Nähe der Pilzbeete, wo es stets von Termitenkindern und ammenhaft wartenden und fütternden Arbeitstermiten wimmelt, finden sich flaschenförmige Geheimgelasse, die mit schmaler Pforte in den großen Pilzkeller, der solches Beet umschließt, einmünden. In jeder dieser Extrahöhlen aber lauert ein fettes Ungetüm, das mit seinem flaschenhaft verdickten Bauche genau in die Wölbung paßt.

Dem Blick des Zoologen enthüllt es sich als die wunderlich aufgeschwollene weiße Larve eines karabusähnlichen Käfers namens Orthogonius – also im Sinne unseres Maikäfers als ein »Engerling«. Hier im Termitenschacht aber haben diese Engerlinge sich zu regelrechten Drachen ausgebildet.

Bei Homer lesen wir von der gräßlichen Scylla, die aus engem Felsspalt plötzlich ihre Freßmäuler streckt, um sich am Menschenfleisch harmloser Passanten zu mästen. Und so streckt auch der feiste engerlinghafte Bewohner unseres Geheimschachts nur eben seine spitzen Kiefern aus dem unsichtbaren Hinterhalte seiner Flaschenhöhle vor – wehe aber dem harmlos in die Nähe kommenden Termitenkinde, wehe der nichts ahnend vorbeihastenden treuen Termitenamme! Unerbittlich werden sie gepackt, hereingezogen und bestialisch abgeschlachtet.

Die tückische Falle hat dabei eine ganz frappante Ähnlichkeit mit einer anderen, die bei uns zulande der sogenannte Ameisenlöwe den Ameisen stellt. Bekanntlich wühlt dieser Ameisenlöwe, der ebenfalls bloß die räuberische Larve eines großen, äußerlich libellenähnlichen Fluginsekts ist, im losen Sande zierliche Trichter aus, in deren Mitte er als böser kleiner Minotaurus auf hinabstürzende Ameisen lauert. Das Hinabstürzen befördert er dabei selber durch geschickt zielende Sandwürfe von unten. Auch die kühnste Phantasie würde aber nicht zu erfinden wagen, daß ein Heer solcher Ameisenlöwen ihre Fallgruben mitten im Ameisenhaufen selbst etablierten. Die Engerlinge im Termitenbau haben in ihrer Weise selbst diese tollste Überbietung erreicht!

Kein Wunder, wenn sie an so vorzüglichem Fleck Schmerbäuche bekommen. Fast wie die alte Termitenkönigin selber sehen sie endlich aus. Dabei spielt aber offenbar noch etwas Besonderes mit.

Diese staaterhaltende Dame, die Königin, wird, wie gesagt, in allen späteren Semestern ihres gesegneten Daseins von ihren Vasallen, den Termitenarbeitern, künstlich mit einem besonderen Futter ernährt, das diese Arbeiter in ihrem eigenen Leibe wie in einer natürlichen Milchflasche heranbringen und ihr einfüttern. Dabei aber schwillt nun ihr Leib zu vielfach geradezu kolossalen Maßen an, die sie als wahre Riesin über ihrem Volke thronen lassen. Dieser Umfang spielt im ferneren bei ihr ja wieder seine gute Rolle für die doch ebenfalls bei ihr so märchenhaft kolossale nationale Mutterpflicht. Offenbar aber muß in dem Futter, das man ihr eintrichtert, schon etwas stecken, was gerade auf ihn hinwirkt.

Die bösen Engerlinge haben nun auf ihrer Lebensstufe keinerlei eigene Mutterpflichten; hätten sie sie, so würden sie ohnehin ja doch nur wieder neue Drachen erzeugen, sehr zum Unheil des Termitenvolks. Gleichwohl wirkt auch auf sie offenbar jene Kraft des Futters, das sie vielfältig beim Verzehren ganzer Termiten, die gerade ihre Milchflasche im Leibe gefüllt trugen, einfach mitfressen mußten: sie werden nicht nur wohlgenährt überhaupt, sondern sie bekommen regelrechten künstlichen Königinnenumfang im Sinne königlicher Spezialmast – genau so, als wenn sie selbst gutwillig auf »Königin« von den Termiten gefüttert würden.

Von hier aus ist aber nun wiederum ein höchst wunderbarer Schachzug in diesem verwegenen Spiel möglich geworden.

Zu den Eigenarten, die das königliche Spezialfutter bei der Termitenkönigin hervorbringt, scheint nämlich auch allgemein zu gehören, daß der ungeheure, schließlich einer kleinen Kartoffel vergleichbare Leib dieser Königin einen *narkotischen Saft* absondert, den die pflegenden Termitenarbeiter mit höchster Wonne schlürfen. Die Lust daran ist so groß, daß es vielfach fast aussieht, als pflegten sie die alte Dame nur deshalb so heiß, weil sie ihnen zugleich diesen Kneiptisch, diese wahre königliche Staatskneipe, eröffnet. Mindestens sind der Trieb zum Pflegen und die Freude an dieser Kneiperei aufs engste bei ihnen aneinander angeschlossen.

Wie aber nun, wenn dieses Narkotikum sich auch bei den Drachen in ihren Höhlen einstellte?

Es ließe sich etwas ganz Nichtswürdiges denken.

Die Engerlingsdrachen kröchen einfach in das offene Termitengewimmel, ja bis in das Heiligtum gar der Königszelle selber hinaus. Äußerlich der Königin höchst ähnlich in der Leibesgestalt, würden sie von den Termitenarbeitern, die sie nicht sehen, sondern nur fühlen können, für wahre Königinnen gehalten, deren gelegentlich auch einmal mehrere nebeneinander nach dem termitischen Hausgesetz nicht ganz unmöglich sind. Man ginge ihnen also gar nicht mehr aus dem Wege, – und ungestört könnten sie ihr scheußliches Räuberhandwerk sozusagen mitten auf der offenen Straße fortsetzen.

Der bekannte Jesuitenpater Wasmann, dessen Philosophie nicht eben jedermanns Sache ist, der aber als Spezialforscher auf diesen Gebieten sich mit Recht allgemeiner Sympathie erfreut, hat gelegentlich da schon von tapferen Orthogoniusengerlingen selbst vermutet, daß sie solche freien Spaziergänge in Königinnenmaske probierten; Escherich hat es gerade von dieser Sorte Käferlarven indessen nicht bestätigen können.

Aber nehmen wir einmal an, andere »Drachen« da drinnen hätten es wirklich gemacht. So mußte die Absonderung auch noch eines königinhaften Narkotikums durch die verkappten Herren Räuber die Situation nochmals ins ganz Tolle weitertreiben.

Die Kneipgelüste der Termitenarbeiter mußten sich nämlich bei Begegnungen mit höchstem Eifer auch diesen Räubern zuwenden. Während die Scheusale rechts und links in die Schar der kleinen Kneipanten im Dunkeln mit Scyllamäulern hineingriffen und nach Herzenslust ihre Opfer massakrierten, strömte die Menge selbst ihnen immer begeisterter entgegen. Da aber der Kneiptrieb so eng mit dem Füttertrieb hier verschwistert war, boten sich die andrängenden Termiten, wenn sie genug gekneipt hatten, gar auch noch den fremden Ungeheuern als freundliche Fütterer dar, suchten sie zu nähren und zu pflegen wie wahrhaftige Königinnen – sie, die im nächsten Moment stets bereit waren, den naiven Fütterer selbst oder irgendeinen seiner Nebenmänner leibhaftig samt dem Futtertopf aufzufressen.

Groteskes Bild: Rausch, sorgende Liebe und rücksichtsloser Mord, alles bunt durcheinander waltend.

Nun ist aber kein Zweifel, daß gerade diese letzte Station der Dinge *wirklich* existiert.

Gewisse fertige Käfer (also nicht bloß Engerlinge) aus der Gruppe der schon genannten Staphyliniden leben genau so im Termitenbau. Sie haben Riesenbäuche wie Königinnen, laufen frei zwischen dem Termitenvolk herum, schwitzen narkotische Kneipsäfte aus und werden von den Termitenarbeitern mit Königinnenfutter genährt. Letzteres lassen sie sich schon lange ganz gewohnheitsmäßig gefallen, so daß sich sogar ihre Zunge durch Verbreiterung direkt daran angepaßt hat. Und doch sind sie ihrem grundlegenden Wesen nach alte Räuber und Termitenfresser geblieben nach wie vor!

Einen Moment könnte man ja versucht sein, zu hoffen, das letzte Stück dieses ungeheuerlichen Weges sei von selber bestimmt, doch noch wieder auf einen Friedenspfad zu führen.

Wenn nämlich jede Termite, die dem Räuber vor den Mund kam, ihn fortan freiwillig fütterte, so brauchte er ja schließlich keine mehr zu fressen!

Die Beobachtungen sprechen bisher aber gegen diesen letzten Schluß.

Bei den Ameisen, wo ganz ähnliche »lebendige Kneipen« in Gestalt kleiner Käferchen vielfältig im Bau gehalten und ebenfalls gefüttert werden, haben sich diese zweifelhaften Existenzen doch durchweg nebenher noch als arge Räuber auch so erwiesen, und nicht viel anders scheint es bei den Termiten zu stehen. Die allgemeine und extreme Staatskneiperei, bei der echten Königin anscheinend noch eine gemütliche, ja förderliche Zutat, hat eben zur regelrechten Drachenzucht in diesem sonst so wohlgeordneten Staat verleitet.

Ob die amüsante Geschichte aus Mutter Naturs Skizzenbuch hier am Ende doch noch eine besondere Nutzanwendung hat? »Hingegen soll der Branntewein um Mitternacht nicht schädlich sein.« Die Wahrheit dieses ehrwürdigen Satzes wird beim Menschen neuerdings bekanntlich öfter bestritten. Ob auch in der ewigen Mitternacht des dunklen Termitenbaues die Kneiperei, selbst die staatlich konzessionierte, sich schließlich doch nicht recht bewährt hat, indem sie zu solchen fatalen Extravaganzen führte …?

Amadinens illuminierte Kinderstube

Aus unseren Kinderstuben pflegt uns fürs Leben eine kleine Gespensterei nachzufolgen, die unausrottbar fest bleibt. Im Märchen kommt es vor: das Kind geht durch den finstern Wald, da funkeln plötzlich aus der Dunkelheit ein paar rotglühende Augen. Alle dämonischen Schauer der Nacht vereinigen sich in diesem Zuge. Wölfe und Teufel haben solche Augen.

Später lernt man dann, daß allerhand Tieraugen wirklich so leuchten, gefährliche wie ganz harmlose; Katzen und Eulen sind das bekannteste Beispiel, aber der Schmetterlingssammler merkt mit Staunen, wie auch die Augen seiner Schwärmer, die abends so wild um Winde und Geißblatt gaukeln, aufglühen gleich kleinen brennenden Kohlen, und im Berliner Aquarium habe ich das unheimliche Phänomen in seltener Kraft an den großen Glotzern der dicken Ochsenfrösche beobachten können. Unheimlich bleibt es aber immer.

Wie oft habe ich von schönen und sehr gebildeten Lippen gehört, daß die Katzenaugen sich wirklich selber ihr Licht dabei anstecken, daß sie irgendwie »phosphoreszieren«, wie die gangbare Meinung es den Johanniswürmchen oder den winzigen Erzeugern des herrlichen Meerleuchtens zuschreibt.

Von solchen Leuchtkäfern und Leuchtinfusorien weiß man zwar heute, daß auch ihr nächtlicher Glanz mit wirklichem Phosphorschein nichts zu tun hat, sondern auf gewissen Stoffwechselprodukten dieser Lebewesen beruht, die bei ihrer Verbindung mit Sauerstoff Licht hervorbringen. Aber es bleibt hier doch wirklich bei »Eigenlicht«, und warum sollte also das Katzenauge nicht eine ähnliche Kraft bewähren? Und wenn wir von gewissen leuchtenden Fischen, die es in der ewig dunkeln Tiefsee gibt, gar hören, daß ihre Leuchtorgane an besondere Nerven angeschlossen sind, also willkürlich bald in Kraft gesetzt und bald wieder »abgedreht« werden können, so scheint uns auch Frau Kätzin sehr deutlich etwas derart zur Verfügung zu haben, denn jeder merkt, wie auch ihre Glühäugelchen, wenn sie im Dämmer schleicht, bald aufglänzen, bald wieder verlöschen.

Es ist jetzt etwas über hundert Jahre her, daß Prevost zum erstenmal die damals für die ganze Medizin und Zoologie nicht nur kühne, sondern geradezu ungeheuerliche Behauptung aufstellte, das Leuchten des Katzenauges sei nur eine ganz zufällige Reflexerscheinung für den Beschauer, die durchaus nichts mit eigener Leuchtkraft oder gar Willkür des Tieres selbst zu tun habe. Katzenaugen leuchteten überhaupt niemals im absolut Dunkeln, sondern es bedürfe dazu stets eines (wenn auch ganz schwachen) einfallenden Dämmerlichtes, das dann vom tiefen Grunde des Auges je nach Stellung für den Zuschauer zurückgeworfen (reflektiert) würde.

Noch mehr als drei Jahrzehnte später mußte unser damals größter deutscher Physiolog, Johannes Müller, diese richtige Deutung gegen ernsthafte wissenschaftliche Gegner verteidigen, und es ist amüsant, heute seine eigenen Worte darüber zu hören, die zugleich die Sinnestäuschungen berühren, denen jeder ungeübte Urteiler bei so delikaten Dingen zu unterliegen pflegt.

»Wer«, sagt Müller, »für das Leuchten der Katzenaugen aus Neigung eingenommen, dem empfehlen wir, wie wir getan haben, eine Katze in einen absolut dunkeln Raum mit sich zu nehmen und sich vom Gegenteil zu überzeugen, dabei aber die durch eine schnelle Bewegung unserer eigenen Augen und durch Zerrung des Sehnerven entstehende, bloß subjektive Lichtempfindung nicht zu verwechseln. Ein neuerer Versuch, den ich mit einer Katze in einem absolut dunkeln Raum, in einem Keller der hiesigen Anatomie, in Gegenwart mehrerer angestellt, fiel ganz negativ aus. Eine Person hielt die Katze. Diese Person wurde von mir im Dunkeln an einen Ort gestellt, den die anderen Anwesenden nicht kannten, den sie aber wahrnehmen mußten, falls die Katze Licht aus den Augen ausströmte. Alle sahen nichts, bis auf einen, dieser wollte zwei feurige Kreise gesehen haben. Sogleich ließ ich diesen seinen Arm nach der Gegend ausstrecken, wo er die Kreise gesehen haben wollte. Dann wurde die Tür geöffnet, und nun zeigte sich, daß der Arm nach der entgegengesetzten Seite von derjenigen, wo die Katze gehalten wurde, hinwies, zu nicht geringer Belustigung. Offenbar hatte derjenige, der die zwei feurigen Kreise sah, seine eigene Empfindung gesehen. Bei rascher Wendung der Augen im Dunkeln sieht man wegen Zerrung der Sehnerven sehr leicht zwei feurige Kreise, welche nichts als die gesteigerten Empfindungen der Sehnerven sind.«

Die Sache wurde aber wissenschaftlich erst ganz sicher, als der Nachweis glückte, daß zwar bei Katzen, Eulen und Konsorten das Augeninnere besonders gut reflektierte, tatsächlich aber bei richtiger Einstellung auch bei jedem beliebigen anderen Auge der Erfolg im Sinne der Theorie herausgezaubert werden könne, und zwar schließlich auch beim Menschen selbst. Brücke, einer der genialsten Schüler Müllers, konnte zum erstenmal zeigen, daß das menschliche Auge, wenn man es in dunklem Raum mit einer Blendlaterne bestrahlte und dann einen Beobachter an dieser Lichtquelle vorbei hineinblicken ließ, für diesen Beobachter leuchtete! Und es war eigenartigerweise ein dritter Physiolog ersten Ranges und anderer großer Schüler Johannes Müllers, dessen Auge zum erstenmal zu diesem Experiment benutzt wurde, also zum erstenmal ein Menschenauge mit »Katzenlicht« zeigen sollte: Emil du Bois-Reymond.

Der eigenartige Fund, der jetzt endgültig eine Jahrtausende alte Volksmeinung umwarf, ist damals (auf der Wende zu den fünfziger Jahren) in Fachkreisen besonders noch berühmt geworden, weil sich an ihn unmittelbar einer der größten medizinischen Fortschritte aller Zeiten anschloß: nämlich die Erfindung des sogenannten Augenspiegels durch Helmholtz – dieses wunderbaren Apparates, der es dem Arzt fortan ermöglichte, ein vollkommenes Bild der Netzhaut am lebendigen

Auge zu gewinnen. Helmholtz kam einfach darauf, als er seinen Schülern eben jene Brückesche Theorie des menschlichen Augenleuchtens in möglichst anschaulicher Form vortragen wollte: er konstruierte in Zeit von acht Tagen einen kleinen optischen Hilfsapparat dazu, und plötzlich erschien etwas noch viel Bedeutsameres als bloß das Katzenleuchten eines Menschenauges – zum erstenmal hatte, wie er selbst berichtet, ein Mensch die Freude, eine lebendige menschliche Netzhaut mit all ihren verzweigten Blutgefäßen und der Eintrittsstelle des Sehnervs in der eigenen natürlichen Vergrößerung durch ihre zugehörige natürliche Linse klar vor sich liegen zu sehen.

Hier aber sei nun ein kleiner Sprung erlaubt.

Von den Wundern des Katzen- und Menschenauges wenden wir uns zu einem der lieblichsten Schönheitswunder der Natur – einem kleinen Vögelchen von juwelenhafter Herrlichkeit.

Mancher wird es kennen, denn obwohl seine Heimat der ferne Eukalyptuswald Australiens ist, sieht man es doch seit Mitte der achtziger Jahre nicht selten in unseren Liebhaberkäfigen. Ein altes Volksmärchen läßt den lieben Gott, nachdem er alle Tiere hübsch angemalt, den Stieglitz noch aus den letzten übriggebliebenen Farbkleckschen zusammenstoppeln. Nun, in diesem Sinne möchte man vermuten, er habe umgekehrt sein gesamtes Werk mit frischesten Farben bei der Amadine, wie das Vöglein heißt, begonnen, denn mit solcher genialen Pracht und zugleich doch solcher edlen Einfachheit der Pinselführung ist kaum ein zweiter Vogel im großen Erdenatelier bedacht worden. Die schönste Abart der sogenannten Frau-Goulds-Amadine, getauft nach der Gattin des großen Spezialisten der australischen Vogelwelt, Gould, wirkt bei einfachster Gestalt eines kleinen Sperlingsvogels durch die Folge ihrer Farben, die in ungetrübter Schöne wie ein vom Prisma gebrochenes Lichtspektrum über ihren zierlichen Körper gehen. Rücken und Flügel vom durchsichtigsten Grasgrün, das gegen die dunkeln Schwanzspitzen in ein zartes Himmelblau verdämmert; am Halse durch ein ähnliches Blauband und einen schwarzen Samtstrich davon getrennt, eine leuchtend blutrote Kopfkappe, die tief bis über die Wangen herabfällt und prachtvoll gegen das Elfenbeinweiß des Schnabels und die schwarze Kehle steht; wiederum zu diesem Grün und Rot aber die Brust mit einem breiten Felde des unvergleichlichsten Lila, und ganz scharf wieder dagegen abgesetzt, aber herrlich in der Farbenharmonie zugleich einklingend, der Bauch mit dem sattesten Dottergelb.

Seiner engeren Verwandtschaft nach gehört dieses Farbenwunder zu den sogenannten Webefinken, jener Vogelgruppe, zu der unter anderen auch der berühmte Siedelweber oder Siedelsperling zählt, eines der merkwürdigsten »sozialen Tiere« der Erde. Er lebt nämlich nicht nur gesellig in großen Scharen, die ihre Nester dicht gedrängt in den gleichen Baum bauen, sondern die Schutzdächer dieser Nester werden zu einem gemeinsamen Dach verschmolzen, das, allmählich immer mehr verstärkt, zuletzt wie ein ungeheurer Heuschober in den afrikanischen Buschbäumen hängt und die darunter liegenden, immer wieder neu eingebauten Nesterkolonien gleich einer alten Zyklopenmauer beschirmt, in deren Schutz die Generationen eines Dorfs aufwachsen. Solche Leistung läßt wohl auf manches Verblüffende auch sonst in dem Liebes- und Gesellschaftsleben dieser Vetternschaft der Weber schließen, aber was von den Amadinen gerade hier bekannt geworden, das schießt doch im eigentlichen Sinne »den Vogel ab«.

Schon seit längerer Zeit war es den Anatomen aufgefallen, daß die kleinen, noch nicht flüggen Nestjungen dieser und verwandter Prachtfinken (wie der Liebhaber dieses zumeist farbenschöne Völklein im ganzen zu benennen pflegt) in ihren »Spatzenecken«, wie der Volksmund das wohl bei Menschenkindern bezeichnet, nämlich in den Mund- oder Schnabelwinkeln, beiderseitig gewisse dick vorspringende Kugeln zeigten. Bei den jungen Frau-Goulds-Amadinen saß jederseits genau ein Paar solcher Anhängsel, und jede Kugel war schön blau mit einem dunkeln Ring – eine so auffällige Färbung bei einem solchen Nestling, daß sie klärlich irgend etwas Bedeutsames markieren mußte. Wuchs das Junge sich aus, so verschwand der ganze Spuk wieder vollkommen – es mußte sich also um etwas handeln, das speziell nur die Kinderstube anging.

Nun, in die Kinderstube des Tieres spielt ja so manches für sich hinein. Bald müssen die kleinen Lebensanfänger nach urgegebenem Gesetz in ihr noch einmal Züge der Ahnen wiederholen, sozusagen Großvaters Maske aufsetzen, ehe sie ihr eignes Gesicht endgültig bekommen. Vielfach aber unterliegen sie auch besonderen Anpassungen dort, die nur den Nutzzwecken der Kinderstube selbst dienen, gleichsam Wiegen- und Windelanpassungen darstellen, wenn man es menschlich ausdrücken soll. Sorgsame Beobachtung wies nun nach, daß es sich bei den jungen Amadinen um einen Fall der letzteren Art allein handle, aber um einen ganz unerwarteten.

Wir alle kennen ein Bild aus dem trauten Leben der Mutter bei uns. Es ist tiefe Nacht, alles weithin still und dunkel. Nur in der Kinderstube dämmert ein blasser Schein. Dort läßt die treue Mutter ein Nachtlichtlein brennen, um sogleich orientiert zu sein, wenn das Kleine etwas braucht. Dunkel, immerzu recht dunkel ist es aber auch in der Kinderstube solchen niedlichen Webervögelchens, – in seinem fast ganz geschlossenen Webernest. Und wenn der alte Vogel durch die kleine Öffnung einfliegt und die hungrigen Kleinen atzen soll, so wäre auch ihm wohl zu gönnen, daß er da drinnen ein Nachtlichtchen finden könnte, das ihm den Weg zu den sperrenden Schnäbelchen wiese. Es ist aber in der Tat dafür gesorgt, daß er es findet!

Sobald er seine Kinderstube besucht, *leuchtet* es ihm nämlich von da drinnen entgegen wie kleine Lämpchen. Und diese Lämpchen sitzen sogar höchst sinnreich gerade da, wo sie wirklich am besten auf den Weg weisen: nämlich eben in den Schnabelwinkeln der kleinen Schnäbel selbst. Es ist, als trage jede Jungamadine dort einige winzige, aber vollkommen wirksame Glühbirnen angeheftet, deren Glanz das finstere Stübchen illuminiert. Nichts anderes als solche angewachsenen Glühbirnen sind eben die bewußten geheimnisvollen Kugeln mit ihrem Blau – Leuchtorgane der Nestjungen zur Orientierung des fütternden Vogels im finsteren Nest.

Das war nun, als man endlich darauf kam, eine Entdeckung, wie sie die Tierkunde selten erlebt hat. Leuchtende Vögel, und zwar zu so sinnreichem Zweck!

Auch hier mußte die Frage entstehen: konnte es ein echtes Leuchten sein wie bei den Johanniswürmchen oder Tiefseefischen? Prinzipiell hätte schließlich nichts im Wege gestanden, daß es selbst das war, die Nestjungen hätten dann in ihren Glühbirnen eine echte oxydierende Leuchtsubstanz produzieren müssen. Chun, der jüngst verstorbene treffliche Leipziger Zoologe, hat nach sorgfältigster Analyse indessen anders entschieden.

Amadinens blaue Leuchtkugeln leuchten tatsächlich nach der Methode des Katzenauges. Ohne selber Augen zu sein, wirken sie doch als raffinierter Reflektierapparat. Sie fangen, konzentrieren und strahlen hell zurück die schwachen Stäubchen Dämmerlicht der nicht absolut schwarzen Neststube, genau wie das Katzenauge aus der Dämmernacht, die uns als vollkommenes Dunkel erscheint, doch noch gleichsam einen roten Funken sammelt. Das Wunderbarste aber ist, daß auch dieses reflektierte Licht hier in den Dienst eines bestimmten Nutzzweckes tritt. Und daß es ausdrücklich in einem besonderen Leuchtorgan nur für diesen Zweck erzeugt wird, anstatt nebenbei zu entstehen wie im funkelnden Katzenauge!

Das macht Amadinens illuminierte Kinderstube zum Exempel einer Lebensleistung, die bisher einzig in ihrer Art ist und mit der gleichsam ein neues Kapitel der Naturgeschichte beginnt.

Die Vorfahren des Schmetterlings

In dem lieblichen Schöpfungsbilde der Bibel sehen wir, wie die junge Erde sich mit allerlei Getier belebt. Vögel schwingen sich in die Lüfte, Fisch und Walfisch tummeln sich im Meer, das Vieh geht zur Weide, und der Wurm wühlt sich durch den Grund. Aber einen hat der Chronist vergessen: den Schmetterling, der über die Blüten gaukelt. Wieviel fehlte der irdischen Landschaft, wenn er nicht wäre!

Goethe hat bei Gelegenheit seiner Metamorphose der Pflanzen einmal gesagt, der Schmetterling sei selber eigentlich nur eine Blüte, die sich eines Tages vom Stengel gelöst habe und frei fortgeflattert sei. Er dachte dabei wohl an die wunderbare Wasserpflanze Vallisneria, bei der sich die männlichen Blüten in der Tat selbsttätig von den Stielen ablösen, um sich durch das Wasser zu den weiblichen tragen zu lassen. Aber noch in einem tieferen Sinn hatte er recht.

Die Raupe, die träg im Blattwerk der Pflanze hängt, immer nur auf Fressen und Wachsen bedacht und in der Farbe oft grün wie das Blatt, das sie verzehrt, hat in ihrem Stande etwas von der Pflanze selbst, die bloß erst emporwachsend Sprossen und Blätter treibt. Der Schmetterling aber, der aus dieser Raupe durch das Knospenstadium der Puppe eines Tages ersteht, gleicht der Blütenbildung an solcher Pflanze. Wie sie, tritt er in reifer Entfaltung gleich ganz hervor. Wie sie, lebt er wesentlich nur der Liebe. Wie sie, prangt er durchweg in herrlichen Formen und Farben. Der Kenner weiß sogar, daß Schmetterlinge nach Vanille und anderem Aroma – lebhaft duften können. Und zum Überfluß ist der Schmetterling verknüpft mit dem Leben der Blume. Seit grauen Zeiten ist er ihr Liebesbote geworden, der ihr selber unentbehrlich ist, den sie mit Näschereien füttert, dem sie ihren Duft und ihre Farben entgegenbringt.

Seit grauen Zeiten! Aber auch das Graueste muß zuletzt einmal angefangen haben. Auch unser Schmetterling mit all seiner Blumenschöne und Blumenliebe muß zuletzt auch einmal auf Erden entstanden sein.

Solange Menschen sich erinnern, war er da, aber das ist doch nur eine ganz kurze Zeit. Wir blicken zurück in die wunderbaren Wälder der Urwelt, durch die noch kein Menschenschatten mit Menschengröße und Menschenqual ging. Und wir sehen im Steinkohlenwald, diesem Sumpfforste gigantischer Schachtelhalme und Bärlappe, noch keine leiseste Spur eines gaukelnden Schmetterlings. Wohl war das fliegende Insekt als solches schon da. Sei es nun, wie die einen wollen, aus einem trilobitenhaften Krebs damals hervorgegangen, der sich mit schwerfälligem Erstlingsfluge aus einer austrocknenden Pfütze so zur nächsten besseren rettete, – sei es, wie andere vermuten, auf einem langen Wege vom Tausendfuß gekommen: genug, es schwirrte, obwohl in wirklich noch einigermaßen mühseliger Form, im kleinen unseren Aeroplanen von heute noch vergleichbar, die auch vielleicht erst bei unseren Enkeln einmal schmetterlingshaft zierlich werden.

Seltsam freilich: in der relativen Größe, an Insektenmaßen selbst gemessen, waren diese ersten lebenden »Aeroplane« des Steinkohlensumpfs die Riesen ihres Geschlechts. Nie wieder sind Insekten auf Erden überhaupt so kolossal geworden. Da flog mit »halbstarrem System«, das sich erst nach oben aufrichten, aber noch nicht nach hinten gefaltet übereinanderlegen ließ, der Koloß Meganeura, dessen Flügel zusammen an dreiviertel Meter spannten. Aber Meganeura war kein Schmetterling, näher verwandt war der Riese den heute noch in jener Methode fahrenden Libellen.

Lange noch auch in der mittleren Urwelt hat es prachtvolle Flieger aus den Kreisen dieser Nichtschmetterlinge gegeben, wenn auch keine ganz so kolossalen in der Folge mehr – so flog noch in der berühmten Lagune von Solnhofen zur Jurazeit die herrliche *Kaligramma Haeckeli*, bei der jeder Vorderflügel über 12 Zentimeter maß und auf allen Flügeln riesige Kreisflecken wie bei unsern Pfauenaugen standen; sie war keine Libelle, sondern eine Nächstverwandte jenes hübschen Insekts, das aus unserm allbekannten »Ameisenlöwen« als seiner häßlichen Larve steigt.

All diese Urweltler lehren uns aber nichts über den engeren Werdegang unseres Schmetterlings. Überschlagen wir ungeheure geologische Zeiträume nach jenen Steinkohlensümpfen und ihren riesigen Meganeuren und machen erst wieder halt in jenen viel näheren, obwohl immer noch urweltlichen Wäldern der Tertiärzeit, wo der Bernstein als Harzträne von den Fichtenstämmen perlte und gerade Spuren des Insektenlebens wie in einem Archiv aufbewahrte, so finden wir dort in der Tat schon den Schmetterling vollendet. Der niedliche Bläuling gaukelte schon am Tage um die Bernsteinbäume, der dicke Schwärmer nahte sich abends den Waldblüten. Noch war auch damals die Zahl nicht groß, die grenzenlose Prachtentfaltung muß erst in unseren eigenen Tagen liegen; aber die Stunde war erfüllt, darüber ist kein Zweifel. Zwischen damals und jenem nebelfeuchten Farnwalde von so viel früher muß die Schöpfungsstunde des Schmetterlings gelegen haben, da er nicht einzeln wie jeder von heute aus seiner Puppe, sondern im ganzen gleichsam aus einem anderen Insekt hervorgekrochen war. Was könnte das aber für ein Insekt gewesen sein?

Wir betrachten einen Moment genauer den heutigen Falter, irgendeinen Admiral oder Trauermantel des Tals oder den wundervollen Apollo der Hochgebirgsmatte, und zweierlei erscheint uns als sein Charakteristisches im Gegensatz zu allem sonst vertrauten Insektenvolk. Seine Mundwerkzeuge bilden statt harter und roher Beißer eben jenen feinen Saugrüssel, mit dem er den Blütennektar nascht. Und eben seine blütenhaft bunte Farbenpracht entsteht durch eine Art köstlichen Pelzes, dessen schuppenförmigen Haare lose in dem zugrunde liegenden nackten Glasflügel wurzeln. In der Herkunft dieser beiden Besonderheiten muß das Geheimnis der Schmetterlingsherkunft stecken. Hier mag uns aber ein kleines Erlebnis bedeutsam werden, das wohl ein jeder von uns einmal durchgemacht hat.

Wir haben als Kinder im flachen Schilfgrund gegründelt oder das angeschwemmte Genist des Ufers zerteilt. Da geriet uns ein sonderbares kleines Futteral aus zäh verknüpften Rohrstückchen, Sandkörnchen oder gar Schneckenhäuschen in die Hand, das wir nicht zu deuten wußten. Indem wir es aber drückten, schaute vorne ein unwillig gestörter häßlicher Kopf vor: in der Hülse wohnte als ihr Verfertiger ein langer wurmhafter Geselle. Das jetzt aber war kein echter Wurm, sondern auch eine Insektenlarve, entsprechend dem Raupenstande beim Schmetterling. Köcherfliege oder Köcherjungfrau heißt das fertige Insekt, das später aus ihr hervorgeht, ein Flügelinsekt, das auf sehr viel gelenkigerem, schon hinterwärts kunstvoll zusammenfaltbarem Luftschiff dahinfahren wird, als es etwa eine Libelle besitzt. Aber bezeichnenderweise wird solche Köcherjungfrau auch »Wassermotte« genannt. Wirklich trägt sie, einzig unter allen nicht schmetterlingshaften Insekten der Jetztzeit, auch auf ihren Flügelchen einen deutlichen bunten Pelzbesatz, obwohl von etwas primitiverem Haarstande. Und ebenso erscheint auch ihr kleiner Mund verkümmert zum derben Beißen, er bietet bereits den deutlichen Anfang eines zarten Blütensaugers. Wie ein Doppelgänger taucht dieses Wasserkind neben dem Schmetterling auf, eine leichte Bleistiftskizze gleichsam zu dem dort glänzend vollendeten Kunstwerk.

Schon früh ist es also denkenden Beobachtern aufgeblitzt: hier müsse noch etwas bis heute fortleben aus dem ursprünglichen Werdegang des Schmetterlings, und, einmal angeschlagen, hat das dann zu einem weiten Gewebe der Möglichkeiten gelockt.

Jene Köcherfliegen oder Phryganeiden verknüpfen sich selber heute ziemlich ersichtlich noch mit einem anderen Insektengeschlecht. Das sind die sogenannten Skorpionfliegen oder Panorpaten. Sie führen keinen Flügelpelz und keinen sanften Honigheber. Ein wildes Räubervolk sind sie, mit einem bösen Beißschnabel, der unerbittlich über anderes Insektenvolk herfällt; die bekannteste Sorte führt beim Männchen hinten eine zum Rücken umgeschlagene Zange, die an den gefürchteten Stachel des Skorpions gemahnt. Zweifellos ist solche Skorpionfliege ein niedrigeres und altertümlicheres Insekt, zugleich aber deuten mancherlei Indizien darauf, daß gerade sie einst die Ahnfrau der schon viel feiner organisierten Köcherjungfrau war. Skorpionfliege, Köcherjungfrau, Schmetterling – hier lebte also heute noch etwas wie der Schatten eines Stammbaumes ...

Gehen wir damit aber wieder in die Urwelt selber zurück. Da ist es nun sehr interessant jetzt, daß die Skorpionfliegen gar sehr eines beträchtlich hohen Alters verdächtig sind. Sie tauchen in zahlreichen unmittelbaren Resten (Abdrücken von Flügeln) etwas vor der Mitte zwischen jenen schmetterlingsleeren Steinkohlensümpfen und den schon von Schmetterlingen besuchten Bernsteinforsten auf: zu Anfang der vom Ichthyosaurus allbekannten Jurazeit. Feine Indizien aber verknüpfen sie dort wieder rückwärts noch bis zu den wirklichen Urinsekten des Steinkohlensumpfes selbst, so daß man wohl annehmen darf, sie mit ihren bis heute ja noch so viel roheren Beißorganen sind ursprünglich doch auch von dort hergekommen. Nun aber sehen wir des weiteren etwas geradezu verblüffend an jenen geahnten höheren Stammbaum auch urweltlich Anschließendes.

Schon in den Gesteinsschichten jenes untersten Jura finden sich neben den deutlichen Flügeln von Skorpionfliegen auch bereits einzelne Flügel noch erkennbar abgeprägt, die heutigen Flügeln der Köcherjungfrau gleichen. Und schon im mittleren und oberen Jura gesellen sich dazu einzelne noch weitere Flügel, die jetzt gar schon stark an den echten Schmetterlingsflügel von heute gemahnen. An sehr verschiedenen Orten ist man bisher auf diesen ersten Schatten des Urschmetterlings gestoßen: in England, in Sibirien und im berühmten lithographischen Kalkstein von Solnhofen in Franken. Im letzteren hatte man allerdings lange die Abdrücke von Holzwespen mit Schmetterlingen verwechselt, aber nachdem dieser Irrtum erledigt war, gab es doch auch echte Schmetterlingsflügel dort. Und da scheint nur ein schlichter Schluß möglich.

Schon zu Anfang der Jurazeit hatte sich ein Teil der alten Skorpionfliegen in Köcherjungfrauen verwandelt, und im Verlauf der Juraperiode dann gingen wieder aus einem Teil der Köcherjungfrauen die echten Schmetterlinge hervor. Immer wandelte sich nur ein Teil, wohlbemerkt, denn es leben ja heute neben den Schmetterlingen auch noch (allerdings wenige) Skorpionfliegen und ein gut Teil Köcherjungfrauen fort; das ist die alte Sache wie fast immer im Stammbaum; neben dem Neffen lebt der Onkel auch noch weiter. Indessen ist hier noch eine Erwägung nötig, die zugleich das Bild des Hergangs noch farbiger macht.

Frühlingsfliege sowohl wie noch viel vollkommener der Schmetterling selbst besitzen heute durchweg einen reinen Blütensaugapparat. Dazu aber sind höhere Blüten nach Art unserer heutigen von Insekten besuchten nötig.

Nun hat es aber solche Blüten in jener Juraperiode noch gar nicht gegeben, sie entstanden erst in der folgenden Kreidezeit, die noch zwischen den Jurawäldern und dem Bernsteinforst liegt.

Wir müssen also annehmen, daß, der Not der Zeit gehorchend, auch die erst erstandenen Köcherjungfrauen der Jurazeit noch beißende Mundwerkzeuge gleich den älteren Insekten besaßen.

Auf dieser Stufe aber müssen zunächst doch die Flügel bei einem Teil ihres Urvölkleins schon mehr oder minder schmetterlingshaft geworden sein, so daß man mit einigem Recht schon von diesen Vertretern damals hätte sagen können, es waren bereits Schmetterlinge, doch Schmetterlinge auch noch mit beißenden Kiefern ohne Honigrüssel.

Es ist dabei wieder interessant zu bemerken, daß noch heute einige wenige Schmetterlinge uns lebend beinahe noch diese Urstufe vor Augen bringen; so hat der primitivste aller lebenden Schmetterlinge, von dem die Art *Micropteryx* oder *Eriocephalus Calthella* bei uns in Europa vorkommt, noch regelrechte kauende Mundteile mit wohlerhaltenem Oberkiefer anstatt des Saugrüssels.

Und erst in der Kreidezeit selber werden wir dann annehmen dürfen, daß sowohl die echt verbleibenden Köcherjungfrauen wie die Partei der schon werdenden Schmetterlingsflügler unter ihnen fast auf der ganzen Linie sich wirklich den entstehenden Blumen (und die Blumen ihnen) auch im Mundbau anschlossen, womit für den Schmetterling erst das ganz Ätherische, vom Brutalen Abgelöste seines endgültigen Schicksals gegeben war.

Nachdem zuerst in der langsam prägenden Urweltshand sein farbenfroher Flügel sorgsam fertiggestellt worden war, folgte jetzt der Honigmund.

Und so ist er bereits in den sonnendurchhellten Bernsteinwald eingeschwebt, so ist er als lieblichstes Schöpfungsmärchen heraufgegaukelt bis zu uns.

Der Kampf um den Maulwurf

> Da liegt der schwarze Bösewicht
> Und wühlte gern und kann doch nicht,
> Denn hinderlich, wie überall,
> Ist hier der eigne Todesfall.

Diese klassischen Worte Wilhelm Buschs charakterisieren den Kampf *mit* dem Maulwurf.

Wenn es aber eine ausgleichende Gerechtigkeit in dieser zweideutigen Welt gibt, so hat sie offensichtlich zur Sühne uns Menschen den Kampf *um* den Maulwurf auferlegt.

Unsere Menschheit fängt gegenwärtig an, so ungeheuer klug zu werden, daß man fast mit einigen Ängsten an das Wort denkt, daß allzukluge Kinder nicht alt werden. Wir wissen, was für Stoffe in den

Sonnen des Andromedanebels glühen, wir erzählen uns, daß der Lichtdruck Tröpfchen von 0,00016 Millimeter Durchmesser bewegt und daß auf jedes solcher Tröpfchen 96 Millionen Moleküle gehen, und wir werden demnächst wohl über den Gaurisankar fliegen ... in solchen Momenten ist es aber nützlich und spricht doch für eine etwas längere Lebensdauer, daß wir noch immer nicht genau die Geheimnisse des Maulwurfshaufens kennen.

In einer geordneten und sozusagen approbierten Wissenschaft ist der Maulwurf trotz seines blauen Fellchens immerzu bis heute der roteste Revolutionär.

Mit seinem heimischen Genossen, dem Igel, hat er im System so lange rumort, bis man ihm und seinen Vettern glücklich eine ganze eigene Säugetierordnung hat einräumen müssen, die der »Insektenfresser«, deren Name besonders gut auf den Maulwurf paßt, indem er nämlich hauptsächlich Regenwürmer, die bekanntlich keine Insekten sind, frißt.

Auch dann aber noch sind mit ihm immerfort ärgerliche, wie Fontane sagen würde: genierliche Sachen passiert.

Das ganze so sehr zu preisende neunzehnte Jahrhundert hindurch ist eine (immer dieselbe) Abbildung seiner unterirdischen Burg durch alle Fachwerke gegangen, die nach Ansicht neuester Kritiker nur den einen Fehler hatte, daß sie mindestens als Regel verkehrt war. Auch mußte gerade bei ihm der doch gewiß nicht alltägliche Fall sich ereignen, daß die Anatomen eine Zeitlang die Weibchen mit den Männchen verwechselten, eine mindestens unhöfliche Geschichte. Doch der eigentliche »Fall Maulwurf« beginnt erst mit einer dritten Situation, nämlich bei der Frage, ob er ein Racker oder ein Engel in seinem Verhältnis zu uns sei.

In der besagten hübschen Geschichte bei dem stets unparteiisch warmherzigen Altmeister Busch setzt der brave Gärtner sich bei dem vernichtenden Schaufelstoß gegen den Mull zugleich hinterrücks in die Spitzen der Gartenharke. Und das ist gewissermaßen ein Symbol der Maulwurfsfrage im ganzen. So leicht wir den kleinen Samtkerl hochprellen und aufs rote Näschen hauen können – dieses rote Näschen, das ein so unfaßbar feiner Fühlapparat für die leisesten Zitterbewegungen des Erdreichs ist, daß man es schon ernstlich unseren großen menschlichen Seismographen oder Erdbebenmessern vergleichen möchte –: das Problem ist, inwieweit wir uns dabei alle miteinander dauernd auf eine Gartenharke in unserer Kultur setzen könnten, die uns tückisch ins gegenseitige Fleisch sticht.

Der Bauer, das »Volk« überhaupt, ist seit alters der zähen Meinung, daß der Maulwurf ein unleidlicher Schädling sei. Die Dorfgemeinden stellten, wie Kreuzotterfänger, so besondere Maulwurfsfänger an, in manchen Gegenden »Schärmäuser« genannt nach dem süddeutschen Maulwurfsnamen »Schärmaus«, der auf *scero* zurückgeht und mit dem Anschluß an die Maus deutlich schon das Böse hineinschmuggelt; denn was eine echte Maus ist, ist immer ein Unnutz.

Wer nun Volkesstimme ohne weiteres in der Naturgeschichte für Gottesstimme zu halten geneigt ist, der wird darin einen vollgültigen Beweis sehen, und das Volk hat ja gewiß so manche alte Weisheit, von der auch Forscher noch lernen können. Aber daneben flattern durch die Volksnaturgeschichte auch ebenso sicher allerhand Gespenster. Der Bauer, der die Fledermaus für ein verderbliches Scheusal hält, das in die Haare fliegt und ihm im Schornstein den Speck wegfrißt, oder der die nützliche Eule als Unhold übers Scheunentor nagelt, wird uns schwerlich für den Nutzen und Schaden des Mulls, wenn er ihn für eine wurzelfressende Maus hält, kompetent sein können.

Die erste Tat des Forschers war also auch der Nachweis, daß unser Mull kein Nagergebiß habe, sondern ein Raubtiergebiß, das in seiner Weise sogar das der echten Raubtiere noch übertrumpfe und jedenfalls, wie es im Märchen heißt, in seinem Reich »Vieh und Leut« fresse, aber nicht Rüben.

Wie alles Wissenschaftliche auch immer einmal wieder angezweifelt zu werden pflegt (an sich kein Schaden!), so hat man diese Räubernatur gelegentlich zwar bestritten, aber ohne Glück. Wollte doch gar einer (wie Meister Heck im neuen Brehm erzählt) den leibhaftigen Maulwurf gesehen haben, wie der niederträchtige Kerl halb aus seinem Loch vorkam und ein Rübenblatt nach dem anderen abknabberte. Hier aber möchte man wohl den alten Satz anwenden: es hat einer manches gesehen, und es ist doch nicht wahr. Mit einer Einzelbeobachtung auf falscher Fährte kann man auch beweisen, daß der Hund Gras fresse, und ein so famoser Beobachter wie der alte Adolf Müller hat allen Ernstes einmal sogar den Kuckuck brüten »sehen«.

Wenn aber unser Mull wirklich ein »Tierfresser« ist, so scheint doch seine Nützlichkeit erwiesen; denn was soll er in seinen unterirdischen Labyrinthen, wo er das Erdreich auf wahren Atlasschultern im kleinen

trägt und wälzt, anders fressen als wirkliche Schädlinge des Landmanns,
– mit den bösesten, den Engerlingen, voran?

Indessen hier kamen die Gärtner und verwiesen auf den »Wühler«.

Was er schließlich fresse oder nicht fresse, das sei das ganz Neben-
sächliche. Aber mit seinem unterirdischen Pflügen und oberirdischen
Bergbauen kreuze er immerfort das Werk des Menschen an den Stellen,
wo die Erde ein Schmuck – etwa in einer prächtigen Parkwiesenfläche
– und nicht ein schmutziges Bergwerk mit Stollen und Halden sein
solle. Gerade hier aber war nun wieder und erst recht etwas auch nach
der anderen Seite Hochbedeutsames angeschlagen.

Für die schöne Außenseite des Parks, dessen Ideal eine smaragdene
Grasfläche ohne Makel ist, oder im Beet mit seinem kleinen Pflanzen-
volk, das in der Wurzel nicht gelockert sein will, mag der Bergmann
im Samtröcklein verpönt bleiben. Aber wir verdammen doch nicht in
Bausch und Bogen unseren menschlichen Grubenbetrieb bloß deshalb,
weil es nicht hübsch wäre, wenn er vermöge deplacierter Wahl seines
Arbeitsfeldes die Peterskirche zum Einsturz brächte oder den Berliner
Tiergarten mit schmutzigem Schutt durchsetzte. Gerade als Bergarbeiter
ist unser Maulwurf wirklich noch etwas ganz anderes als bloß ein
Fresser und Nutzfresser, und dieses andere scheint zunächst erst seinen
eigentlichen Wert zu berühren.

Mit kurzem Wort gesagt: der Maulwurf gehört hier zu den »geologischen Tieren«.

Geologische Tiere sind Tiere, die nicht bloß auf der gegebenen
Erdscholle leben, lieben und herumfahren, sondern es sind solche, die
an der Bildung und Umbildung unserer Erdrinde selber aktiven Anteil
nehmen, also im recht eigentlichen Sinne »geologisch« für jene anderen
mit wirksam sind.

Tiere dieser Art hat es seit den ältesten Tagen der Erdgeschichte
immer wieder in Masse gegeben, und durchweg war ihre Arbeit von
der allergrößten Bedeutung.

Die Korallentiere gehörten dazu, die schon in der Urwelt Kalkriffe
gebaut haben, deren Ruinen jetzt hohe Berge bilden, und die heute
noch im Stillen Ozean die Umrisse längst versunkener Inseln in zähem
Konservativismus durch ihre aufgesetzten Mauern erhalten, als sei alle
geologische Elementarbeit zu schwach, ihre eigenen und eigensinnigen
Wege zu hemmen.

Nicht alle »geologischen Tiere« aber bauen selber in Korallenweise neuen Grund. Andere verarbeiten nur das Vorhandene – gerade das aber kann wieder für dritte, gleichsam bloß genießende Wesen erst recht von höchstem Nutzen sein. Sie arbeiten mit an der Umwandlung der ursprünglich mehr oder minder starren Gesteinsrinde unseres Planeten in eine dem übrigen Leben, vor allem dem Pflanzenleben brauchbare Erdkrume. In der vorhandenen Krume lockern und lüften, karren und fahren und bewässern sie unablässig, als wären sie selber angestellte Gärtner und Bauern im Dienste des großen Naturparks oben, ohne Wissen natürlich von dem Nutzen im irdischen Gesamtspiel, bloß auf ihren eigenen Gewinn bedacht, aber durch die Verkettung der Dinge immerfort ein reger Faktor von höchstem Wert für alles, was mit Wohl und Weh des großen Erdengartens zusammenhängt.

Und auf diesem letzteren Felde schafft nun auch der Maulwurf.

Mit seinem Wühlen und Hochstoßen durchlüftet er den Grund und Boden aufs glücklichste und schafft auch der Feuchtigkeit besseren Eingang, so daß er überall da, wo es nicht auf das schöne Aussehen der Oberfläche oder eine sehr zarte Kultur ankommt, ein unentwegter Förderer des Pflanzenwuchses wird, dessen sich auch der Mensch in unzähligen Fällen freuen muß. Das hat schon der alte Tierkundige Gesner im sechzehnten Jahrhundert geahnt, wenn er sagte: »Ich hab von etlichen bauleuthen vernommen, daß sie kein Schärmauß auß den wisen oder matten schlagen, vermeinen, der boden in den wisen müsse also gleich wol unten erbauwen werden als das väld mit dem Pflug.«

Nimmt man nun hinzu, daß der unterirdische kleine Pflüger zugleich aus jeder Furche, die er ritzt, die wirklichen Pflanzenverderber, wie den bösen Engerling, absucht und vertilgt, so meint man, es könne nicht leicht einen braveren Helfer für uns geben.

Aber der wahre Naturhaushalt ist ein verwickeltes Ding – immer noch wieder um ein Geheimfach verwickelter, als wir auf rascher Suche ahnen.

Eben als solches »geologisches Tier« kommt unser Mull auf seiner unterirdischen Jagd nämlich in Konflikt mit einem anderen »geologischen Tier«, das jetzt als solches *noch* weit nützlicher für das Pflanzenleben und damit für uns ist – mit dem wirksamsten und zugleich nützlichsten, das es von echten Tieren da unten in der Scholle überhaupt gibt – nämlich mit dem Regenwurm.

Hoch klingt heute das Lied vom Regenwurm in unserer Bodenkultur. Der alte Darwin, den die meisten nur von seiner Abstammungstheorie kennen, der in Wahrheit aber auch hunderterlei anderes in unsagbarem Beobachterfleiß ergründet hat, ist zuerst sein Prophet geworden.

Der Regenwurm treibt zunächst ganz das gleiche als praktischer Geologe wie der Maulwurf, bloß noch gründlicher und weniger stürmisch. Er lockert den Boden, durchsetzt ihn mit senkrechten Röhrchen, die den Pflanzenwurzeln erwünschten Raum bieten, er durchlüftet und durchfeuchtet ihn, läßt das Wasser und die Kohlensäure auch an die tieferen Schichten heran.

Aber noch unvergleichlich viel mehr tut er als der Maulwurf. Indem er in der bekannten Weise welkes Laub in seine Erdhöhlen zieht, düngt er regelrecht auch den Grund, in dem er lebt. In der harten Erde weiß er aber dieses Düngens noch einen praktischeren Weg.

Wie der Märchenjunge im Breiberg frißt er sich durch diese Erde einfach durch, indem er sie aufweicht, in sich aufnimmt und die innerlich verarbeitete dann oben auf der Decke in natürlicher Weise wieder absetzt. Nicht ganz im Rahmen parlamentarischer Redeformen tut er das, aber nützlich, unendlich nützlich für die Güte und Ertragskraft des Bodens!

Geradeso entsteht erst die allerfeinste, weichste Pflanzenerde. Zugleich wird das Erdreich unablässig von oben nach unten gearbeitet. Der Wiesenboden oben wird beständig erneuert, er glättet sich, da auf die Dauer jeder störende Stein bei dieser konsequenten Umkrempelung in die Tiefe absinken muß, ja zuletzt sind diese armen Würmer im Lauf der Jahrtausende regelrechte Erdbaumeister, die das ganze Bild da oben bestimmen, die begraben und versenken und überschütten, den Granitblock wie die gefallene Tempelsäule. Immer aber bleibt ihr Geschenk an uns die köstliche Erdkrume in vollendetster Gestalt.

Ja wohl nun: der Maulwurf frißt Engerlinge und andere Schädlinge, aber viel mehr noch und zumeist frißt er eben diese seine geologischen Mitarbeiter, die Regenwürmer!

Seine wie ein unterirdisches Spinnennetz ausgebreiteten Labyrinthgänge pflegen gerade so zu liegen, daß die Würmer sie bei ihrem Tagewerk immerfort durchschneiden müssen, wobei sie dann wie die Fliegen unter das Messergebiß des kleinen Minotaurus fallen, während die Engerlinge nur gelegentlich einmal hineingeraten. Unglaubliche Massen von Würmern werden so vertilgt. Und der barbarische Zyklop

kerkert sich sogar ganze Wintervorräte lebender Wurmopfer ein, deren
ein sicherster neuerer Beobachter, Dahl, in einem einzigen Maulwurfs-
bau 1280 Stück in einem Gewicht von 2,13 Kilogramm gefunden hat.
Und so sänke der Kurs des Maulwurfs abermals.

Mancher ausgezeichnete moderne Tierkundige ist da wieder ganz
und gar zum Zweifler geworden. Der treffliche Züricher Nutztierforscher
Conrad Keller möchte schon die alten Schärmäuser bei den Flurkom-
missionen wieder anerkannt sehen, und auch Heck hat wenigstens
seine Bedenken. Ich aber meine, es langt noch wieder nicht zum
hochnotpeinlichen Beschluß.

Zunächst ist die Zahl der Regenwürmer derartig Legion, daß das
Dezimieren im Einzelfall meines Erachtens gar keine Rolle spielt –
abgesehen davon, daß im Einzelfall ihrer auch in einer Kultur zu viele
werden können, also ein gewisses natürliches »Abschießen« sogar eher
nützt. Eine Rechnung von Hensen setzt auf ein Hektar Gartenland
mehr als 100 000 Würmer an, das gibt 130 Kilo Fleisch. (Schade, daß
wir uns nicht daran gewöhnt haben, Regenwürmer zu essen. Oder
sollten wir nicht einmal … wer fängt an?) Auf dieses arbeitende Stück
Geologie sind jetzt seit etwa drei Millionen Jahren (diese Insektenfresser
reichen sehr wahrscheinlich bis in den Ausgang der Kreidezeit zurück)
die Maulwürfe gehetzt, und doch ist die Zahl und auch offensichtliche
Macht der Würmer heute noch in solchem Flor. Aller Vermutung nach
wird die Sache also darauf hinauslaufen, daß im bestehenden, von
Menschenhand nicht veränderten Naturhaushalt die Massenproduktion
des Regenwurms auch den Maulwurf noch erträgt.

Vielleicht, wenn man an darwinistische Anpassungen denken will,
hat sie sich im Laufe der Zeiten unmittelbar auf eine Überproduktion
eingestellt, die den dort entfallenden Abzug im Gesamtspiel schon
gleichsam vorsorgend ersetzt; bei einer Menge von Tieren, wo zum
Beispiel die Jungen stark bedroht sind, glaubt man ja ganz deutlich
solche Regulierung wahrzunehmen, die sich in einer ungeheuren
Überproduktion von Jungen kundgibt auf die Wahrscheinlichkeit hin,
daß von unzähligen doch nur so und so viele erhalten bleiben – wobei
aber diese »so und so vielen« vollauf zur Erhaltung der Art genügen.
Auf der anderen Seite ersetzt aber der Maulwurf durch seine eigene
nützliche geologische Arbeit selbsttätig wohl auch noch das, was
eventuell dort bei den Regenwürmern als Manko durch ihn ausfallen
könnte. Und so rückte sich dieses Konto doch wieder wenigstens ins

Reine, wenn auch ohne Überschuß. Darüber hinaus aber vertilgt der gleiche Maulwurf nun doch *auch* Engerlinge und andere Schädlinge, und hier beginnt also wieder sein positiver Nutzen, wenn der auch vielleicht nicht so groß ist, wie man im Überschwang der ersten Entdeckung geglaubt hatte.

Das Fazit ist einfach.

Man wird unseren Mull nicht verfolgen (abgesehen von feiner Schmuckkultur im Garten) wegen seiner Wühlarbeit, denn die ist nützlich.

Man wird ihn nicht verfolgen wegen seiner Nahrungsweise, denn die ist zum Teil auch nützlich, zum Teil indifferent.

Man wird ihn vielleicht nicht eben fördern, sondern den gegebenen Naturhaushalt an dieser Ecke möglichst lassen, wie er ist.

Aber ganz gewiß wird man nicht zulassen, daß er willkürlich ausgerottet werde – zumal heute nicht aus Motiven, die etwa gar überhaupt mit Landwirtschaft nichts zu tun haben, die aber, wenn sie irgendein armes Vieh erreichen, prompter das ganze Geschlecht zu bedrohen pflegen als alle Schärmäuser von ehemals die Mulle oder alle Mulle von je die Regenwürmer – also zum Beispiel Verwertung des Fells für einen Modezweck; der Versuch ist bei unserem Mull schon gemacht worden, hat sich aber zunächst wieder zum Glück etwas verzogen, da das arme Samtfellchen nicht genug brachte.

Hier käme vor allem auch der allgemeine Heimatschutz in Frage, dem der Mull doch *auch* gehört und der verhindern muß, daß wir ein heimisches Geschöpf verlieren, von dem zweifellos noch eine Menge zu lernen ist und das sicherlich zu den eigenartigsten unseres Landes, ja unseres ganzen Planeten gehört.

Das unheimliche Gila-Tier

Durch die Wüsten des Mondes, diese vollkommenen Wüsten, über denen nicht einmal bläuliche Luft zittert und spiegelt, in denen nicht einmal ein ausgetrocknetes, versandetes Flußbett von alten Wassern zeugt, auf denen nicht einmal eine gespenstische Riesenwüstenpflanze wie die Welwitschia unserer Kalahari kriecht – durch diese Öden ziehen sich ungeheure Spalten, die sogenannten Rillen. Bald schnurgerade, bald in scharfem Zickzack durchqueren sie weite, weite Strecken des

Mondlandes. Sie sind keine Stromläufe, keine künstlichen Kanäle. Ja, was sind sie? Niemand weiß es genau. Vielleicht ist die Mondrinde hier geplatzt in den letzten Zuckungen des Mondinnern. Vielleicht haben die furchtbaren Kontraste von nicht abgeblendeter Sonnenglut und eisiger Weltraumkälte das Gestein zerbersten lassen. Eine ungelöste Frage da oben, wie so viele.

Gewiß aber ist, daß es nur eine einzige Landschaft auf unserer Erde gibt, die äußerlich eine gewisse Ähnlichkeit zeigt mit einer solchen Rillengegend des Mondes: das ist das Wunderland von Arizona in Nordamerika mit seinen berühmten Cañons, den »Röhren«, wie sie der Spanier nennt.

Auch hier senken sich in einem wild zerfressenen, vielfach mondhaften Wüstenplateau noch einmal besondere Spaltenabgründe in die Tiefe, wahre »Rillen«, deren größte bei sechzig Meilen Länge sich bis zweitausend Meter tief in den untersten Fels einschneidet, einen exakten Querschnitt durch die ganzen älteren geologischen Schichten der Erdrinde bis zu den entlegensten hinab eröffnend.

Gern möchte man auch bei solchem Cañon an furchtbare revolutionäre Ereignisse dieser Erdrinde denken, die sie so bis ins Herz hier zerrissen. Aber wir wissen, daß es ein viel unscheinbarerer Titan gewesen ist, der diesmal seine Macht bewährt hat, nämlich wühlendes Wasser, das sich langsam, langsam in den Block des großen Wüstenplateaus eingefressen und die Cañonrillen eingetieft hat – die gleiche Macht also zuletzt, die nach einem einfachen Regen das Sandhäufchen eines Kinderspielplatzes mit kleinen Furchen durchzieht. Kleinste Wirkung, größter Erfolg!

In diesem wilden Lande, diesem Stück Mond auf Erden, aber lebt das Gila-Tier, das unheimliche, das verdächtige, wie der Naturforscher es genannt hat, seit sich von ihm eine bedenkliche Kunde verbreitet hatte.

Wenn in stiller Nacht das Silberlicht des wirklichen Mondes um den Rand einer solchen Arizonarille fließt, in deren schwarzem Grunde tief, tief unten unsichtbar der Coloradostrom geht, so möchte man von Ungeheuern träumen, die sich diesen Höllenschlund zur Höhle gewählt. Die alten Riesensaurier möchte man noch einmal aus den zernagten Schichten des Urweltgesteins hervorkriechen sehen. Aber sie lagen schon längst eingesargt in ähnlichem Fels, als auch nur der erste Spatenstich des wühlenden Wassertitanen einsetzte, der diese zweitausend Meter aushöhlen sollte.

Man muß sich von dem Mondzauber in eine andere, uns sehr viel nähere, obwohl auch höchst seltsame Geschichtszeit verzaubern lassen, um auf die erste Kunde vom wirklichen Monstrum dieser Arizonawüsten zu kommen.

An Arizona grenzt nach Süden Mexiko. Vor rund vierhundert Jahren war's, bei den alten Mexikanern. Von ihnen vernimmt man zum erstenmal einen Namen für das geheimnisvolle Tier des Cañonlandes, das auch bis in ihr Landgebiet hinüberkroch: Tola-Chini.

Sagendunst aber wob sich seither immer erneut darum.

Tatsächlich eine Art Drachensage.

Wenn es auch kein Drache in der Größe sein sollte, so doch einer in der Gefährlichkeit. Ein »männermordendes« Tier, würde der alte Homer gesagt haben. Die späteren Arizonakolonisten tauften es nach dem Ödland im Bereich des Nebenflusses des Colorado, des bald ganz vertrocknendem bald zu Hochwassern schwellenden Wüstenstroms Gila, das »Gila-Tier«.

Und wie dieser Strom, so stiegen und versiegten auch bei ihnen immer wieder abwechselnd die Nachrichten und Legenden über den unheimlichen Gast der unheimlichsten Gegend, bis endlich ganz langsam in neuerer Zeit die Forschung, der vor keinem Gespenst graute, auch hier sozusagen polizeilich feststellen durfte, um was für einen »Bauernschreck« es sich denn eigentlich handle.

Das Gila-Tier existierte tatsächlich. Und es war ein Reptil, also immerhin verschwägert mit den alten Drachen. Eine ziemlich ansehnliche, bald meterlange Eidechse steckte hinter ihm – eine Eidechse aber, die sich – das war das erste Merkwürdige, das sofort auffiel – ausgespart wie ein ganz himmelweit anderes Tier trug, das auch genügend von je der Sage Stoff geboten, nämlich wie ein Feuersalamander.

Wer an Mimikry glaubte, der mußte annehmen, hier mache eine Eidechse einfach bis zur vollendetsten Täuschung den Salamander nach.

Ein solcher Molch hat eine feuchte, schlüpfrige, kellerhafte Nacktheit, sein Leib gleicht einem feisten Wurm, den vier winzige Beinchen nur mühsam dahinschleppen, Warzen und Pusteln bedecken seine Haut, dazwischen aber liegen auf ihrer schwarzen Negernacktheit hochgelbe oder rötliche Flecken wie brennende Striemen auf.

Dagegen ist das Sonnenkind Eidechse durchweg ein feiner, schlanker Ritter im zierlichsten Schuppenhemd, der in allerlei trockener und sauberer Buntheit und schönen Ornamenten zu kokettieren liebt und flott mit graziöser Taille dahintänzelt.

Ein solches Schuppenkleid hat nun auch das Gila-Tier. Aber seine Schuppen sind zu unregelmäßigen Körnern geworden, die ebenfalls Warzen und Drüsen zu bilden scheinen, und indem einzelne größere Körnerbrocken ein schmutziges fleischhaftes Gelbrot vordrängen, entsteht auch hier der vollkommene Eindruck von rohen Farbpusteln auf einer ekeln schwarzbraunen Nackthaut. Gleichzeitig hat sich der Leib in eine unförmliche, schlecht gestopfte Walze verwandelt, in deren Quellung Kopf und Beinchen fast verloren gehen. Gerollt wie ein wirklicher Wurm liegt das Scheusal so in seinem Wüstenversteck, zweifellos der allerhäßlichsten Tiere eines. Wer es plötzlich aufdeckt, könnte es für einen modernden Pflanzenrest halten, auf dessen verwester Rinde sich eine hochgelbe Pilzvegetation angesiedelt hat.

Es möchte aber nicht ratsam sein, solches unvorsichtige Aufdecken und Aufwecken. Denn jetzt beginnt das unheimliche Phänomen, dem das Geschöpf der arizonischen Mondwüste seinen eigentlichen Ruf verdankt.

Unter heftigem Zischen hebt das Maul an zu geifern, so heftig, als wolle sich das entwickeln, was bei der afrikanischen Speischlange, einer bösen Najaart, die Regel ist, die auf ein Meter Entfernung dem Angreifer ihren Speichel direkt ins Gesicht bläst, eine lange bestrittene, aber endlich doch bestätigte scheußliche Methode. Doch schon kommt der Biß des Gila-Tiers, ein sehr herzhafter. Die langen krummen Zähne, die für gewöhnlich fast ganz im Zahnfleisch versteckt liegen, werden bei dem Druck selbst erst eigentlich frei und schlagen sich nun nahezu zentimetertief ein. Jetzt aber die Wirkung dieses Bisses … Alles Gräßliche, was dem Monstrum seit alters nachgesagt worden ist, konzentrierte sich von je auf den einen Punkt, daß der Biß die verheerendste, die unmittelbar tötende Wirkung besitze, indem er nämlich in der schauerlichsten Weise vergiftet sei.

Wirkliche Forscher mußten gerade das aber zunächst mit rechtem Befremden hören.

Die Volkssage macht ja gern alle nur denkbaren Tiere, wofern sie nur sonst etwas Verfängliches zeigen, auch zu Giftbeißern. Der Zoologe aber legt hier ein zunächst ganz unanfechtbares Veto ein.

Ein wirklich giftiger Biß als dauernde Angriffs- oder Verteidigungswaffe eines Tieres setzt bestimmte Giftdrüsen voraus, die das Gift liefern. Solche Giftdrüsen kennt man im Reptilienbereich von den Schlangen. Sie treten dort durchweg in Verbindung auf mit besonderen Vorrichtungen an den Zähnen. Gewisse Schlangenzähne sind durchbohrt oder wenigstens zu einer Rinne gefurcht zum Injizieren oder Einlöffeln der giftigen Drüsenabsonderung beim Biß. Hier ist also alles klar.

Eine Schlange aber ist nun keine Eidechse. Von keinem anderen Reptil, also auch von keiner Eidechse, war in vieljährigen anatomischen Untersuchungen je ein solcher schlangenhafter Giftapparat, weder Drüse noch Hohl- oder Furchenzahn, jemals festgestellt worden. Und so schien es zunächst geradezu ein Widersinn, der sich über grundlegende systematische Unterschiede hinwegsetzen wollte, wenn einer mit einer »giftigen Eidechse« kam – mochte sie auch noch so verdächtig aussehen und an einen Molch erinnern (der immerhin in der Haut etwas Gift führt, wenn er auch nie giftig beißen kann), und mochte sie aus noch so verwunschener Gegend stammen.

Eine Weile eröffnete sich also folgerichtig ein heftiger Kampf der wissenschaftlichen Theorie, ehern begründet, wie sie schien, und etwas selbstbewußt, wie einer guten Theorie zukommt, mit der Praxis des unentwegt weiter geifernden und beißenden Gila-Tieres.

Gila-Tier, da half kein Mittel, behielt aber auf die Dauer die Oberhand.

Gila-Tier biß Hühner und andere Tiere, und sie starben prompt wie von Schlangenbiß. Die Vergiftungserscheinungen gingen über Lähmung des Atmungsapparats – ganz wie bei Schlangengift.

Gila-Tier biß auch Menschen, und sie hatten ebenfalls fatale Folgen davon. Der Biß brauchte ja nicht immer gleich tödlich zu sein; das ist aber auch der Biß schlimmster Ottern nicht immer.

Das alles aber passierte nicht mehr bloß in der mondhaften Arizonawüste, sondern auch im Zoologischen Garten, ja beim planmäßigen wissenschaftlichen Experiment. Der Theorie aber wurde schließlich leicht gemacht, klein beizugeben.

Denn anatomische Zergliederung des häßlichen Gilakopfs erwies eines Tages gerade das, was sie zur hartnäckigen Voraussetzung genommen. Gila-Tier *hatte* tatsächlich im Unterkiefer zwei dicke, schlangenhafte Drüsen, und seine Zähne waren ganz genau wie die Furchenzähne vieler Giftschlangen mit einer Rinne versehen, durch die der ausgequetschte Drüsengeifer direkt in die Bißwunde eingeträufelt werden mußte. Diese Eidechse *hatte* eben einen Schlangenapparat, und damit war das Wunder der Wirkung sehr einfach aufgeklärt.

Immerhin war es ein großer Fund. Bis zum heutigen Tage ist keine zweite »Gifteidechse« mehr zu der einen hinzuentdeckt worden. Auch ein unmittelbarer Verwandter des Gila-Tiers, der seltsamerweise himmelweit entfernt auf Borneo lebt, besitzt die höllische Waffe nicht. Die Mondwüste am Gila hat hier wirklich etwas ganz Besonderes aus sich geboren.

Warum aber gleicht das Gila-Tier nun auch dem Feuersalamander?

Von einer Nachahmung, die Schutz gewährte, kann dabei wohl nicht die Rede sein, denn das große Scheusal ist selber doch ein ganz anders wirksamer Gifter als der kleine, beißunfähige, bloß auf der Haut etwas ätzende Molch.

Eher könnte man meinen, die Gifteidechse ahme den Molch nach, um bei ihren nächtlichen Raubzügen im Revier gerade umgekehrt harmloser zu erscheinen als sie ist.

Man hat aber die grellgelben Pustelflecken des Molchs auch so gedeutet, daß sie mit ihrer Auffälligkeit größere Angreifer »warnen«, also schon von fern aufmerksam machen sollten, daß es sich um ein giftiges, also auf jeden Fall für sie ungenießbares Tier handle. Da aber nicht nur hier, sondern auch bei anderen giftigen oder sonst ungenießbaren Tieren stets als solche »Warnfarbe« gerade ein ähnliches Gelb oder Gelbrot auftaucht, so wird man zunächst wohl auch an einen direkten chemischen Zusammenhang zwischen Gift und diesem Gelb denken müssen, unbeschadet, daß nachher auch noch solche Nutzzwecke sich mehr oder minder daran angeknüpft haben könnten.

Warum diese natürliche Giftlivree die unheimliche Eidechse nun aber wieder dazu gebracht haben sollte, ihre Schuppen auch in warzenhafte Körner zu verwandeln, die vollends an nackte Molche und Kröten, die Hautgifter und nicht Beißgifter sind, erinnern: das bleibt auch so noch ein Rätsel.

Die Wunder des Gila-Tiers sind offenbar noch nicht zu Ende!

Im kürzlich vollendeten Berliner Aquarium, dieser größten neuen Sehenswürdigkeit unserer Reichshauptstadt, ist es inzwischen lebend zu schauen – in seiner ganzen Scheußlichkeit gelagert auf einem Stückchen künstlichen gelben Wüstenbodens seiner Mondwüste.

Die drei Augen der Blindschleiche

Es hat so manches Menschenkind gegeben, dessen wahre Taten im Guten wie im Bösen längst vergessen sind, das aber unsterblich fortlebt in dem, was von ihm gelogen worden ist.

Von einem der zierlichsten und, wenn man ihn nur genauer besehen will, hübschesten Vertreter unserer heimischen Tierwelt gilt in stärkstem Maße, daß seit alters sein Ruhm, Name und Wert durchaus nur der Legende verdankt wird – nämlich von unserer Blindschleiche.

Drei Volkslegenden sind es, die sich an sie heften, und alle drei sind erstklassiger zoologischer Unsinn.

Eine Schlange soll sie sein, immerhin ein verzeihlicher Irrtum; in Wahrheit ist sie eine echte Eidechse, die aber nach Schlangenart ihre vier Beine abgeschafft hat und auf dem Bauche kriecht.

Giftig soll sie sein; ich erinnere mich des köstlichen Anblicks, wie die sämtlichen Dienstleute eines großen Kuhstalls, ein ganzer Haufen starker erwachsener Menschen, unter wildem Lärm mit Stöcken und Mistgabeln gegen ein harmlos dahinkriechendes Blindschleichlein zu Felde zogen, als gelte es einen Drachen zu erlegen; tatsächlich ist diese kleine fußlose Eidechse unserer Heimat sowenig giftig wie die andern Echsen, die sich dort am Rain oder auf dem Gemäuer sonnen.

»Blindschleiche« aber heißt der friedliche Geselle, weil die kopflose Angst, die vor ihm davonlief, sich nicht Zeit nahm, zu beachten, was er für zwar kleine, aber vollkommen wohlentwickelte zwei Äugelchen an seinem Eidechsenkopf führt.

Gerade dieser dritte und letzte Irrglaube sollte in neuesten Tagen von allen aber noch einmal der eigenartigste, der paradoxeste werden. Denn eben diese »Blindschleiche«, der man gar keine Augen angedichtet hatte, sollte mit zum besten Exempel werden bei einer höchst absonderlichen Entdeckung, die auf dem Gebiete der Sehmöglichkeiten zu den großartigsten gehört, die jemals gemacht worden sind.

Die Blindschleiche besitzt nicht nur jene zwei Augen, sondern sie hat in Benutzung noch ein drittes, höchst geheimnisvolles Sehwerkzeug, das uns Menschen fehlt!

Die erfinderische halbzoologische Sagenphantasie hat ja gern auch mit der Zahl der Augen gespielt. Fabelwesen sollten Augen am ganzen Leibe haben, wobei vielleicht die vage Kunde von herrlichen Vögeln unter ferner Sonne mitspielte, wie dem Argusfasan, dessen Federn augenartig aussehende Kugelflecken von berückendem Zauber zieren. Dem Neunauge gab die Fischerphantasie »neun Augen«, wobei in Wahrheit Saugmund und Kiemenlöcher mitgezählt auf die hohe Ziffer bringen mußten. Das groteskeste Bild aber ist der Zyklop, der nur ein einziges Rundauge mitten auf der Stirn führen sollte.

Für das einfache bestmögliche Sehen nach vorn ist die Lage unserer zwei natürlichen Menschenaugen so gut, daß eine Verlagerung auf die Stirn mit Wiederzusammenziehen in ein einziges Auge gewiß nicht als Vorteil gelten könnte. Aber unwillkürlich drängt das Zyklopenauge auf etwas Drittes.

Angenommen, das gewöhnliche Augenpaar ist neben ihm auch noch vorhanden und genügt dem Blick in der Frontlinie; das Zyklopenauge aber rückt noch etwas höher von der Stirn bis an die Scheitelwölbung: so entstände plötzlich ein sehr großer Vorteil. Ein Wesen mit der Zutat eines solchen »Scheitelauges« könnte nämlich (vorausgesetzt, daß es keine Hüte trägt) bei Frontstellung auch noch nach oben oder (bei hoher Scheitellage) einigermaßen sogar nach hinten sehen. Es beherrschte ein weites Sehfeld mehr. In der Bedrängnis des Lebens aber bedeutet Mehrsehen (auch den Feind noch sehen, der von oben oder hinterrücks kommt) auf jeden Fall eine gute Schutzchance mehr.

Und wieder: was so mehr schützt und nützt, das hat die Natur immer gern auch einmal wirklich gemacht. Seltsam also, daß es nicht da, dort einmal einen Versuch wenigstens auch im wahren Naturhaushalt gegeben haben sollte zu einem »Zyklopenauge« dieser brauchbaren Art – wenn nicht bei Menschen, so doch anderswo bei schädelbesitzenden Wirbeltieren.

In den siebziger und achtziger Jahren des neunzehnten Jahrhunderts, das in der Tierkunde so ungeheure Fortschritte gebracht hat, verbreitete sich in engsten Fachkreisen die Kunde, es könne vielleicht wenigstens für ferne Urweltstage etwas dahin Gehendes wirklich vermutet werden.

Der ausgezeichnete Anatom Leydig hatte auf dem Scheitel über dem Zwischengehirn junger Eidechsen von heute ein kleines Gebilde entdeckt, das wie ein verkümmertes Restchen irgendeines ehemals hier sitzenden Organs aussah. Andere deuteten es auf das Rudiment irgendeines Sinnesorgans. Und man brachte es in irgendeine Verbindung mit einem stummelhaften, verkümmerten, durchaus heute rätselhaften Gehirnteil, der sogenannten Zirbeldrüse.

Dieser »Gehirnstummel« findet sich noch bei den höchsten Säugetieren, ja bei uns Menschen erhalten, und er ist gelegentlich in der menschlichen Gehirnforschung interessant oder, besser gesagt, amüsant dadurch geworden, daß Philosophen in ihm den Sitz der »Seele« gesucht hatten, nach dem Rezept: was wir im Gehirn mit gar keinem Zweck mehr zu verbinden wissen, das muß wohl das Uhrrädchen für die »Seele« sein.

Jetzt schien es aber, als sei diese problematische Zirbeldrüse in Wahrheit die alte Zentrale am Hirn für irgend etwas, das einmal hier in der Scheitelgegend Anschluß gehabt hatte, heute aber zum toten Gleise geworden war.

Bei den Säugetieren bis zu uns hatte man noch die Ruine der Zentrale, bei den Eidechsen schien selbst das tote Gleis noch als solches nachweisbar. Dirigieren und fahren aber tat heute anscheinend nirgendwo mehr etwas dort.

Nun aber: die heutigen Tiere sind Enkel der Urweltstiere. Manches, das hier heute nur mehr verfallenes Haus, zugemauertes Fenster, »rudimentäres Organ« ist, war dort einst noch belebte Burg, offene Schau, funktionierender Körperteil.

Findige Vorweltkenner konstatierten also, daß eine ganze Menge der berühmten urweltlichen Saurier an ihren erhaltenen Schädeln noch ein höchst charakteristisches Scheitelloch gerade an diesem verdächtigen Fleck zeigten, so der berühmte Ichthyosaurus, die riesigen, seeschlangenhaften Mosasaurier, die säugetierähnlichen Theromorphen vom Kapland und andere mehr. Hier könnte ein sehr respektables Organ damals gesessen haben – ein Organ, das damals wohl noch funktionierte in irgendeinem entsprechend respektabeln Lebenszweck. Was aber konnte das für ein Organ gewesen sein?

Ein Forscher meinte, es sei vielleicht ein besonderes Wärmeorgan gewesen, dessen sich diese alten Saurier, wenn sie faul in der Tropensonne lagen, bedienten, um gleichsam ein Warnsignal gegen Sonnenstich bei zu hoch steigender Scheiteltemperatur zu erhalten.

Das Vorhandensein des Organs gerade bei extrem wasserbewohnenden Sauriern (wie dem Ichthyosaurus), andererseits das Fehlen seines Restes bei unsern Krokodilen, die mit so besonderer Liebe in der Sonnenglut duseln, sprach gegen diese kühne Vermutung.

Dagegen führte die genaue Untersuchung des heutigen Restes, wo er bei Reptilien wirklich noch bestand, allmählich mit wachsender Sicherheit auf eine andere Spur, nämlich daß es sich um ein Lichtorgan, also ein Auge, gehandelt habe. Ein Scheitelauge (Parietalauge, wie der Forscher in seiner Sprache sagt), das bei jenem alten Drachenvolk als drittes Auge neben den beiden andern irgendwie in Tätigkeit gewesen wäre!

Man konnte an der heutigen Ruine noch mehr oder minder deutlich die ursprüngliche Linse und die Netzhaut feststellen, und der alte Sehnerv schien in der Tat wenigstens gegen die Nähe der heutigen Zirbeldrüse verlaufen zu sein. Besonders wertvoll wurde bei diesen Studien die noch auffällig gute Erhaltung des Organrestes bei dem einzigen heute noch überlebenden Ursaurier der Triaszeit, der merkwürdigen Brückeneidechse (Sphenodon) von Neuseeland.

Längere Zeit machte die Forschung hier halt.

Das »Scheitelauge« kam als Besitztum der Urweltler, an das heute noch geringe Reste, obwohl in völlig gebrauchsunfähigem Zustande, gemahnen sollten, in alle Lehrbücher, vor allem die am nächsten interessierten geologischen.

Bis es dann in jüngster Zeit endlich einem Privatdozenten in Moskau, Nowikoff, gelang, die ganze interessante Frage noch einmal neu aufzurollen und auf eine unerwartete höhere Stufe zu bringen.

Nowikoff stellte nämlich nichts Geringeres fest, als daß bei unseren bekanntesten heimischen Eidechsen, insbesondere unserer Blindschleiche, das Scheitelauge auch heute noch gar nicht als unbrauchbarer Rest, sondern in energischer Leistung vorhanden ist!

Verdächtig erschien Nowikoff, daß die Bindegewebsschicht, die das alte Organ zudeckte, deutlich noch glasartig, also lichtdurchlässig war. Das Organ nahm also heute noch Licht in sich auf. Es hatte auch eine Linse, wenn schon eine schlechte. Es hatte einen Glaskörper, es hatte eine (gar nicht so üble) Netzhaut, und es hatte einen Sehnerv zum Gehirn.

Vor so vollkommenem Apparat mußte die Frage akut werden, ob das lebende Tier nicht tatsächlich das einfallende Licht noch »sehend« erfasse – heute noch.

Anfangs mißlangen die Versuche, dem gefangenen Tier irgendeine Äußerung abzulocken, ob es (bei Verdeckung der Seitenaugen) mit dem Scheitelauge mindestens allgemein Licht empfinde. Schließlich aber glückte ein anatomischer Beweis.

Auf der Netzhaut der seitlichen Augen trat bei diesen Reptilien (wie anderswo) stets eine Änderung einer gewissen Pigmentverteilung ein, je nachdem das Auge sehend Licht aufnahm oder im Dunkeln blieb; im Dunkeln stellte sich die Netzhaut damit auf möglichste Ausnutzung auch des schwächsten Dämmerlichts ein, bei greller Belichtung umgekehrt suchte sie etwas abzublenden. Ganz genau die *gleiche* Reaktion zeigte nun die Netzhaut des Scheitelauges: auch sie *regulierte* automatisch ihre Lichtaufnahme, mußte also sehen!

Nach der ganzen Sachlage schließt Nowikoff, daß das »dritte Auge« immerhin schlechter sieht als die beiden Seitenaugen. Die schlechte Linse gibt wohl keine eigentlichen Bilder der Dinge. Doch unterscheidet das Organ noch sehr deutlich Licht und Schatten. Und es unterscheidet auch an der verschiedenartigen Reizung der halbkugeligen Netzhaut die Richtung und Bewegung äußerer Abwechslungen von Dunkel und Hell.

In diesem Sinne hat das immer geöffnete Scheitelauge für ein schwaches, sonst sehr schutzloses Tier, das gern auf hellbelichteten Stellen ruht und dabei im Hitzedusel die Seitenaugen schließt, immer noch einen ganz gewaltigen Vorteil. Es verrät ihm das Nahen lichtabschwächender, anders belichteter, schattenwerfender Körper von Angreifern. Man versteht, daß eine fest schlafende Blindschleiche durch den Lichtwechsel geweckt wird und sogleich in der entgegengesetzten Richtung flieht, wenn sich ein Mensch auch nur von fern ihrem Ort nähert. Das Scheitelauge ist nur ein halbes Auge heute, aber es dient noch immer einem ganzen Zweck!

Natürlich ist dabei nicht ausgeschlossen, daß es bei den urweltlichen Sauriern *noch besser* funktionierte als jetzt. So ist auch bei Nowikoffs Studien wieder bestätigt worden, was andere schon vor ihm vermutet hatten: es scheint auch an dieser Stelle ursprünglich ein Augen*paar* gelegen zu haben, so daß die echten Urweltler im ganzen nicht weniger als vier Augen besaßen. Noch heute bemerkt man hinter dem sehenden Scheitelauge einen zweiten Augenrest, der noch enger zur Zirbeldrüse anlenkt, aber gegenwärtig wirklich ganz verkrüppelt bleibt. Manches in der Lage und dem Gehirnanschluß spricht aber dafür, daß ursprünglich auch diese beiden Scheitelaugen *nebeneinander* anstatt hintereinander lagen: erst bei Verkümmerung des einen scheint das übrigbleibende sich vorgedrängt zu haben, so daß es jetzt die Spitze der Reihe bildet.

Die Sage gab dem Schlangenscheitel ein funkelndes Krönlein. Vielleicht ist die Wahrheit doch noch niedlicher, die hier das Haupt eines Reptils mit einem feinen Lichtdeuter krönt, dessen Funkeln schutzbringend in sein eigenes Gehirn glänzt.

Neues von den Wundern des Olm

Wer je einmal durch eine echte, ganz enge Gesteinsklamm – etwa in unserer Sächsischen Schweiz – gewandert ist, der wird einen gewissen beängstigenden Gedanken kennen.

Immer schmaler wird gelegentlich der tief eingesägte Spalt, immer kleiner der Ausschnitt Himmelsblau darüber; eine einzige größere Felsennase, ein einziger alter Fichtenstamm, der sich dort fast im rechten Winkel von seiner zäh in einen Riß der Wand eingeklammerten Wurzel dem kargen Licht entgegen abbiegt, scheint die Öffnung schon fast ganz versperren zu können. Wie, wenn der Raum oben noch enger würde, wenn eine ganz feste Decke sich zusammenschlösse? Dann würde der Maulwurfsgang, den das Wasser sich im leicht löslichen, spaltenreichen Kreidegestein hier unten genagt, ganz finster liegen. Keine Sonne, kein Stern schauten mehr hinein. Kein Baum grünte mehr. Gespenstig nur murmelten die schwarzen Wasser durch den schwarzen Tunnel. Wasser, die irgendwo in einem abgrundtiefen Loch niederstürzend sich geheimnisvoll hier hineingefunden und jetzt Stunde um Stunde in absoluter Finsternis dahingingen, im größeren Gewölbe schwarze Seen bildend, im engsten bis zur Decke den ganzen Schacht erfüllend.

Es ist die wahre Situation der unterirdischen Höhlenflüsse und gänzlich geschlossenen Höhlenklammen des Karstgebirges im adriatischen Küstengebiet Österreichs, was die ängstliche Phantasie sich hier ausmalt.

Das wühlende, den morschen Stein zerfressende Wasser hat dort nicht bloß von oben Rinnen und Kessel getieft: es hat ganz im Unterirdischen selbst Labyrinthe angelegt, die nur bei künstlichem Licht besucht werden können.

Als zum erstenmal eine Sage im Lande von diesem Tartarus der Tiefe entstand, knüpfte sich aber gleich auch der Glaube an scheußliche Drachenbrut daran, die da unten hausen sollte. Wir denken heute mit

einigem Lächeln, aber doch auch etwas unwillkürlichem Gruseln an
Jules Vernes Erfindung, daß in solchen nachtverhangenen Urwassern
des Erdengrundes noch die Ichthyosaurier der Urwelt fortlebten. Davon
ist nun leider nichts wahr gewesen. Aber ein Tier vom alten amphi-
bisch-reptilischen Drachenstamm, soweit ihn auch der Naturforscher
kennt, wurde wirklich in der Folge da drinnen im schwärzesten Styx
gefunden, ein körperlich kleines Geschöpf, aber darum vielleicht das
größte Tierwunder unseres ganzen Erdteils.

In unseren offenen Gebirgsklammen begegnet man auf dem feuchten
Moos wohl jenem wie schwarzes Leder mit goldgelben Pusteln glänzen-
den Feuersalamander. Dieser ebenfalls kleine, aber sagenumwobene
Drachenverwandte liebt Regen und Nässe, aber in seinem gewöhnlichen
Lebensbrauch ist er doch ein Landtier und Freiluftatmer. Nur seine
Wiege steht im reinen Wasser. Dort macht er, ehe er als das schwarz-
goldene Wappentier ans Ufer kriecht, ein Kinderstadium der zierlichen
Wasserlarve durch, die mit einem Ruderschwanz dahinschwänzelt, erst
nach und nach Beinchen bildet und am Halse jederseits wie einen
kleinen Federbüschel noch die Kiemen des echten fischhaften Wasse-
ratmers führt.

Einer solchen Molchlarve nun, die aber überhaupt nie zum Landtier
wird, ewig im Wasser, und zwar im schlechterdings finsteren der unterirdischen Karsthöhlen verharrt, gleicht das Wunderwesen von
Adelsberg – der Olm.

Langgestreckt wie ein Wurm oder Aal ist des Olms Gestalt, mit
spatelförmiger Langschnauze und vier winzigsten Beinchen. Wie
neueste Forschung lehrt, ist das eine Anpassungsform seines Leibes,
entsprechend der Gewohnheit, sich am Boden des Seichtwassers seiner
Höhlenschlünde in den nachgiebigen Schlamm einzugraben, wobei die
Schnauze bohrt und die Beinstummelchen bloß nachschieben.

Das »Menschenfischlein« nennen ihn die Grottenfischer, denn dieser
Wurmleib ist fleischfarben-farblos, ohne dunklere Pigmentschicht wie
ein nackter europäischer Mensch: eine Wirkung der ewigen Nacht.

Mit Staunen aber sahen die ersten wissenschaftlichen Olmforscher
diese Nacht auch waltend noch in einem ganz besonderen Zuge seiner
Organisation. Sven Hedin erzählt uns von den büßenden Einsiedlern
in Tibet, die sich bei karger Nahrung vierzig und mehr Jahre in
dunkler Zelle einschließen lassen; als solcher Eremit im Alter noch

einmal ans Licht gekommen, sei sein Auge farblos und blind gewesen. Und ein ähnlicher Kerkerheiliger erscheint uns auch der Olm.

Beim erwachsenen Tier erweist sich das Auge als verkümmert, die Linse fehlt, und ihr Platz ist durch eine Wucherung der Netzhaut ausgefüllt, während gleichzeitig die äußere Körperhaut in voller Dicke das ganze Auge bedeckt, ihm also dauernd den Charakter eines »geschlossenen Auges« ohne Möglichkeit eines Lidaufschlagens verleiht.

Seit über hundert Jahren bemüht sich die Wissenschaft jetzt um diesen Olm und seine Wunder.

Nur einen einzigen Genossen auf der großen Erde hat er hinsichtlich seiner Lebensweise in der Zeit bekommen: beim Anbohren eines artesischen Brunnens in Texas in Nordamerika kam gelegentlich auch dort rein zufällig ein olmartig blinder, farbloser Höhlenlurch, *Typhlomolge rathbuni*, zutage, ohne daß sich doch aus dieser Entdeckung bisher viel weitere Aufschlüsse ergeben hätten. Der systematischen Stellung nach schloß sich dieser Amerikaner nicht an den Olm selbst, sondern die unten noch zu besprechenden lungenlosen Spelerpesmolche an.

Die außerordentliche Schwierigkeit, die aus der ganz absonderlichen Lebensart dieser Höhlengäste zu erwachsen schien, wollte lange den Fortschritt unserer Olmkenntnis trotz eifrigster Arbeit immer wieder lähmen. In letzter Zeit aber ist das nun doch endgültig anders geworden. Zu Wien, mitten im lustigen Prater mit all seinen Wurstbuden und Schießbuden und Schaukeln steht ein stilles Haus, das der bedeutsamsten Forschung geweiht ist: die Biologische Versuchsanstalt. In eifriger Feinarbeit werden dort durch das Experiment am lebendigen Tierkörper Fragen an die Natur gestellt. Ob erworbene Abänderung der Färbung sich vererbe, ob ein in der freien Natur fest eingebürgerter Instinkt sich umzüchten lasse unter künstlich veränderten Bedingungen und ob auch das schon vererbungsfähig sei und so weiter. Hinter dem Ganzen steht als treibende Idee wesentlich jene Forschungsart, die von dem großen Physiologen von Halle, Wilhelm Roux, als sogenannte »Entwicklungsmechanik« mit wachsendem Glück begründet worden ist. Erstaunlich über alle Erwartung scheinen auch die Erfolge schon des kleinen Hauses im Prater, insbesondere durch die rastlose Tätigkeit Paul Kammerers dort. Und vor dem planmäßigen Angriff Kammerers hat nun neuerdings auch der kleine zähe Finsterling, der Olm, endlich einiges mehr von seinen Geheimnissen ausplaudern müssen.

In einer alten Zisterne des Hauses, das ursprünglich öffentlichen Aquariumszwecken gedient hatte, wurde gewissermaßen eine künstliche Adelsberger oder Kanzianer Grotte geschaffen. Fünf Meter wenigstens taucht man auch hier unter den sonnigen Praterboden in einen schwarzen nassen Schlund hinab, den nur ein rotes Glühlämpchen gespenstisch erhellen darf, und den Schreiber dieser Zeilen, der nicht eben der geschickteste Kletterer auf schlüpfrig-schwindligem Terrain ist, mutete der Besuch schon einigermaßen wie eine wirkliche Höhlenpartie an.

Was aber sonst nicht immer als bauliches Ideal gelten dürfte, wird da drunten zum Segen: durch die gemauerte Decke tropft das Sickerwasser so reichlich, daß es schon zu richtigen Stalaktitenbildungen gekommen ist, von unten aber überschwemmt das Grundwasser beständig den defekten Zementboden. Das verdunstende Wasser hält die Luft sozusagen im Bad, ewige natürliche Finsternis waltet, keine Erschütterung bewegt den Spiegel, und die Temperatur bleibt unabhängig von allem Wechsel der Jahreszeiten bei 12 bis 14 Grad Celsius.

Als menschliches Gefängnis wäre das die greulichste Folterkammer, vergleichbar der römischen, wo sie den Sonnenkönig Jugurtha einst verschmachten ließen. Der Olm aber findet hier sein Paradies. Hier läßt er sich in vollkommener »Naturtreue« studieren, womit zugleich dann für abändernde Experimente in oberirdischen, erhellten und anders temperierten Aquarien die nötige Kontrolle gegeben ist.

Das erste, was Kammerer enträtselte, war die Fortpflanzungsgeschichte des Olm. Die Grottenführer in Adelsberg und St. Kanzian hatten stets behauptet, der Olm bringe lebendige Junge zur Welt. Eine älteste, genau protokollierte Beobachtung schien das zu bestätigen. Andere Befunde aber widersprachen ebenso entschieden. In den achtziger Jahren des neunzehnten Jahrhunderts erlebte eine höchst vorzügliche wissenschaftliche Beobachterin, Fräulein von Chauvin, daß ihre Olme im Aquarium Eier legten, und ein anderer Forscher sah aus solchen Eiern auch die jungen Tiere hervorgehen. Neuerdings aber war in einem solchen Aquarium rein unbegreiflicherweise auch wieder vorgekommen, daß ein Weibchen statt der zahlreichen Eier einen einzelnen, schon recht stattlichen Olm lebendig zur Welt gebracht hatte. Findige Köpfe hatten also schon die Vermutung aufgestellt, es gebe zwei verschiedene Olmarten, die sich in dem Punkte entgegengesetzt verhielten. Kammerer konnte dagegen jetzt folgendes als sicher festlegen.

Die Fortpflanzungsform des Olm ist abhängig von der Temperatur des Wassers, in dem man ihn hält. Hielt man ihn bei weniger als 15 Grad Celsius (also in der besagten unterirdischen Zisterne der Versuchsanstalt), so brachte er unter allen Umständen lebende Junge zur Welt und zwar normalerweise nur je zwei, die bereits ziemlich groß waren und schon alle vier Beine besaßen. Diese zwei hoffnungsvollen Sprößlinge hatten sich bereits im Mutterleibe als die alleinigen Sieger bewährt, indem sie den ganzen nicht entwickelten Rest der Eier dort einfach aufgefressen hatten, ein Kampf ums Dasein und embryonaler Kannibalismus schon vor der Geburt, den man nur mit einigem Grausen verzeichnet!

Hielt man den Olm dagegen in Aquarien mit Wasser, das wärmer war als 15 Grad Celsius, so legte er ebenso konsequent stets Eier und zwar diesmal bis zu 60 an der Zahl, aus denen entsprechend viele noch fußlose Junge erst nachträglich auskrochen; diese Jungen dauernd am Leben zu erhalten gleich den anderen, gelang aber nicht.

Und schon letzteres deutete darauf, wo der *natürliche* Fall liegt: in ihren heimischen Grotten entspricht die Temperatur stets nur der in der Wiener Zisterne – der Olm bringt also auch dort unabänderlich nur seine zwei lebendigen Jungen hervor, während das Eierlegen nur eine Aquariumskünstelei ohne weiteren Erfolg ist.

Daß es sich nicht um zwei verschiedene Arten des Olm handeln kann, wurde ebenso evident, als bei Kammerers Versuchen ein uraltes, schon über zwanzig Jahre in der Gefangenschaft gehaltenes Olmweibchen zuerst im warmen Becken Eier legte und dann selber, in die kühle Zisterne zurückversetzt, dort wieder zwei lebendige Jung-Olme brachte. Licht oder Dunkelheit beeinflußt die ganze Sache nicht. Wohl aber beginnen hier für sich wieder interessante Versuche Kammerers, die jetzt die persönliche Abänderung des künstlich belichteten Olms betrafen.

Wenn man erwägt, daß die Olme doch höchstwahrscheinlich schon seit Jahrtausenden Generation um Generation ihr Wesen in stygischer Finsternis treiben, so wäre es wahrlich naheliegend, zu denken, daß ein erzwungenes Leben im hellen Licht jeden Olm notwendig töten müsse. Das gerade Gegenteil ist der Fall.

Will man den Olm in seinen Naturbedingungen studieren, so muß man ihn natürlich möglichst dunkel halten. Man *kann* ihn aber ebensogut ans Tageslicht gewöhnen. Bloß bekommt er dann Pigmenteinlagen in der Haut: das heißt, er wird nach einer gewissen Zeit individuell aus einem Weißen zum Neger mit dunkler, zuletzt blauschwarzer Haut. Diese Umfärbung vererbt sich bei richtiger Stärke auch auf die Jungen, und zwar auch dann, wenn diese Jungen selber wieder im Dunkeln geboren worden sind und sich dort entwickelt haben – wobei im Sinne moderner, sehr kniffliger Vererbungstheorien allerdings noch offen bleibt, ob hier ein echter Fall von Vererbung einer erworbenen Elterneigenschaft vorliegt oder ob die Lichtstrahlen, die den Elternleib äußerlich schwärzten, durch ihn hindurch auch schon die Eier und mit ihnen alles, was je daraus werden sollte, für immer mitgeschwärzt hatten. Viel wunderbarer als dieses erzwungene Negertum aber ist, was Kammerer durch Belichtung beim Olm*auge* erzielte.

Wie gesagt, ist das im Finstern unbenutzte Auge des erwachsenen Olms hochgradig verkümmert; es entspricht in unserem normalen Menschensinne einem linsenlosen, höchst defekten und ewig im Lid geschlossenen Auge. Beim neugeborenen Jung-Olm ist das nun noch nicht ganz so. Das Auge ist hier schon äußerlich deutlicher, erscheint als schwarzer Punkt; innerlich besitzt es noch eine Linse, und es ist noch nicht so dick von der Haut überwachsen. Man hat den Fall wie so oft: das Jungtier spiegelt noch deutlicher die Ahnenstufe, die einmal für das Leben im Licht taugliche Augen besessen hatte, während das erwachsene Dunkeltier das Auge mehr auf der jetzt gültigen Stufe des Nichtgebrauchs verkümmert weist. Kammerer stellte sich nun als Problem, was wohl mit dem Auge werde, wenn man solche Jung-Olme im hellen Licht erzöge.

Der Versuch ergab zunächst eine Schwierigkeit. Die rasch im Licht einsetzende Negerfärbung verdunkelte nämlich auch das schwache Häutchen des Jungauges sofort so, daß eine tiefere Lichtwirkung darunter nicht ferner möglich wurde. Alsbald aber half die Entdeckung, daß das Licht einer roten Lampe nicht zu jener dunkeln Pigmentbildung führt, so daß durch geschickte Abwechslung mit solchem roten Licht wenigstens der Hauptschaden beseitigt werden konnte. Jetzt aber ergab sich das in dieser Stärke denn doch überraschendste Resultat.

Junge Olme wurden während der ersten fünf Jahre ihres Lebens konsequent in dieser Weise belichtet. Im ersten Jahre verharrten ihre Augen einfach auf dem Jugendstadium, ohne sich in der sonst hier schon eintretenden Weise weiter rückzubilden. Im zweiten Jahre schwoll das Auge unter seiner Haut merkbar an. Im dritten wölbte es die ganz dünn gewordene Deckhaut uhrglasartig vor. Im vierten schien eine unverkennbare Hornhaut entstanden zu sein. Im fünften Jahre wurden die Augen automatisch genau untersucht, und es zeigte sich folgender Sachverhalt.

Die Deckhaut war so verdünnt, daß das Auge fast vollkommen an die Oberfläche gerückt war. Die reine Größe des Augapfels hatte sich um mehr als das Doppelte des im Finstern normalen Maßes verstärkt. Über die Existenz einer Hornhaut konnte kein Zweifel sein. Geblieben, nicht wie sonst stets beim erwachsenen Olm rückgebildet, war die Linse; im Gegensatz zum Jugendstand hatte sie sich vielmehr noch um das Achtzehnfache an Länge vergrößert. Als eine völlige Neubildung, die noch nie, weder bei einem jugendlichen noch bei einem alten Olmauge, sonst gesehen worden war, hatte sich aber sogar ein Glaskörper entwickelt. Ebenso war eine Iris jetzt da, die eine deutliche Pupille umschloß. Die Netzhaut war flächenhaft ausgebreitet und verdünnt, wobei die Sehzellen gleichzeitig eine beträchtliche Vervollkommnung erfahren hatten.

Mit einem Satz: man hatte ein *Lichtauge* vor sich statt eines Dunkelauges.

Entspricht der fertige Olm im ganzen einer kiemenatmenden Larve unseres Feuersalamanders, so kann man sagen: diese neuen Augen des Lichtolms entsprachen ebenfalls jetzt den zum dauernden, lebenslänglichen Sehen bestimmten Augen einer solchen Feuersalamanderlarve.

Über den Grad der Sehfähigkeit selbst wagte Kammerer anfangs kein Urteil, doch scheinen die neuesten Experimente die Bestätigung zu bringen, daß dem fertigen Apparat schließlich eben auch der Gebrauch, den man erwartet, wirklich zukommt. Und so schenkt uns das glänzende Gelingen des ganzen Versuchs eigentlich einen neuen Olm: eine Lichtform des Dunkelmolchs, die nicht mehr auf die finstere Grotte eingestellt ist, sondern sich vollwertig neben die anderen Molche in diesem Punkte fügt – die in jedem sonnendurchglänzten Teich ebensogut leben könnte wie irgendeine unsrer kiemenatmenden Lurchformen sonst.

Man ahnt aber, daß, was der Experimentator hier künstlich vollbracht hat, auch die Natur wohl auf ähnlichen Wegen aus dem so bildsamen Geschöpf hätte herausarbeiten können – etwa wenn die dunkeln Decken seiner Grotten sich gelegentlich durch irgendeine geologische Wandlung wieder zur offenen, belichteten Klamm aufgetan hätten.

So schauen wir auf wirkliche Möglichkeiten geschichtlicher Umwandlungen der Arten, und der schlichte Einzelversuch erhebt sich bis zu der Höhe umfassendster biologischer wie philosophischer Fragen.

Die unsterbliche Amöbe

Der treffliche Burmeister, eine Prachtgestalt älteren deutschen Gelehrtentums von echtem Schrot und Korn und ein Original dazu, war in späteren Jahren dauernd nach Südamerika übergesiedelt, ganz eingesponnen dort in seine Studien über das heutige kleine und das ehemalige Riesengetier dieses seltsamen Stücks Erde. Als jüngere deutsche Freunde ihn dort besuchten, mit ihm beim goldenen Wein saßen und etwas verwundert waren, den uralten Patriarchen immer noch so rüstig als Pionier auf der Schanze zu finden, meinte er wohl launig: seine geistige Unsterblichkeit sei ihm ja ein Problem, aber woran er nachgerade wirklich glaube, das sei seine körperliche Unsterblichkeit.

Der alte Herr hat zuletzt doch auch diese äußerste Forschungsreise antreten müssen. An seinen Ausspruch aber muß ich denken bei einer wissenschaftlichen Streitfrage, die jetzt auch schon über rund dreißig Jahre zurückgeht.

Es war zu einer Zeit damals, als in der Naturphilosophie gerade einmal besonders lebhaft wieder über geistige Unsterblichkeit debattiert wurde. Da aber kam einer der allerbesten Köpfe unter den strengen Fachnaturforschern (kürzlich hat auch er auf die große dunkle Wanderung müssen) und stellte ganz friedlich den Satz auf: auf jeden Fall gebe es auf unserem merkwürdigen Planeten körperlich unsterbliche Wesen.

Nicht der Mensch gehöre dazu, von dem das schwermütige polynesische Liedchen singt, daß die Palme wachse, die Koralle sich breite, er aber dahingehen müsse. Auch die Palme nicht und die Koralle nicht. Wohl aber ein unsichtbares Reich, das lange in der Phantasie der Völker geradezu mit Gespenstern bevölkert worden war.

Wenn früher die Pest oder eine ähnliche Masseninfektion durch die Kulturmenschheit ging, so erschien sie wie ein böser Dämon, der uns heimsuchte. Unsere Zeit hat diesen Dämon entlarvt. In unseren Mikroskopen hat er sich als jenes Heer kleinster der kleinen, einfachster der einfachen Lebewesen ausweisen müssen, als Geschöpfe vom Bakterien- und Infusorienschlage.

Wir wissen jetzt, daß es auf unserer Erde zwei Hauptgruppen lebendiger Organismen gibt: die einen, zu denen alle höheren Pflanzen wie Tiere gehören, zusammengesetzt aus vielen, oft unfaßbar vielen Zellen; die anderen zeit ihres Lebens nur bestehend aus einer einzigen solchen Zelle. Unter diesen »Einzellern« aber befinden sich jene Massenmörder, Massengifter, die bei jenen Krankheiten gegen uns wüten und deren wir gerade jetzt in den schlimmsten Fällen Herr zu werden beginnen oder doch hoffen.

Eben von diesen Einzellern aber stellte nun der große Forscher August Weismann den verblüffenden Satz auf: sie hätten vor all den sonst so viel höher entwickelten Vielzellern doch ein ungeheures voraus: nämlich die Gabe körperlicher Unsterblichkeit.

Was kein Stein der Weisen, kein wundertätiger Quell Bimini uns jemals hatte geben können, das sollte jede armselige mikroskopische Amöbe besitzen seit Urtagen irdischen Lebens!

An sich ist wohl kaum je etwas Verblüffenderes streng wissenschaftlich behauptet worden. Noch verblüffender aber wirkte die schlichte Logik der Beweisführung, die ihren Faden vom allereinfachsten und bekanntesten Sachverhalt zu spinnen schien.

Zunächst durfte man die Behauptung selbst ja nicht verkehrt fassen.

So ein Bazillus oder eine Amöbe oder ein Malariaparasit sind nicht einfach todesfest im Sinne, daß man sie nicht gewaltsam umbringen könnte. Sonst stände es schlimmer als schlimm um den großen Feldzug unserer heutigen Medizin. Natürlich kann man auch sie gewaltsam vergiften, verbrennen und so weiter. Was aber Weismann meinte, ist, daß solcher Einzeller keinen *natürlichen* Tod kenne.

Wir alle wissen um den gewöhnlichen, den so oft als tragisch empfundenen Hergang bei dem höheren Wesen. Es wächst auf, es erreicht eine gewisse Blüte seines Lebens – dann, nach einer rund abgemessenen Zeit, altert es wieder und stirbt endlich, auch wenn keinerlei Gewalt es bedroht hat; inmitten auch des höchsten Glücks endet es an Altersschwäche wie eine abgelaufene Uhr. Wohl mag es auf der Höhe seiner Tage eine neue, lebenskräftige, wieder junge Generation von sich haben ausgehen lassen, aber der neue, morgenfrische Aufstieg dieser jungen Welt des Kindes ändert nichts an dem Altern und Sterben des Vaters, der Mutter. So ist es bis zu uns. Der große Held, die edelste Frau, der geniale Forscher oder Künstler, der Krösus und der Bettler: sie schrumpfen und verfallen endlich wie ein welkes Blatt, wenn ihre gewisse kurze Spanne erfüllt ist.

Ganz anders aber bei der Amöbe.

Auch ihr Leib, der nur aus einer Zelle besteht, wächst zunächst frisch ins Leben hinein. Wenn ihm dieses Leben aber sonst kein besonderes gewaltsames Ungemach bringt, so ist der weitere normale Verlauf, daß dieser Leib auf der Höhe seiner Reife und Gesundheit sich einfach in zwei lebendige Hälften teilt, von denen jede sich alsbald wieder zu einem vollkommenen Geschöpf auswächst. Die so entstandenen zwei Amöben stellen die Kinder dar, die das alte Leben mit frischer Kraft beginnen. Zugleich aber ist das elterliche Wesen restlos in sie aufgegangen: es ist keine Mutter etwa geblieben, die jetzt zu Altern und Tod bestimmt wäre – keine Leiche liegt auf dem Plan.

Die beiden Jungamöben aber werden es zu ihrer Zeit genau ebenso wieder machen, werden wieder teilen und damit restlos in ihr Jungbad gehen, ohne daß jemals ein natürlicher Tod sich einstellte.

Wenn nur einmal im Anfang der Zeit Leben auf der Erde entstanden ist und die heute noch lebenden Amöben die Nachkommen der damals schon gebildeten sind, so hat sich in Wahrheit in ihnen kraft dieser Methode leibliches Leben bereits über hundert und mehr Millionen Jahre fort weitergegeben ohne Todesriß.

Im einzelnen mag die Teilung selbst komplizierter sein, als man sich früher dachte, auch recht verschiedenartig bei den verschiedenen Einzellertypen, aber das Schlußergebnis bleibt immer das gleiche: die körperliche Unsterblichkeit. Unfaßbar viele Pechvögel des Einzellervolkes mögen auch in jener langen Zeit gewaltsam ihr Ende gefunden haben. Aber die zahllosen, die noch immer überleben, überleben auf Grund dieser Unsterblichkeit.

Der verblüffende Gedanke war aber kaum ausgesprochen, da begann auch schon das hitzigste Turnier um ihn. Den meisten erschien er zu paradox, als daß er wahr sein könnte.

Ein erster Gegenstoß ging davon aus, daß bei solcher restlosen Aufteilung einer alten Amöbe in zwei verjüngte doch die alte Individualität sich auflöse, also gewissermaßen mit ihr doch etwas sterbe.

Aber diese Individualitätsfrage führt strenggenommen schon ins seelische Gebiet, und Weismann hatte sehr geschickt immer nur von der körperlichen Unsterblichkeit gesprochen. Mit der »Individualität«

erlebt man ja auch bei so manchen schon etwas höheren Tieren noch die sonderbarsten Sachen. Noch einen Süßwasserpolypen kann ich in zwölf Schnitzelchen zerhacken, und jedes Schnitzelchen ergänzt sich prompt zu einem ganzen neuen Polypen; jetzt was ist auch hier mit der Individualität des alten Polypen geschehen? Unser Denken kommt da einstweilen nicht durch.

Gewiß aber ist, daß der alte Polyp, körperlich genommen, dabei nicht getötet worden ist, denn zum Tode gehört eine Leiche, und keines der zwölf Hackstücke ist als Leiche liegengeblieben. Genau so fehlte aber die Leiche bei unserer Amöbe.

Vorsichtigere Kritiker wagten sich denn auch nicht auf dieses heikle Gebiet, sondern versuchten einen wesentlich substantielleren Weg, um zu prüfen, ob Weismanns Idee selber unsterblich sei: sie rückten ihr mit dem unmittelbaren Experiment auf den Leib.

Wenn Weismann recht hatte, durfte sich auch in einer unabsehbaren Kette genau kontrollierter Einzellergenerationen niemals ein natürliches Altern, ein Altersverfall einstellen, der endlich doch noch zum körperlichen Zusammenbruch dieser Kette führte.

Der Franzose Maupas züchtete also Hunderte von Generationen eines gewissen Infusoriums und kam zunächst zu einem höchst bedenklichen Resultat.

Die betreffenden Liliputaner teilten anfangs glatt, teilten wieder und wieder, als liefe die Sache anstandslos auch hier in die Ewigkeit. Aber nach einer Weile fielen sie ab, degenerierten, gerieten in greisenhaften Stillstand, der das Ganze unvermeidlich doch noch auf den Tod losführte.

Hätte man das Experiment hier für immer abgebrochen, so wäre Weismanns Idee für immer widerlegt gewesen, die Leiche im Spiel war gefunden, wenn sie auch erst nach hundert und mehr Teilungen erschien.

Aber Maupas mußte einen weiteren Sachverhalt feststellen, der alles wieder umwarf.

Wenn man diese Infusorien nicht unter unnatürliche Bedingungen brachte, sondern sich selbst überließ, so fanden sie, ehe noch jener scheinbare Altersverfall sich geltend machte, aus eigener Kraft ein untrügliches Mittel, ihm vorzubeugen.

Nach einer Reihe einfacher Teilungen veränderten sie nämlich plötzlich ihr Fortsetzungsprinzip: sie verschmolzen zu je zwei und zwei, und wenn jetzt aus dieser Mischzelle neue Teilungen weiter erfolgten, so bewährten diese erneut die alte Jugend ohne jede senile Gefahr.

Der Vorgang war an sich sehr interessant, weil er schon eine Vorstufe des Prinzips darstellte, das nachher im Liebesleben der höheren Tiere und Pflanzen eine so kolossale und entscheidende Rolle spielen sollte. Zur Sache zeigte er aber eine Regulierung, die Weismanns Idee erneut glänzend zu rechtfertigen schien: denn ob nun Teilung oder Mischung: es blieb dabei, daß keine Leiche das Spiel unterbrach.

Emsigste Kritiker wurden indessen nicht müde, nach dieser »Leiche« weiter zu suchen.

Der Mischungsvorgang, hochinteressant wie er war, wurde selbst enger aufs Korn genommen.

Es zeigte sich, daß die verschmelzenden Infusorien gleichsam einen Teil ihres Eigengerüstes dabei abbrachen und erst neu wieder aufbauten. Dieses Abbrechen wurde als versteckte Leichenbildung gefaßt, als sterbe in jedem der beiden Geschöpfchen gleichsam seine eine eigene Hälfte erst ab, ehe die andere zu neuer Lebenskraft sich mit der anderen von drüben vereinige – ein unsagbar raffiniertes Durcheinanderspiel von Liebe und Tod fast im gleichen Moment.

Die Frage, ob das nicht wieder zu spitzfindig ausgelegt sei, machten aber erneute Massenexperimente belanglos.

Calkins züchtete abermals lange Infusorienkulturen und konnte wiederum feststellen, daß nach einer gewissen Kette einfacher Teilungen die Lebenskraft haperte und die Uhr, bildlich gesprochen, anfing nachzugehen. Zur neuen Regulierung auf das richtige Tempo bedurfte es aber, so wurde diesmal offenbar, nicht immer jener Mischung von Individuen. In vielen leichteren Fällen genügte Abänderung der Nahrung und ähnliches schon.

Von da aber war nur noch ein kleiner Schritt zu der Möglichkeit überhaupt, das Senilwerden der Teilgenerationen auch durch reine Sorgfalt der Pflege und systematische Abwehr störender Außeneinflüsse dauernd zu verhindern. Und auch diese Möglichkeit ist, soweit menschliches Ermessen zurzeit reichen kann, inzwischen von Jennings und Woodruff wirklich erwiesen worden.

Sie haben Infusorien durch 2500 Generationen gezüchtet und kontrolliert. In diesem Falle trat weder Altersverfall ein noch Vermischung. Angemessene Diät, die jede Störung der Lebenshaltung ausschloß, genügte offenbar allein zur Selbstregelung der Lebensuhr. Man konnte natürlich annehmen, daß bei der millionsten oder billionsten Generation doch noch die Dinge haperten. Aber diese Annahme wäre eine durchaus willkürliche, die einstweilen dem schlichten Sachverhalt nicht entspricht.

August Weismann ist also bis zu seinem Tode der Ansicht geblieben, daß er trotz aller Fehden das Spiel gewonnen habe. Der Sieg seiner Grundthese bedeutete für ihn aber zugleich Sieg einer Folgerung, die er daran geknüpft.

Wenn die einzelligen Wesen noch keinen natürlichen Tod kennen und kannten, so muß dieser Tod also erst innerhalb der organischen Entwicklung bei den vielzelligen Wesen entstanden sein. Er wäre keine Ureigenschaft des Lebens, sondern erst eine spätere Zutat. Was aber könnte diese »Zutat« bewirkt haben? Eine unheimlich gewaltige Frage!

Weismann war aber nun der Ansicht, daß unser menschliches Denken so konstruiert sei, daß es rein wissenschaftlich alle solche Entwicklungsfragen in der Natur nur lösen könne nach dem Begriff »Nützlich« oder »Unnützlich«.

Bei den höheren Pflanzen und Tieren ist jenes Amöbenprinzip, das elterliche Wesen restlos in die Jungen ausgehen zu lassen, verworfen worden. In der Reife ihres Lebens produzieren sie bloß noch Keimzellen, aus denen die junge Generation erwächst. Sie selbst bleiben auch danach noch selbständig stehen. Warum leben auch sie als Eltern aber nun nicht unsterblich fort?

Weil sie fernerhin überflüssig für die Erhaltung der Art sind, meint Weismann. Alles Überflüssige ist aber zuletzt unnützlich im Naturhaushalt und wird im Daseinskampfe endlich weggezüchtet, Jede Funktion und jedes Organ schwinden, wenn sie für die Erhaltung der betreffenden Lebensform überflüssig werden.

Franz Doflein, nach dem Rücktritt des ehrwürdigen alten Meisters jetzt Weismanns Nachfolger auf dem Freiburger Lehrstuhl für Zoologie, hat dagegen versucht, der Grundthese eine freundlichere Konsequenz für uns selbst zu geben.

Wenn das Altern und der Tod keine Grundeigenschaften aller lebendigen Substanz sind, sondern bloß eine mehr oder minder äußerliche Zutat, die (wie jene Infusorienexperimente zu beweisen scheinen) wesentlich doch nur eine Abnutzungserscheinung durch Ungunst der äußeren Verhältnisse im unmittelbaren Effekt darstellt, so ließe sich ein erneutes änderndes Eingreifen durch unsere Intelligenz denken. Es werde zwar ein Phantom bleiben, das Menschenleben ins Unendliche zu verlängern. »Aber indem durch genaue Erforschung eine Anzahl der günstigen Bedingungen ausfindig gemacht werden und für ihre Wirksamkeit während der Entwicklung des Lebens des Individuums gesorgt wird, während möglichst viele Schädigungen ausgeschaltet werden, muß es möglich sein, die Abnützung des Körpers hinauszuschieben, seine Leistungen länger auf der Höhe zu erhalten und das Leben als Ganzes zu verlängern.« In diesem Sinne seien die bekannten Ideale Metschnikoffs von einer gewissen Verlängerung des individuellen menschlichen Lebens wirklich würdige Ziele für den Forschergeist.

In der Tat ist ja kein Zweifel, daß sich beim Menschen, selbst wenn wir auch ihn in diesem Zusammenhang als bloßes Naturprodukt unter dem Nützlichkeitssinn ansehen wollen, an dieser Stelle wieder etwas ganz entscheidend verschoben hat.

Der »Nutzwert« des Individuums auch über den Neuzeugungsakt hinaus ist schier ins Unendliche bei ihm gestiegen.

Schon im höheren Tier überhaupt sehen wir die Bedeutung des noch eine Weile fortlebenden Elterntiers zum Schutz der Jungen und damit der Art rapid zunehmen. Im Menschen treten dazu aber nun die enormen Fortschrittsleistungen des Einzelnen für das Ganze, die unabhängig von aller körperlichen Fortpflanzung in Forschung, Kunst, Gemeinarbeit jeder Art, in Vorbildlichkeit des Charakters und so fort sich bewähren und durch Lehre, Tradition, geleistetes Werk selbständig fortzeugend in einer anderen Linie für sich weiter wirken. Von einem »fernerhin Überflüssigen« in Weismanns Sinne kann hier also unmöglich mehr geredet werden.

Jede Förderung dieser individuellen Leistung muß fortan wieder eminent wichtig für die »Menschenart« sein – in tausend und tausend Einzelfällen kann sie sogar wichtiger sein als die Neuzeugung selbst, wenn auch letztere natürlich ihre eigene Notwendigkeit daneben stets wahrt. Zu diesen Forderungen könnte aber natürlich auch eine rein zeitlich vermehrte Dauer gehören, die ein stärkeres Ausspielen und Ausstrahlen der individuellen Kräfte ermöglichte. Wer denkt hier nicht an Goethe, dem vergönnt war, über achtzig Jahre in Kraft auszuleben und der mit zweiundachtzig noch an seinem »Faust« arbeitete, an Humboldt, der mit neunzig Jahren noch bei seinem »Kosmos« saß.

Das Nützlichkeitsgesetz, das im niederen organischen Wesen nach Darwins und Weismanns Auffassung als blind ausmerzende oder begünstigende Zuchtwahl waltete, ist für den Menschen aber jetzt überall in seine eigene Intelligenz eingegangen. »Nehmt die Gottheit auf in euren Willen«, sagt (nur mit etwas anderen Worten) Schiller. Mit seiner Intelligenz überschaut der Mensch jetzt die Dinge und leitet sie bewußt in die *ihm* günstigere Bahn. Und so mag auch an dieser Stelle die fortschreitende Intelligenz resolut den Wechsel begreifen und mag im Maß ihrer wachsenden Kräfte erneut einzugreifen suchen. Wie weit, das verliert sich freilich in blauen Zukunftsschleiern.

Goldene Tiere

Wer von uns hat nicht in phantasiefroher Kinderzeit einmal gebebt unter den Schauern der Sage vom Argonautenzug!

Wie Jason mit seinem Heldenschiff gen Kolchis fährt, um das goldene Widderfell zu holen, das von einem Drachen bewacht an einer Eiche im Areshain hängt ...

Kolchis ist die Kaukasusecke des Schwarzen Meeres, damals für einen Griechen ein so fernes Sagenland wie uns Europäern von heute etwa das Innere von Neuguinea. Die Argonautenfabel ist wilder und menschlich kleiner als Ilias und Odyssee, denen man, aller Homerkritik zum Trotz, eben doch auf Schritt und Tritt die läuternde Hand einer ganz großen Dichterpersönlichkeit anmerkt, während dort nur noch die rohe Mythe zu uns spricht. Aber um so packender für die Jugend schlägt die reine Abenteuerlichkeit der Handlung durch. Und dabei ist auch hier charakteristisch, wie die Sage mit naiven Effekten das Stärkste erreicht.

Ein Häuflein Gold in der Größe und Dicke eines Widdervlieses ist gewiß noch kein besonders großer Schatz. Aber das Aparte, das Verblüffende ist, daß ein lebendiges Säugetier Gold am Leibe getragen haben soll. Dieses Tierfell lohnte schon die verwegenste Heldenarbeit!

Zugleich aber fehlt auch der Zug nicht, daß in allem bunten Märchenspuk die dunkle Kunde von einer nüchtern realen Sache gleichsam das Gebein zu bilden pflegt. Wo immer wir heute naturgeschichtliche oder historisch-geographische Forschung an diese Griechenlegenden wenden, kommen solche Wirklichkeitsgebeine zutage, ohne daß der Duft der Sage sich deshalb zu verlieren brauchte. An dem Fleck des alten Labyrinths auf Kreta, wo der Stiermensch Minotaurus gewütet haben sollte, ist vor kurzem die Stätte alter Kampfspiele der mykenischen Kulturepoche ausgegraben worden; zoologisch bestimmbare Knochen beweisen, daß der heute ausgestorbene riesige Urstier dort noch vorgeführt wurde, und ein Wandgemälde aus der Zeit verewigt noch solchen gefährlichen Stierkampf in anschaulichster Form.

Und so erfahren wir auch aus den späteren Quellen griechischer Wissenschaft selbst noch von einer althergebrachten Sitte der Kaukasusbewohner, daß sie zottige Schaffelle in ihre Bäche hingen, um die natürlichen Goldteilchen, die von den Wassern dieses metallreichen Gebirges geführt wurden, aufzufangen – eine nüchterne Praxis, den mancherlei Methoden unserer Arbeiter in Silberseifen und Goldwäschen damals schon durchaus ähnlich.

Was aber kein antiker Grieche wußte, ist die Tatsache, daß es wirklich auf unserer Erde Säugetiere gibt, die ein »goldenes Vlies« tragen.

Freilich kein Vlies, aus dem man echte Goldstücke prägen kann.

Als das Leben sich seine zwölf bis zwanzig mineralischen Elemente aneignete, die teils notwendig, teils hilfsweise seine wunderbaren Zellenbauten zusammensetzen, war Gold nicht dabei. Wenn es sich ab und zu einmal in organischen Restbeständen auch von Lebewesen chemisch nachweisen läßt, in Austernschalen, Pflanzenholz und so weiter, so war es dort doch nur zufällig durch das Wasser eingeschleppt worden, das ja für jegliches Leben eine absolute Notwendigkeit ist, in dem aber vielfältig (zum Beispiel im Ozean durchweg) feinste Goldrestchen auf Grund selbsttätiger Goldwäsche der Natur herumschweben. Zu einer wirklichen Macht im Leben hat auch dieses schöne Element erst die menschliche Intelligenz gebracht: vom Zahlgold in der Hosentasche bis zur Goldplombe im hohlen Zahn!

Das tierische Goldvlies, das ich meine, ist dagegen ein Fell, das äußerlich im wundervollsten Goldglanz gleißt, als sei jedes Härchen einzeln in Schaumgold getaucht gleich einer Weihnachtsnuß.

Das erste wirklich dem Fachzoologen bekannt gewordene Tier, das ein ganz unzweideutiges goldenes Vlies wenigstens für den Anblick trägt, ist ein Geschöpf im tropischen Afrika, dessen Anblick aber für gewöhnlich einfach unmöglich gemacht ist, weil es nämlich nach der Art unseres Maulwurfs unter der Erde lebt.

Jedermann kennt unseren heimischen Wühler, den Maulwurf. Er selber hat schon ein recht hübsches, bläulich bereiftes Fellchen. Dieser Mull gehört, wie wir schon besprochen haben, systematisch weder zu den echten Raubtieren noch den Nagetieren, sondern zu jener uralten, heute nur spärlich noch fortlebenden Stammgruppe der höheren Säugetiere, die man die Insektenfresser zu nennen pflegt. Diese Insektenfresser haben aber in ihrer Entwicklung offenbar von früh an eine Neigung oder besser einen Zwang gehabt, gewisse Formen doppelt hervorzubringen. So haben sie den Typus des Igels zum Beispiel zweimal geschaffen, einmal als wirklichen Igel und dann noch einmal ganz unabhängig davon im Borstenigel der fernen Insel Madagaskar. Und entsprechend gibt es bei ihnen auch zweimal den Mull: das eine Mal in unserem echten und das zweite Mal (auch hier vollkommen unabhängig) in einem ebenfalls erdgrabenden Sprößling jener Borstenigel, den man den »Goldmull« getauft hat.

Dieser Goldmull lebt vom Kap bis zum Kongo, und zwar ebenso extrem unterirdisch, wenn auch meist nicht sehr tief. Auch ihm ist dabei der kleine fette Leib in richtiger Anpassung zur Walze oder Wurst geworden, die schon bald gar nicht mehr nach einem Säugetier ausschaut. Da gibt es keinen Schwanz mehr und keine Ohrmuscheln, ja für den äußeren Anblick fast keine Gliedmaßen mehr; nur die Hände stehen noch als starre krumme Haken vor, und auf dem Näschen sitzt eine kleine Schaufel in Gestalt eines Hornschildes; das alles dient ersichtlich der Technik des Sicheinbohrens und Vorwärtsdrängelns im trockenen Steppensande, in dem der passionierte Unterweltler auf die still verborgene Suche nach Würmern und Insektenlarven geht. Mögen in dieser afrikanischen Steppe so viel böse Räuber oben über ihn weglaufen wie wollen: er ist in seinen Sandstollen sicher, und was sich hier unten herumtreibt, dessen ist er selber Herr.

Nun aber die Verschwendung. Diesem ewigen Gast der Finsternis gerade hat die Natur den Argonautenzauber des Goldvlieses verliehen!

Jedes Härchen seines Maulwurfsfellchens ergleißt wirklich und wahrhaftig im schönsten Goldschein. Je nach der Lichtbrechung mischen sich in dieses Grundgold noch einzelne goldig angehauchte Farben, die dann gleich Edelsteinen aus der Goldfassung glühen, bald grün wie von Smaragden, bald ein unbeschreiblich schönes Violett gleich Amethysten. Wenn dieser wahre »Dorado«, wie die südamerikanischen Indianer einst ihren vergoldeten Sagenkönig nannten, bei uns lebte, so ist gewiß, daß er längst um seines Königsmantels willen vernichtet wäre, während ihn jetzt bloß ab und zu ein Kaffer seines Landes zum schmucken Tabaksbeutel verarbeitet.

Wozu aber der Glanz gerade in dieser Hütte – oder in diesem schmutzigen finsteren Bergwerk, muß man besser sagen?

Und der Fall wird um so seltsamer, als auch der zweite Träger eines goldenen Vlieses, den man unter den Säugetieren kennt, ein mindestens ebenso ausgesprochener mullhafter Erdgräber im Finstern ist.

Um ihn zu finden, muß man den dürren Sandboden diesmal der zentralaustralischen Wüste aufschaufeln. In ihm steckt und bohrt er genau so verborgen wie der Goldmull in der afrikanischen Steppe. Australien hat aber nie Borstenigel gehabt, die dort zu Mullen werden konnten. Der Hauptstamm seiner eigentümlichen Tierwelt gehört zu der wohl noch altertümlicheren Gruppe der Beuteltiere, und folgerichtig ist also auch sein einheimisch seit alters zugehöriger Mull ein solches Beuteltier, ein »Beutelmull«. Im übrigen hat aber auch er die ganz entsprechenden Hackenhände und auf der Nase seine eigene Hornschaufel. Die Bergwerke dieses Beutelmulls liegen so versteckt in ihrer Wüste, daß man erst in neuerer Zeit und nachdem Australien gerade auf sonderbare Tiere schon reichlich abgesucht war, seiner zum erstenmal habhaft geworden ist.

Nun: auch dieser Beutelmull schimmert in Gold, wobei auch bei ihm das Fell bald mehr reines Gelbgold zeigt, bald mehr Silber oder irisierende Edelsteinfarbe. Abermals das goldene Vlies als Arbeitskleid eines Tunnelarbeiters!

Es ist ein ungemein fesselndes Problem, wie gerade diese lichtscheuesten Gesellen unter unserem Säugervolk an das im Lichte herrlichste Gewand gekommen sind.

Eine Reihe gebräuchlicher Erklärungen versagt hier vollkommen.

Es kann sich nicht um eine den Tieren nützliche Anpassungsfarbe handeln, also etwa um einen Schutz, wie ihn dem grünen Laubfrosch auf grünem Laube sein Grün gewährt. In der finsteren Sandröhre da unten wird der goldene Rock dem Mull weder als Jägerrock noch als Jagdwildverkleidung helfen können; um diesen Vorteil zu genießen, müßte er schon in künstlich tagheller Goldhöhle hausen, die es doch nicht gibt.

Gleichermaßen versagt aber die berühmte Darwinsche Deutung, daß gewisse gleißende Prachtfarben bei Tieren so herangezüchtet sein könnten, daß die Tiere selbst an der Pracht ihre Freude gehabt und bei der Liebeswahl von jeher die farbenprächtigsten Exemplare begünstigt hätten. Abgesehen davon, daß durch diese Methode immer nur eine schon vorhandene glänzende Farbe (also hier der Goldglanz) gesteigert, aber nicht erst die Farbe selbst geschaffen worden sein kann, ist dazu mindestens doch nötig, daß die verliebten und farbenfrohen Tiere sich *sehen* können.

Schon unser heimischer Maulwurf hat aber stark verkümmerte Augen, was bei seiner Finsterlingsart und Dreckwühlerei ja gut genug zu verstehen ist; nötigenfalls ans Licht gebracht, sieht er zwar noch, aber seine Hauptmittel im eigentlichen Jagdgebiet sind schon Tasten, Riechen und Hören.

Bei dem Goldmull aber zieht sich geradezu das Haarfell auch über die Augen fort, sie verharren also dauernd im Schlafzustande der fest geschlossenen Lider. Und erst recht beim Beutelmull liegt außer der Haut auch noch ein Muskel unmittelbar auf dem völlig verkümmerten Augenpünktchen, so daß hier auch nur vom schwächsten Erfassen eines Lichtscheins keine Rede mehr sein kann. Diese Nachtwächter haben eben einfach ihr Sehen abgeschafft – folgerichtig ist es aber auch nicht möglich, daß sie sich, mögen sie in ihrem Tartarus sonst so verliebt sein, wie sie wollen, auf »Gold« hin selber durch Liebeswahl heraufgezüchtet haben könnten.

So sehr das Goldvlies uns eine Hauptsache erscheint: es macht den Eindruck, als sei es nur eine indirekte Folge von etwas anderem.

Haben die Fellhaare dieser Unterweltler irgendeine nützliche Struktur sonst sich angeeignet, die als Begleiterscheinung ohne eigenen Nutzzweck den Goldschein mit sich brachte, etwa im Sinne, wie unser Blut zufällig seine schöne rote Farbe hat?

Oder frißt der Mull da unten irgend etwas, das ihm besonders gut bekommt, das aber sein Haar nebenbei irgendwie chemisch vergoldet, ohne daß diese Vergoldung selbst ihn weiter förderte oder störte?

Für den letzteren Fall könnte man wirklich nun auf allerlei verwegene Gedanken kommen.

Vom afrikanischen Goldmull wie vom australischen Beutelmull wird berichtet, daß sie als echte »Insektenfresser« besonders gern und massenhaft gewisse Schmetterlingsraupen und Engerlinge (Larven) von Bockkäfern ihrer Heimat verzehren. Speziell vom Goldmull des Kaplandes, der dort den Gärtnern genau so vertraut und, je nachdem, verhaßt wegen des Wühlens, erwünscht wegen des Insektenvertilgens ist wie bei uns der Maulwurf, hören wir, daß er hauptsächlich von Raupen lebt, und zwar besonders denen einer sogenannten Plusiaeule, die sich tagsüber an den Wurzeln ihrer eignen Futterpflanze verkriechen.

Nun spielt aber bei Käfern und Schmetterlingen der Goldglanz selber wieder seine Rolle. Jeder weiß von »Goldkäfern«. Gewisse tropische Bockkäfer erscheinen wie in eine Goldlösung getaucht. Auf Schmetterlingspuppen schimmern die schönsten Goldflecken. Ausgespart aber jene Plusiaeulen, von denen ungefähr zwanzig Arten auch bei uns vorkommen, führen seit alters geradezu den Namen »Goldeulen«!

Die meist kleinen Schmetterlinge, die man »Eulen« nennt, wirken in ihren langen Sammlungsreihen durchweg sonst unscheinbar, ja langweilig, sofern man nicht auf die feinen Ornamente ihrer Deckflügel achtet. Plötzlich aber bei den Plusiaeulen wird das anders. In die schlichte Flügelzeichnung fließt plötzlich Gold ein in verschwenderischer Fülle. Nicht roh hinzugemischt, sondern sorgsam aufgenommen in den feinen Rhythmus der Ornamente. Bald färbt es rein in den Umriß eingewebt gewisse Bänder, die anderswo bloß in Sepiazeichnung den Flügel belebten, bald schwimmt es als Spiegel in Rundflecken, bald bildet es ganz eigene, schön gezackte Felder auf dem dunkeln Grunde von hoher stilistischer, jedes Künstlerauge entzückender Durchbildung. Sie sind ja auch sonst geheimer Zeichen und Wunder voll, diese Eulenflügel, sobald man genau hinsieht. Eine der bekanntesten Plusiaeulen führt den griechischen Buchstaben Gamma aufs deutlichste dort, daher ihr Name Gammaeule. Wo nun Gold hinzutrat, da schmiegte es sich ebenfalls durchaus diesem Arabesken- und Hieroglyphenspiel organisch ein.

Warum aber hat gerade solche Plusiaeule vor so viel anderen Gold zur Verfügung? Lebt sie von Pflanzenstoffen, die das chemisch begünstigen? Und könnten jene grabenden Säugetiere zu ihrem eigenen Schmuck unwillkürlich gelangt sein, weil sie gewohnheitsmäßig wieder solche Goldfabrikanten als Nahrung benutzen?

Die Erklärung hat etwas Verführerisches, nur muß man sich vor Augen halten, daß sie selber noch lange nicht alles erklärt, zum Beispiel noch ganz und gar nicht, wie es kommt, daß nun etwa bei solcher Plusiaeule der als Nahrung aufgenommene Stoff sich gerade in derartigen köstlichen Mustern und Ornamenten von hoher rhythmischer Stilisierung betätigt, während er beim Goldmull einfach das ganze Fell gleichmäßig vergoldet.

Hier mischen sich offenbar noch wieder besondere, vorläufig unbekannte Gesetzmäßigkeiten ein, die das einfache Wort »chemischer Einfluß« nicht erschöpft.

Sicher aber ist es eine Sache zu reichem Nachdenken, dieses »goldene Vlies«.

Liberia und das seltenste Tier auf der Briefmarke

Der Weise, der alles auf die Nützlichkeit ansieht, versichert uns, daß man beim Freimarkensammeln Geographie, Geschichte, Politik, eine gewisse juristische Findigkeitstechnik und wer weiß was noch für vortreffliche Sachen lernen könne.

Ich bin nun der Ansicht, daß das Sammeln hier wie überall in erster Linie eine Glücksquelle sei, und alle Nützlichkeit des Herrn Professors in Ehren, halte ich doch stark auf den Wert jedweder Vergnüglichkeit in dieser Welt als Selbstzweck. Wenn aber durchaus auch hier gelernt werden soll, so läßt sich sogar vor dem Freimarkenalbum eine Zoologiestunde geben.

Zwar an den älteren mythologischen Wappentieren ist nicht viel mit wirklicher Tierkunde zu fassen: den Löwen, die wie muntere Pudel ausschauen, dem Braunschweiger Weihnachtspferdchen, dem steifen Mecklenburger oder gar dem alten Moldauer Ochsenkopf, der schon mehr nach mykenischer Urkunst schmeckt als nach 1858.

Ob der chinesische Markendrache wirklich auf den Alligator des Jangtsekiang zurückgeht, weiß ich nicht, jedenfalls könnte er der Gestalt nach ebensogut von der berühmten Seeschlange abstammen.

Wenn das südamerikanische Paraguay nicht den heimischen Jaguar, sondern den Löwen (und zwar auf neueren Marken einen naturgeschichtlich treuen, nicht stilisierten) führt, so will es offenbar direkt betonen, daß es *nicht* zoologisch echt kommt, denn in Amerika gibt es keinen echten Löwen.

Aber in so manchem überseeischen Reich oder Kolonialland blüht wachsend jetzt ein wirkliches Stück »zoologischen Gartens« auf den Marken, und man merkt die Hilfe des tierkundigen Fachmannes.

Französisch-Guiana zeigt den Yurumi, den großen Ameisenbären mit riesigem Buschschweif, Guatemala den altheiligen Vogel des mexikanischen Sonnengottes und Königshabits, den herrlichen goldgrünen Quesal oder Prachttrogon.

Peru hat sein braves Lama, Nordamerika den schönen weißköpfigen Seeadler und eine Jagd noch auf den Bison, was schon bald wie prähistorisch wirkt, Neufundland seinen unschätzbaren Kabeljau, eine Robbenkolonie und das Ptarmigan, das beliebte Schneehuhn seiner Sportleute, Kanada auch ein aussterbendes Tier: den Biber.

Neukaledonien führt stolz seinen landeseigentümlichen Rallenkranich, den seltsamen Kagu, vor, Neuseeland den flügellosen Zwergstrauß Kiwi, den Houia (Hopflappenvogel), bei dem Männchen und Weibchen verschieden gebaute Schnabel besitzen, und den fleischfressenden Alpenpapagei Nestor, Neusüdwales den australischen Emustrauß, den edeln Leiervogel und das Känguruh, Westaustralien seinen berühmten schwarzen Schwan, Tasmanien auf einer allerdings nicht ganz vollwertigen Stempelmarke gar das geheimnisvoll eierlegende Schnabeltier.

Die bekannteste und technisch schönste Menagerie gibt das englische Nordborneo – alles Bedeutende, das es hat, ist darauf: der Samburhirsch und der Argusfasan, das kolossale Leistenkrokodil und der Orang-Utan, der groteske Nashornvogel und der possierliche Malaienbär, der Schabrackentapir, der indische Elefant und das lange so sagenhafte Doppelnashorn Südasiens, selbst der geographisch hier nur noch anklingende Kasuar. In Afrika hat der Kongostaat einen wilden Elefantenbullen, das portugiesische Nyassa Giraffen, Kamele und Zebras in wahrhaft monumentalen Maßen.

Keine moderne Briefmarke aber erscheint mir interessanter als die Ausgabe 1906 mit der Wertziffer 75 Cents der Negerrepublik Liberia an der westafrikanischen Pfefferküste.

In alten Jahrgängen führte Liberia auf heute seltenen Marken stets hübsch die Gestalt der Freiheit mit der Mütze, respektabel und etwas langweilig anzusehen wie alles Symbolische. Mehr und mehr ist es aber dann auch zoologisch geworden, ist zu Eidechsen, Elefanten und Schimpansen übergegangen.

Auf jener hübschen braun und schwarzen Marke aber erkenne ich in gutem Umriß sein allermerkwürdigstes Landesprodukt, ein bislang auch fast mythisches Tier, das doch angetan ist, den Namen dieser kleinen Republik für alle Zeiten in den Annalen der Naturgeschichte festzuhalten und mit einem gewissen Glanz zu umgeben, eine nützliche

Verewigung auf jeden Fall im wechselnden Schicksalslauf politischer
Konstellationen.

Ich meine die einzige noch lebende Nebenform und Zwergform des
populärsten afrikanischen Tierriesen, des Flußpferdes oder Nilpferdes,
die sich hier in diesem kleinen Küstenländchen durch irgendein besonderes Stück Weltlauf erhalten hat.

Wie der Elefant, wie die Giraffe, wie das Erdferkel oder das Schnabeltier gehört das gigantische Flußpferd heute zu den Vereinzelten,
Vereinsamten im Tierbereich. Man weiß von ihm nur, daß es, alles
eher als ein echtes Pferd, einen uralten stehengebliebenen Ausläufer
des Stammbaumzweiges, der einst von den Schweinen zu den Hirschen
und Rindern lief, darstellt; am nächsten steht es wohl noch den
Schweinen.

Sein Lebensbereich aber hat sich noch in junger geologischer Zeit
arg eingeengt; kam es doch um den Beginn der Diluvialzeit noch im
Florentiner Arno und in der Londoner Themse vor, während es heute
auf das (immerhin ja für sich noch kolossale) tropische Afrika beschränkt und selbst in Ägypten völlig fremd geworden ist. Jene früheren
europäischen Nilpferde gehörten dabei durchweg einer noch etwas
größeren Art an. Aber gelegentlich hat man im Mittelmeergebiet in
Knochenhöhlen doch auch Spuren einer wesentlich winzigeren Sorte
von damals entdeckt, so auf der Insel Samos einen wahren Pygmäen-
hippopotamus, der kaum so groß wurde wie ein wirkliches Schwein.

Man hat dieses örtliche und zeitweise Herabgehen in der Körpergröße
dort damit zu erklären versucht, daß es sich um Flußpferde handelte,
die durch Zerreißen und Versinken großer Landgebiete im damaligen
Gebiet des heutigen Mittelmeeres plötzlich auf Inseln isoliert wurden.
Inselsäugetiere haben auf die Dauer meist eine Tendenz, klein zu werden; auf Sardinien zum Beispiel sind heute der Edelhirsch, der Dam-
hirsch und das Wildschwein merkbar verzwergt. Bei noch stärkerem
Abbröckeln ihres Heimatbodens und Versiegen größerer Ströme und
Landseen hätten dann freilich auch diese Miniaturnilpferdchen sich
überhaupt nicht mehr halten können, so daß wir heute auf den betreffenden Inselresten nur mehr ihre Knochen finden.

Hier aber wurde nun der ferne Weltwinkel Liberia bedeutsam.

1844 gab ein Kolonialarzt dort, Morton, die erste unsichere Kunde,
daß in den noch ganz unerforschten, unwegsamen Binnenwäldern der
kleinen Republik ein solches Zwergnilpferd noch lebend existiere.

Zuerst erschien das ganz als Pygmäensage, die ja auch für Menschen immer im dunkelsten Afrika geblüht hat, bis sie doch eines Tages in Gestalt der wirklichen Zwergenvölker dort wahr wurde. Als ein emsiger Museumssammler, Büttikofer, endlich Haut und Skelett nach Europa brachte, konnte man auch an dem flußpferdischen Zwerg nicht länger zweifeln. Er wurde nur so lang wie ein stattlicher Mensch, etwa 1,80 Meter, was besonders klein wirkte, wenn man den Kopf des gewöhnlichen großen Hippopotamus danebenstellte, der bei Exemplaren von 4 Meter und noch mehr Gesamtlänge allein über 80 Zentimeter mißt. Der Zahnbau wich so vom großen Bruder ab, daß man schon seinetwegen einen neuen Gattungsnamen erfinden mußte; »Choeropsis« wurde der Kleine benannt anstatt des alten »Hippopotamus«.

Fast noch seltsamere Mär kam aber zugleich von seiner Lebensweise. Während der Riese bekanntlich den größten Teil seiner Zeit wie eine Seekuh im tiefen Binnensee- und Stromwasser verbringt und dabei ein geselliges Beisammenleben liebt, bei dem die tauchende Herde bald da, bald dort einen ihrer ungeschlachten Köpfe prustend und luftschöpfend sehen läßt, sollte der Zwerg einsiedlerisch im dichten Walde hausen.

Ein paar beste Museen konnten sich dank jenem Sammler ein schlecht und recht ohne Lebenskenntnis montiertes Fell leisten, sonst aber schliefen alle Nachrichten bald wieder auf lange Jahrzehnte ein, und das Tier rechnete in den Büchern nach wie vor unter die Halbbekannten, die Erwünschten, aber wie im Zauberwald für uns Verschlossenen – immer eine unbehagliche Sache für einen letzten Mohikaner auf so winzig umschränkter Scholle, dem eine einzige Epidemie oder sportliche Flintenschießerei wissenschaftlich indifferenter »Afrikaner« den Garaus machen konnte.

Und auch nach dem Tage, da Choeropsis den Ruhm erlebte, auf einer Freimarke seines Landes sozusagen national wie international aufzutreten, sollten noch sechs weitere Jahre vergehen, bis endlich auch in dieses zoologische Geheimnis volles Licht fiel.

Wirklich noch rechtzeitig, denn Choeropsis lebte, und der erste, der endgültig jetzt den Schleier von ihm lüftete, stand im Dienste der zoologischen Sachforschung und nicht der tiermordenden Sonntagsjägerei; Sonntagsjäger heißt in den wertvollsten Tierasylen der Erde heute nämlich leider nicht, wer nicht schießen kann, sondern wer so gut schießt, daß er in einem »Sonntag« mehr zwecklos verderben kann, als der Tierforschung in Jahren wieder gutzumachen ist. Der alte Hagenbeck sollte es einmal wieder sein, auf den das spannende Abenteuer gewartet hatte. Man kennt die glückliche Mischung von Geschäftsgeist und Chancen für die Wissenschaft, die dort bestand. Solches Unikum, lebend zum erstenmal nach Europa gebracht, gibt dem Tierpark in Stellingen jedesmal eine große Sensation und erzielt im Verkauf an einen anderen Garten Liebhaberpreise, die selber nichts vom Zwerg haben; zugleich aber besteht das Faktum, daß mit solchem geschickten Fang und Import des lebenden Tieres durchweg auch die zunächst wichtigste Tat im Sinne der wirklichen Wissenschaft getan zu sein pflegt; für den Rest sorgen dann schon die Professoren selber.

Bei Hagenbeck ging so etwas aber stets im großen Stil. Er schickte also auch diesmal einen tüchtigen Mann, Hans Schomburgk, eigens nach Liberia mit der strikten Order, so viel lebende Zwergnilpferde wie möglich zu fangen und nach Stellingen zu bringen; wie einst der selige Bennett zu Stanley sagte: »Finden Sie irgendwo in Innerafrika Herrn Livingstone.«

Und Schomburgk drang mit außerordentlicher Zähigkeit in die schwierigen Flußwälder Liberias ein, ließ Hunderte von Fallgruben herstellen und erreichte planmäßig wirklich sein Ziel. Vor einiger Zeit sind in Stellingen fünf lebende Zwergnilpferde, dabei ein alter Bulle und ein junges Pärchen, programmäßig eingelaufen. Ein Exemplar lebt jetzt im Berliner Zoologischen Garten, dieser herrlichen Lehrstätte moderner Tierkunde, die unter Ludwig Hecks Leitung eine immer umfassendere wissenschaftliche Bedeutung erlangt hat. Seitdem kennt man die wahre Gestalt, den Charakter und die heimische Lebensart des so überaus merkwürdigen Geschöpfes; dieses Kapitel der Naturgeschichte ist gerettet.

Unser großer Hippopotamus ist, niemand bestreitet es, im eigentlichen Sinne ein Scheusal. Er hat jenes Zerflossene, sozusagen in den Proportionen Aufgelöste, das alle Säugetiere zuletzt im Wasser annehmen. Der ungeheuerliche Kopf geht auf den Pottfisch, der Leib wird zur schleifenden Walze, die Beine degenerieren.

Dem kleinen Bruder sieht man dagegen sofort an, daß er niemals so extrem Wassertier geworden ist. Er bleibt dem Tapir (übrigens keinem Verwandten, sondern einem Pferdevetter), der auch, aber mit Maß, badet, darin ähnlicher. Ganz ohne Bad kann ja auch der Zwerg nicht leben, so bewiesen die Gefangenen. Aber in ihren dichten Urwäldern genügen ihnen dazu schon die kleinen Bäche. Ausgesprochen lichtscheue Nachttiere, bergen sie sich auch tagsüber nicht etwa im Wasser, sondern verstecken sich in selbstgegrabenen Erdlöchern. Und wenn er dann im Dunkeln in seinem Dickicht auftaucht, der Zwerg, kommt er in der Tat, wie schon Büttikofer berichtete, durchweg allein. Ein Einsiedler ist er, der aber auf seiner einsamen Streife weithin durch den Forst wechselt, friedlich und harmlos von Wesen, wie die überaus geduldigen, leicht zu meisternden Gefangenen dartaten. Kautschukhaft glatt ist auch seine Livree, wenn er so dahertrabt, doch tragen die Beinchen viel höher, der Bauch hängt nicht so schleppend wie beim Riesenbruder, und am besser proportionierten Kopf fehlen völlig die ungeheuren Augenringel und Nasenwülste, so daß das flunderhafte Hippopotamusprofil zu einer einfachen Dicknase mit wieder richtig seitlich abgerückten Augen gemildert erscheint. Der Fuß, der beim Riesennilpferd rein vierzehig aufpatscht, zeigt schon eine entschiedene Neigung, beim raschen Gang bloß eine Schweinespur zu hinterlassen, also hauptsächlich die beiden Mittelzehen zu benutzen, eine Sache, die für die Stellung im Stammbaum der Paarhufer außerordentlich interessant ist. Und gänzlich fehlt das »Bluten« des echten Hippopotamus, eine höchst kuriose Hautabsonderung, die durch einen weinroten Farbstoff die Sage erzeugt hat, das Ungetüm schwitze buchstäblich Blut; wahrscheinlich hängt eben auch diese Absonderlichkeit mit dem langen Wasserleben zusammen und ist also bei dem Zwerge nicht vonnöten.

Wie aber kam es, so legt man sich vor dem eigenartigen Gesellen zuletzt wieder die Frage vor, daß gerade in diesem Liberiawinkelchen ein solcher Zwerg des alten Geschlechts saß und sogar bis heute fortleben konnte, während sonst das ganze große Afrika durchweg nur den Riesen erhielt?

Der Zoologe Trouessart hat auch hier auf jene Inseltheorie zurückgegriffen. Liberia mit seinen kurzen Flüßchen und seinem starken Gebirgsriegel gegen das tiefere Afrika bilde auch ohne Wassereinschnitt eine Art Insel zum übrigen Afrika, in der auch diese Nilpferdchen seit alters abgeschnitten, isoliert und verzwergt sein könnten.

Vielleicht ist das doch etwas kühn erdacht, bloß um die Theorie zu rechtfertigen, zumal da nach Schomburgk die Beschränkung nur auf den liberianischen Küstenstrich nicht feststeht.

Man könnte aber auch an Einwanderung von einer etwa heute untergegangenen Insel des Meerbusens von Guinea denken. In sehr alten geologischen Tagen zog sich aller Wahrscheinlichkeit nach aus dieser

Gegend eine Landverbindung bis nach Südamerika hinüber, von der immerhin zur frühesten Nilpferdzeit noch einzelne größere Inselpfeiler fortbestanden haben könnten. Damals lag aber umgekehrt auch noch der ganze Nordwestteil der Sahara zeitweise unter Wasser, und auch aus diesem Saharameer konnten Inseln ragen, die Zwergnilpferde begünstigten.

So führt uns das harmlose kleine Geschöpf zuletzt noch in die weite Flut geographischer Fragen, und vielleicht wird man um seinetwillen noch einmal die Karte der Vorzeit verändern müssen. Der Sammler aber mag seine Briefmarke in Ehren halten: über dieses Markentier von Liberia und seine anknüpfenden Rätsel wird noch manche Schrift geschrieben werden.

Der Waldrapp, ein verschollenes deutsches Tier

In einem der schönen Flugkäfige für Enten und andere Wasservögel im Berliner Zoologischen Garten hausten jüngst ein paar seltsame Vögel.

Ihr Gesamtanblick verriet eine Sorte des Ibis, des allbekannten heiligen Vogels der alten Ägypter, dessen langer Krummschnabel in jedem Kinderbuch bis heute die Aufmerksamkeit fesselt. Aber ganz schwarz, nur mit schön buntem Metallschimmer, war diesmal der »Ibis«, rot prangten nur Schnabel und Beine sowie der größte Teil des Kopfs, der eigentümlicherweise fast ganz in einer runzligen Greisenhaut ohne Federn steckte, dafür aber tief noch im Genick mit einem langen vielfederigen Schopf gar auffällig stolzierte.

Alles in allem schon für die einfache Schau ein recht kurioser Geselle, von dem man gern Näheres hörte.

Wenn aber Vögel romantischen Empfindungen nach Menschenart zugänglich wären und von der Geschichte ihres Volkes mehr besäßen als ein paar altüberkommene dunkle Instinkte, so würde durch den kahlen Kopf dieses scheuen Gastes dahinten im Gebüsch seiner Voliere ein eigenartiger Traum gezogen sein.

Der Schopfibis (*Geronticus* lautet der lateinische Name) kommt heute aus fernem fremdem Erdteil zu uns, vom asiatischen Euphrat oder aus dem afrikanischen Abessinien oder Marokko. In Europa ist seine Stätte nur noch im Zoologischen Garten unter ausländischem

Getier. Und doch war dieser Fremdling einst ein echter und rechter Bürger nicht nur europäischer, sondern deutscher Erde!

Gute deutsche Namen hat er einmal in allen südlicheren Teilen des großen deutschen Sprachgebiets geführt, von denen »Waldrapp«, eine speziell schweizerische Bezeichnung, die hochdeutsch »Waldrabe« gibt, sich in der Schriftsprache ihrer Zeit am stärksten durchgesetzt hatte. Und die Leute, die ihn so nannten, sind nicht etwa alte Alemannen und Helvetier oder gar Pfahlbauer oder Mammutjäger der Diluvialzeit gewesen, sondern Renaissance- und Reformationsmenschen.

Ein allbekanntes Tier war der Waldrapp damals im Volke. Chroniken und Naturgeschichten sowohl wie Gerichte und ihre Urkunden kannten und nannten ihn, der Koch und der Feinschmecker wußten von ihm zu sagen, stellenweise bildete er geradezu ein Charaktertier der Landschaft.

Die eigentliche wissenschaftliche Tierkunde hatte damals ja noch nicht entfernt so viele Vertreter wie heute; aber um so zahlreicher gab es Praktiker, die als Jäger oder sonst bei ihrem gefiederten Mitvolk im Lande Bescheid wußten – nicht vom Hörensagen wußten, sondern weil sie die Tiere selbst alle Tage sahen; und die alle müssen – vielerlei Anzeichen als Stichproben beweisen es noch klärlich genug – auch den deutschen Waldrapp gekannt haben.

Dieser *deutsche* Waldrapp aber ist verschollen seither!

In Zeit weniger Jahrhunderte.

Einer der wunderbarsten, fast möchte man sagen beängstigendsten Fälle aus der Besitzgeschichte unseres Vaterlandes liegt hier vor: ein lebendiges Tier geht in Seiten hellster Kultur, unter den Augen – nein, nicht unter den Augen, denn gesehen hatte es zunächst niemand – unserer Naturforscher einfach im Lande unter wie in Urtagen das Mammut – bis auf den letzten Kopf, hoffnungslos, für immer.

Diese Geschichte ist wert, daß jeder sie näher kennen lernt, denn sie enthält ein Menetekel. Sie predigt mehr für die Notwendigkeit von Tierschutz und Heimatschutz, als ganze Bände vermögen. Das gleiche Los hätte die Nachtigall treffen können in der Zeit. Es kann morgen da, dort eingreifen, uns dieses, jenes Stück Altdeutschland, deutscher Natur herausgreifen und in die Versenkung werfen, wenn wir nicht Gegenmittel ergreifen.

Nein, sie hatten zunächst schlechterdings nichts gemerkt, die Naturkundigen; hinter ihnen aber ebensowenig das ganze unabsehbare Heer der Jäger, Förster, Landschaftsschilderer, alle, alle, bis zum Koch herab.

Der Schopfibis wurde im Jahr 1832 von Wagler als *neue* Entdeckung, als eine »neue Tierart aus Ägypten«, beschrieben, und das war sein tatsächlicher Eintrittsmoment in die *moderne* Wissenschaft. Also wohlverstanden: als ein Vogel Afrikas, bisher von keinem europäischen Forscher gesehen, in Europa selbst völlig unbekannt. Er erhielt einen neuen lateinischen Namen, kam in Lehrbücher und Museen – als Exote, den sich die Museen mit mancherlei Mühen von weither jetzt übers Meer beschaffen mußten, nachdem er einmal im Verzeichnis der Arten stand. Nach diesem Datum vergingen nochmals 65 Jahre bis zu der denkwürdigen Stunde, da 1897 drei ausgezeichnete, noch lebende Vogelkenner, die Herren Hartert, Kleinschmidt und Walther Rothschild, ganz zufällig bei einem Gespräch im schönen Rothschildschen Museum in London eine der sonderbarsten zoologischen Feststellungen machten, die jemals möglich geworden ist: nämlich eben die Feststellung daß dieser heute nur noch exotisch fortlebende Schopfibis identisch sei mit dem alten deutschen Waldrapp des sechzehnten Jahrhunderts, den damals an vielen Orten jedermann bei uns gekannt hatte.

Die Entdeckung war an sich nicht schwer. In jenem sechzehnten Jahrhundert hatte wenigstens ein einziger wirklich großer Tierforscher und Sachkenner der deutschen Tierwelt gelebt und geschrieben: Konrad Gesner zu Zürich. In seinen ursprünglich lateinisch verfaßten, dann aber gleich auch deutsch bearbeiteten Folianten ist der deutsche Waldrapp sowohl ganz vortrefflich beschrieben, wie auch gut abgebildet.

Der Holzschnitt zeigt auf den ersten Blick, daß man den heutigen exotischen Schopfibis und nicht eine echte Rabenart vor sich hat. Der Text sagt auch nur, daß der Vogel einem Raben in Größe und Farbe »fast ähnlich« sei. Im übrigen sehen wir den krummen roten Ibisschnabel und wehenden Nackenschopf, wir hören von der Kahlheit des Kopfes und dem schwarzen sonstigen Gefieder, auf dem damals wie jetzt der metallische Spiegel ergleißte.

Daß der gemeine Mann ihn aber damals mit einem Raben verglich (er, der ja keinen Ibis zum Vergleich kannte), wird uns vollends verständlich, wenn Gesner uns berichtet, daß der Waldrapp nicht nur in »einöden Wäldern« wohnte, sondern besonders gern »in hohen Schroffen oder alten einöden Türmen und Schlössern« nistete, »dannenher er auch ein Steinrapp genannt wird und anderswo in Bayern und Steurmarck ein Klaußrapp, von den Felsen und engen Klausen, darinn dann er sein Nest macht« (Schweizer Deutsch des sechzehnten Jahrhunderts!). So steil und unzugänglich lägen oft seine Niststätten, daß »er dann etwan von einem Menschen, so an einem Seil hinab gelassen, außgenommen und für einen Schleck gehalten wird, wie er auch bey uns in etlichen hohen Schroffen bey dem bad Pfäfers (Bad Pfäffers!) gefunden wirt, da sich auch etliche Weydleut hinab gelassen haben«.

Hier allerdings scheint sich eine Schwierigkeit einzudrängen.

Der Ibis, wie er uns geläufig ist, der schwarz-weiße der alten Ägypter wie der braunrote oder schwärzliche der Mittelmeerländer oder der schön rosenrot flamingofarbige Amerikas: er ist uns doch als Sumpfvogel geläufig. Aber ausgespart bestätigt der Fall Waldrapp die Ausnahme von dieser Regel: denn eben der Schopfibis nistet auch heute in seiner fernen Gegend noch mit Vorliebe hoch in Felsen und altem Gemäuer, – zum Beispiel traf man ihn am Euphrat scharenweise so in den Ruinen eines alten Sarazenenschlosses. Also das erledigt sich von selbst.

Gesners Vogelbuch mit seinen zum Teil ganz ausgezeichneten Bildern war aber nun als ein Grundwerk neuerer Tierkunde selber niemals vergessen worden. Wohl aber hatte das Kapitel »Vom Waldrapp« darin in der Zwischenzeit auch sein eigenartiges Schicksal erlebt.

Der große Linné, als er im achtzehnten Jahrhundert das tat, was eigentlich Vater Adam im Paradiese schon besorgt haben sollte, nämlich den ganzen Inhalt der großen Erdenarche mit dauernd gültigen Etiketten versah – er glaubte selber noch so viel an Gesners Autorität, daß er dessen Waldrapp als deutschen Vogel ins System nahm, anfangs als eine Art Wiedehopf, später als wirklichen Raben; sonst wissen tat er von ihm aber schon nichts mehr.

Der treffliche Vogelforscher Bechstein in der Wende zum neunzehnten Jahrhundert wagte dagegen einen entscheidenden Schritt. Er prüfte Gesners Bild, gab selber noch ein anderes altes wieder, konstatierte aber zugleich, daß es einen so aussehenden Vogel in ganz Europa ja doch nicht gebe. Nicht mehr gebe – darauf kam er zunächst nicht. Nein, überhaupt nie gegeben habe, meinte er. Man habe den guten alten Gesner genarrt mit dem irgendwie verunstalteten Balg einer Alpenkrähe.

Und auf diese voreilige Skepsis hin wurde wirklich jetzt von der ganzen nächstfolgenden Forschung auch das Gesnersche Bild abgelehnt und ignoriert – der deutsche Waldrapp war also gleichsam doppelt verschollen. Und es bedurfte erst des Zufalls, daß jene drei Vogelkundigen im Rothschildmuseum gerade das Gesnerbild, das Bechsteinbild und endlich ein Bild und einen Balg des längst inzwischen unabhängig entdeckten exotischen Schopfibis von heute nebeneinander zu sehen bekamen, womit denn natürlich augenblicklich Bechsteins Schluß als falsch erkannt, Gesner wieder anerkannt und zugleich konstatiert war, daß es sich um einen wirklichen, aber heute auf deutscher Erde ausgestorbenen Vogel handeln müsse.

Einmal das Eis gebrochen, ist dann unsre Kunde vom wenigstens historisch wiedererstandenen Waldrapp rasch erweitert worden noch über Gesner hinaus. Neuerdings hat besonders Robert Lauterborn, der so eifrige und glückliche Arbeiter in der Geschichte deutscher Tierkunde, das Material gesichtet und vervollständigt.

Wir wissen aus den verschiedensten Quellen jetzt, daß dieser dohlenhaft auf Burgruinen nistende deutsche Ibis außer in der Schweiz auch im Salzburgischen, im weiteren Österreich, im bayerischen Donaugebiet bei Kelheim und Passau im sechzehnten Jahrhundert durchaus nicht selten war. Als Vertilger widerwärtigen Ungeziefers, das sein krummer Schnabel leicht aus den tiefsten Löchern zog, wurde er gelegentlich schon damals in Steiermark und zu Zürich urkundlich geschützt. Nach Stumpfs berühmter Schweizer Chronik war er um 1606 noch ein »gemein Wildpret«. Und zum Überfluß verglichen ihn wenigstens die Gelehrten schon damals selber mit einem Ibis, wobei einer eine alte Stelle bei Plinius ausgrub, die der Existenz des Ibis in den Schweizer Alpen gedenkt. Dieses alte Zitat ist an sich wieder höchst interessant, denn es ist die einzige antike Quelle über den deutschen Waldrapp.

Plinius, in der besten Zeit der römischen Cäsaren, Zeitgenosse des Tacitus, war als Naturgeschichtschreiber nicht eben ein Mann, dem es auf ein derbes Teil Tierfabeln ankam. Aber in seinen Tagen begann man sich aus Staatsräson und sozusagen Kolonialpolitik in Rom sehr ernst mit der Schweiz und Süddeutschland zu befassen, und bei dieser Gelegenheit wurde in Amtsberichten offenbar doch vielerlei über die Natur gerade dieser Gegenden bekannt, das den Stempel der Echtheit trägt. Von einem Alpenpräfekten seiner Zeit, Egnatius Calvinus, hatte nun Plinius gehört, er habe den eigentlich für Ägypten heimatberechtigten Ibis auch in den Alpen gesehen. Kaum ist ein Zweifel möglich, daß das wirklich auf unsern Waldrapp geht, der also in den Römertagen schon an den Felsen der Alpenstraßen genistet haben muß, genau wie zu Gesners Zeit.

Warum aber ging ein so lange dem Lande treuer Vogel ein?

Man hat an eine Klimaverschlechterung gedacht, die das heute auf durchaus warme Länder beschränkte Tier, dessen meiste Verwandte sogar Tropenbewohner sind, vom Rhein und der Donau vertrieb; in Wahrheit spricht dafür aber nichts. Viel deutlichere Sprache dagegen spricht »der Schleck«, den nach Gesner das »liebliche Fleisch und weich Gebein« seiner Nestküken den Feinschmeckern gewährt hätten und um dessentwillen die Nestplünderer mit Lebensgefahr sich an den steilsten Felsen herabließen. Wehe dem Vogel, der in Tagen mangelnden Vogelschutzes durch die Gesetzgebung und den Natursinn seines Volkes in die Schußlinie eines »Schlecks« kommt! Der alte Gesner selber weiß ja noch zu berichten, daß die Leute seiner Zeit, die die Waldrappjungen aus ihrem Nest nahmen, »in einem jeglichen eins liegen (ließen), damit sie am nachgehenden Jahr desto lieber wiederkommen«. Das war in der geordneten Schweiz von 1500 und so und so viel. Anderswo und später auch dort las man's offenbar anders, und zwar so gründlich, daß die Waldrappen, Zugvögel, wie sie gleich Storch und Nachtigall waren, eben allmählich nicht mehr wiederkamen. Um die Zinnen flatterten Dohlen und Tauben, aber kein Ibis mehr. Der deutsche Ibis war ein ausgeträumter Traum deutscher Landschaft.

Wird ihm der Storch, wird ihm wer weiß was noch alles von den Tieren, die in Sage und Naturschau um die Wiege unserer deutschen Volkskraft gestanden haben, in unseren Tagen folgen? Oder werden wir den Heimatsinn finden, der wenigstens jetzt solche nicht mehr zu sühnenden Sünden an unserem Heimatsbilde endgültig bannt?

Der Gespensterzug der Lemminge

In den letzten zehn Jahren hat sich in Skandinavien mehrfach hintereinander wieder ein uraltes Volksgespenst sehen lassen: der mysteriöse Massenzug der Lemminge.

Heute geschieht ja da drüben besonders viel für die Bauernbildung, und ich weiß nicht, ob man sich im Winkel noch als echt weitererzählt, was mindestens in früheren Jahrhunderten dort für eine unerschütterliche Wahrheit galt. Da aus der alten Gespenstergeschichte aber bis heute eine heftige wissenschaftliche Streitfrage ausgegangen ist, mag es an der Zeit sein, einmal wieder davon zu reden.

Des grausen Märchens Inhalt war, daß es in diesem doch durchweg nicht allzu üppigen Lande eine besondere Landplage gebe, die alle paar Jahre zum Verdruß auf die Bauern fiele. Über Nacht zögen Wolken auf und ließen regnen, und wenn der Tag den Schaden besähe, habe es tausend und aber tausend lebendige große Mäuse geregnet, hübsche Tierchen in Gelb und Schwarz wie die überseeischen Meerschweinchen, aber gefräßig wie nur irgendeine Feldmaus, ja den orientalischen Heuschreckenschwärmen gleich, vor denen alles Laubgrün bekanntlich im Nu vergeht wie unter einem Gifthauch. Entsprechend ihrer unerhörten Herkunft flössen diese Tiermassen wie ein reißendes Wasser von der Höhe zu Tal durch das Land, rasten und fräßen sich fort über jedes Hindernis, bis sie endlich auch gleich einem regengeschwellten Bach in einen See oder das große Meer einmündeten, wo sie dann allesamt jämmerlich ertrinken müßten.

Dieser wilde Tierstrom war der berühmte und berüchtigte »Lemmingzug«.

Die ersten einheimischen Geographen und Zoologen da oben, im sechzehnten und siebzehnten Jahrhundert, nahmen die Sache noch ganz so als buchstäblich wahr und stritten sich bloß zunächst über das Problem, ob die betreffende Wolke jedesmal Lemminge aus sich selbst erzeuge oder ob das kleine Plagevolk irgendwo in ferner Gegend vom Sturm mitgerissen und dann erst wieder am Fleck herabgeschüttelt werde. Dem Geist der Zeit von damals erschien das erste meist als das Amüsantere und deshalb als das Wahrscheinlichere.

Dieser im ganzen leider allzu amüsanten Legende aber machte im Jahre der Thronbesteigung unseres großen Friedrich der naturgeschichtlich nicht minder große Linné ein Ende. Nach ihm, der sein eignes Land schließlich doch kennen mußte, handelte es sich um eine wirkliche Sorte Maus, die nicht nur in der Gefräßigkeit, sondern auch sonst durchaus irdisch-realistischer Natur war. Die Wolke, die sie ins Tiefland spie, war aber in Wahrheit das Gebirge. Dort lebten die Lemmingmäuse für gewöhnlich im kärglichsten Gebiet. Ab und zu aber kamen sie als großer Wanderzug von dort zu Tal, und dieses plötzliche Auftreten der stets nächtlich vorrückenden Tiere erzeugte die abgeschmackte Sage vom Lemmingregen. Das klang nun recht ernüchternd, ja fast langweilig, wenn nicht doch ein interessanter Punkt auch so geblieben wäre. Er betraf die Wanderung selbst.

Mit stärksten Farben erzählte auch Linné von ihr: wie das vieltausendköpfige Volk tatsächlich einem reißenden Strom an Zähigkeit und Folgerichtigkeit gleich daherkomme, einem Menschen nicht ausweiche, sondern sich zwischen seinen Beinen durchzuwälzen suche, durch einen im Wege liegenden Heuschober ein Loch fresse, anstatt ihn zu umgehen, über Bäche und Ströme unter tollsten Opfern setze und, fahre ein Nachen darin vorbei und kreuze die schwimmende Masse, diesen Nachen erklettere, um auf der anderen Seite wieder ins Wasser zurückzuspringen.

Was sollte dieser Mäusekatarakt? Wenn man hörte, daß der lebendige Strom nicht etwa eine dauernde Besiedelung des Flachlandes bedeute, daß die Tiere sich durch ihren fortgesetzten Weiterzug gleichsam selber umbrächten, in Gegenden eindrängen, wo sie gar nicht leben könnten, sich sinnlosen Krankheiten und Gefahren in den Arm würfen, in Hekatomben beim Durchqueren von Seen oder gar im Meer ertränken und zuletzt einfach alle miteinander auf solcher tollen Fahrt ins Blaue zugrunde gingen, ohne daß auch nur ein Stück die liebe Heimat wieder erreichte – so schien das zwar kein Wunder, aber doch einen Gipfel zweckwidriger Unvernunft in der sonst so zweckschönen Natur zu bedeuten, der in seiner Art an ein Wunder grenzte. Und an diesem Faden wurde der Lemming jetzt für weitere anderthalb Jahrhunderte zu einer Art von fachzoologischem Gespenst, mit dem bald das, bald jenes, aber nie etwas Rechtes bewiesen werden sollte.

Eine Weile freilich konnte es scheinen, als solle auch dieser Nimbus jämmerlich fallen. Linnés Zeugnis wurde allmählich auch etwas altersgrau – aus neuerer, ganz heller Zeit aber blieb es lange merkwürdig still von neuen Lemmingzügen. Und als gar der treffliche Brehm in Lappland und Finnland überall herumgefragt, kein Mensch dort aber etwas vom reisenden und rasenden Lemming gewußt hatte, da meinte schon mancher, man dürfe auch diese Wanderlegende nachgerade zu der anderen schreiben und aus den ernsthaften Naturgeschichten streichen.

Das aber war wieder zu viel. Der Lemming, schon fast totgesagt, erlaubte sich doch wieder zu schwärmen, und noch in den letzten Jahren, wie gesagt, ist er wieder von seinen Bergen zu Tal gerast wie zu Linnés Tagen. So blieb denn nichts übrig, als den Kampf mit diesem

Gespenst auf die richtige Waffe zu stellen: nämlich es zu bannen mit einer vernünftigen Erklärung des rätselhaften Todeszugs.

Darwin hat einmal gesagt, seine ganze Zweckmäßigkeitslehre mit all ihren Folgerungen müsse einpacken, wenn ihm einer einen tierischen Instinkt nachweisen könne, der einfach sinnlos darauf ausgehe, die betreffende Tierart, die ihn besäße, selber zu schädigen. Es mußte sich also wesentlich darum handeln, in dem »Unsinn« des Lemmingzuges doch mehr oder minder auch noch eine »Methode« zu finden.

Der erste klärende Schritt dazu war, daß man den seltsamen Kerl in seiner normalen Heimat genau studierte. Obwohl eine echte Wühlmaus, also nächstverwandt unseren Feldmäusen, lebt er im skandinavischen Gebirge nach Art des Murmeltiers. Die »Tundra« zwischen dem tieferen Bereich des Fichtenforstes und dem ewigen Schnee ganz oben ist seine Welt dort, jener karge Pflanzengürtel, wo der Wacholder und die Zwergbirke, die *Betula nana*, die nur mehr als eine Art Heidelbeere am Boden kriecht, einen Liliputanerwald bilden. Üppiger Tisch ist da oben gewiß nicht, zumal unser Lemming nicht die echte Murmeltiergewohnheit besitzt, den Winter zu verschlafen. Immerhin findet er sein Auskommen, und Gefahr entsteht, scheint es, gerade nur durch etwas mehr gelegentlichen Luxus der armen Natur um ihn her.

Ab und zu kommt nämlich einmal ein besonders mildes Jahr, und in solchem fetten Stande schwillt die Nachkommenproduktion der kleinen Tundralemminge ins Ungemessene an. Im folgenden macht sich das unheimlich in der großen Kopfzahl geltend, und wenn jetzt in erklärlicher klimatischer Folgerichtigkeit ein besonders dürrer Sommer eintritt, so entsteht ernstliche und wachsende wirkliche Not. In solchen Tagen, heißt es, werde das jahrelang still da oben seßhafte Völklein unruhig. Es strebe nach Erweiterung seines Nährgebiets, wandere vor allem in den Waldgürtel unterhalb seiner gewöhnlichen erhabeneren Sitze massenhaft aus.

Soweit ist die Sache plausibel und fügt sich lückenlos aneinander. Nun aber soll wieder daran die große Wanderung hängen.

In dem tieferen Forst finde der Nager, der aus seiner Welt der Flechten und Birkenwurzeln kommt, andersartige und ihm unbehagliche Bedingungen. Und da fasse ihn der Trieb, abwärts noch weiter zu sondieren – diesmal aber nicht in entsprechend langsamer Ausbreitung, sondern sozusagen explosionshaft, in einem ohnemaßen verwegenen Vorstoß ins Ferne und immer Fernere, der aber bei der geographischen

Situation, die anstatt in neues Gebirge in eine immer tiefere Ebene mit tausend Feinden und Hemmnissen, ja endlich ans Meer als das wahre »Ende der Welt« führe, jedesmal im allgemeinen Verderben enden müsse.

In diesem Teil der Beweisführung bleibt eine Lücke.

Es wird nämlich nicht eigentlich erklärt, wie gerade dieser explosive Wandertrieb entsteht. Es wird nur gezeigt, wie er ausgelöst werden könnte – wenn er in den Tieren vorhanden ist. Und auch dazu gibt es nun noch mancherlei zu denken und zu bedenken.

Man hat beobachtet, daß die Wanderexplosion nicht bloß vom Waldgürtel des Gebirges zu Tal, sondern auch vom eigentlichen Lemminggebiet nach oben in die Schnee- und Gletscherwelt erfolgt, wo natürlich die armen Weltfahrer noch rascher elendiglich absterben müssen als unten. Von Anfang an muß also die Wucht des Wandertriebes enorm sein, die selbst in diese unmittelbare Öde jagen kann.

Dann aber hat man an dem Zuge selbst gewisse merkwürdige Einzelheiten wahrgenommen. Die ziehenden Tiere kommen wohl in großen Scharen daher, zäh jedesmal im Absteigen den gleichen, nämlich wohl den geographisch bequemsten Straßen folgend, aber im Trupp geht jeder Einzellemming streng für sich, mit ordentlichem Zwischenraum zum nächsten, und wenn zwei Pilger sich doch zufällig nähern, so gibt es stets eine böse Beißerei. Ein bissiges, zänkisches Gesindel sind sie ja durchweg auch sonst, und ein Beobachter wollte das ganze Wandern noch mehr aus dieser wachsenden Unverträglichkeit bei größerer Menge erklären anstatt aus der eigentlichen Nahrungsnot. Vielleicht aber hängt eben mit dieser hochgradigen Wanderfeindschaft, die immerhin doch etwas Sonderbares hat, wieder etwas zusammen, das von verschiedenen Beobachtern einstimmig erwähnt wird: es sollen nämlich bei den skandinavischen Lemmingen die großen Explosionszüge fast ganz aus jüngeren Männchen bestehen. Tiermännchen unter sich sind ja stets beißwütiger. Nun ist aber wiederum dieses einseitige Geschlechtsverhältnis aus der Nahrungsfrage nicht erklärt, und es sieht nach einem besonderen Geheimnis noch hinter allem aus.

Ist die treibende Kraft der eigentlichen Explosion etwa unerfüllte Liebe? Stellt sich bei der Überproduktion ein Mißverhältnis der Geschlechter mit zahlreichen zwangsweisen Junggesellen, die nicht zur Heirat kommen können, ein, und ist es der ungestillte Trieb dieser »Supernumerare«, der eigentlich in dem Wanderfieber steckt?

Das würde erklären, warum dieses wie ein entfesselter Strom dahinfließende Wandervolk auch vor keinen »Fleischtöpfen« unten mehr zum Stillstand kommen kann, sondern rastlos gepeitscht immer weiter sucht und sucht bis ins eigne Verderben. Das Drauflosgehen bis zum Sinnlosen würde, wenn man es erotisch, aus einer ungestillten Leidenschaft, erklären könnte, wohl seine gute Analogie im Benehmen der meisten anderen Tiere in der »Liebesraserei« finden.

Schließlich bleibt aber auch bei dieser erotischen Hilfe, daß auch sie doch offenbar einen sonst schon geregelten Instinkt auslösen muß. Daß die Wanderlemminge sich nicht einzeln regellos da und dort zerstreuen, daß sie, obwohl knurrend von Pilger zu Pilger, im ganzen zusammenhaltende Trupps bilden, die zusammen aufgebrochen sein müssen und eine gemeinsame Richtung wahren, und daß diese geregelte Zugform immer wieder, solange man die Erscheinung kennt, die gleiche gewesen ist, obwohl es sich doch bei den Wiederholungen um weit voneinander getrennte Generationen handelt, das alles spricht deutlich für einen solchen festen Instinkt, der jedesmal in Kraft tritt, wenn die äußere Auslösung, das Stichwort gleichsam, gegeben wird.

Aber ein Instinkt zum Verderben der Art?

Hier wird man sich über das Einzelbild gerade dieses Tieres und das engere geographische Bild des heutigen Skandinavien hinaus einen freieren Blick schaffen müssen.

Ähnliche gelegentliche explosive Massenwanderungen kommen nämlich auch bei anderen Tieren vor, zum Beispiel bei verschiedenen Insekten. Sie sind wohl zu unterscheiden von regelmäßigem, friedlichem Wandern, das an den Heimatort wieder zurückführt (wie bei unseren Zugvögeln), wie von wirklichem Auswandern oder Vorrücken einer ganzen Art. Stets handelt es sich dabei um eine Abstoßung von Überproduktion in die Weite hinaus, während die eigentliche alte Normalziffer der Bevölkerung ruhig an ihrem Sitz verharrt.

Unwillkürlich wird man dabei an menschliche Dinge erinnert. An die alte Geschichte vom »*Ver sacrum*«, dem Weihefrühling. Bei antiken Völkern wurde gelobt, eine ganze Kindergeneration in den Reifejahren auszustoßen, in die ungewisse Ferne zu schicken. Die Samniter in der römischen Geschichte sollten so entstanden sein. Die Sache wird religiös erzählt, aber sie könnte auch sehr praktische Gründe bei Übervölkerung gehabt haben.

Bei jenen Tierabstößen aber könnte in diesem Sinne nun ein doppelter Nutzzweck für die Art herauskommen.

Einmal, wenn die Abgestoßenen wirklich alle zugrunde gingen. Die Zurückbleibenden blieben dann ohne erhöhten und vielleicht zerstörenden Daseinskampf im alten Statusquo. Es wäre ein grausiges Mittel – ein besonderer Wanderinstinkt, bei so und so viel Einzeltieren der Art zeitweise ausgelöst, damit sie sich zugunsten der Art opferten, indem sie ins Blaue rasten, dem sicheren Tode zu.

Aber ich glaube, es gibt einen zweiten und milderen Fall, der wohl auch bei jenem menschlichen *Ver sacrum* eigentlich als das Normale vorgesehen war. Der abgestoßene Schwarm findet auf seinem Wege eine neue Heimat. Eine andere günstige Stelle, wo die Art sich neu ansiedeln kann oder wenigstens Artgenossen leben, denen eine Blutauffrischung günstig zustatten kommt. Hier hätte die Art rein positiven Vorteil durch stärkere Ausbreitung und erhöhte Kraft. Und diesem Sinn würde auch das rasend Schnelle des Zuges besonders gut dienen, während es für den reinen Todeszweck belangloser wäre: es gälte in kürzester Frist möglichst große Strecken zu überqueren, ob der Zufall ein gutes Neuland zeige, – je weiter hinaus, desto größer die Chance.

Nun freilich: bei den skandinavischen Lemmingen von heute kommt es immer nur zu einem Todeszug: sie vergehen alle in der Ebene oder im Meer. Hier scheint also unabänderlich heute wenigstens nur der erste Fall zu gelten.

Indessen wir erinnern uns an Geologisches. Solche Tierarten mit ihren Instinkten leben ungeheure Zeiträume hindurch. In solchen Zeiten aber ändern sich Festländer und Meere. Skandinavien ist nicht immer so zu größten Teilen inselhaft gegen das Meer geöffnet gewesen und wird es schwerlich in Ewigkeit sein. Wenn eine Landbrücke über Nord- und Ostsee es heute mit Deutschland verknüpfte, könnten auch die rasenden Lemmingzüge zuletzt wieder auf wirklich geeignetes Gebirgsland stoßen; solche Zustände haben aber in geologischen Tagen geherrscht. In der Diluvialzeit ist durch die großen eiszeitlichen Klimastürze zeitweise sogar die Tundra selber bis tief nach Mitteleuropa hinein gekommen, und entsprechend findet man Lemmingknochen aus diesen Tagen dort überallhin wirklich verbreitet.

Also andere Zeit, ein anderes Lied. Am »Sinn« aber werden wir auch hier noch lange nicht zu verzweifeln brauchen!

Die Entdeckung von Landwirbeltieren ohne Lunge

In der guten alten Zeit hatte man noch viel lustige Hoffnungen hinsichtlich naturgeschichtlicher Entdeckungen. Man erwartete und fabulierte Menschen mit Kranichköpfen oder einem einzigen Riesenfuß, der so groß war, daß er bei Sonnenhitze dem ganzen Körper Schatten geben konnte.

Aber ein Wesen, Tier oder Mensch, das nicht als Fisch im Wasser, sondern richtig auf dem Lande in offener Atemluft lebte und doch weder eine Fischkieme noch auch eine Lunge, sondern in diesem Sinne überhaupt gar nichts zum Atmen hatte und dennoch lebte – das haben auch die problematischen Geographen und Naturhistoriker, die von der Indienfahrt des Apollonius von Tyana oder den wunderbaren Reisen weiland Herzogs Ernst schrieben, nicht zu erfinden gewagt ...

Wer ist nicht einmal an der Riviera gewandert und hat in diesem unsagbar köstlichen Paradies den melancholischen Gedanken gedacht: was für ein Schlachtfeld unter all diesen Herrlichkeiten des blauen Himmels und der sonnenüberglänzten Palmenerde sich dehne von unfaßbar tragischem Menschenkampf mit dem Unvermeidlichen.

Um den Atemzug des Menschen ging dieser Kampf, um die Lunge, die ihn gewährte. Wie ist hier vom einzelnen gerungen worden mit äußerster heiliger Seelenkraft! Wie klangen und klingen hier die langsamen, tastenden Fortschritte der modernen Medizin als Paradieseshoffnungen bald, bald wieder als Resignationen an.

Aber in aller Not denkt man dort doch auch an die wunderbaren Widerstände, die geheimnisvollen Selbstregulierungen der Natur. Wie lange der Mensch vielfach den Kampf aushält selbst mit einem stark herabgesetzten Organ! Ist es doch, als sei unser Körper schon in gesundem Stande gleich auf das Doppelte angelegt mit seinen zwei Lungenflügeln, zwei Gehirnhalbkugeln, zwei Nieren: damit bei Zerstörung der einen Hälfte doch noch der Rest das Ganze einstweilen trage.

Doch wenn zuletzt die gesamte Innenfläche schwindet, auf der Luft und Leben sich nach uraltem Pakt, der allein das Leben in der Luft garantierte, begegnen, dann sinken doch die großen Schleier. Ganz ohne Lunge hat auch die Natur in uns, die um Erhaltung ihres Gebildes ringt bis zum letzten Atemzuge, keine Selbsthilfe, keine Regulierung mehr.

Wohl weiß der Arzt, der zugleich den geschichtlichen Entwicklungsgang dieses Organs überschaut, uns noch etwas Merkwürdiges dazu
zu erzählen, das bei vielen heute noch überraschend wirkt.

Diese Lunge ist auch als Ganzes nur wieder ein Teilstück eines anderen, viel größeren und gegen Zerstörungen durchweg viel widerstandsfähigeren Organs in uns. Sie ist ursprünglich nämlich nichts als ein
Stück Darm, eine Ausstülpung am vorderen Teil des Verdauungskanals.
Eine Seitentasche dieses Darms ist sie, die durch besonderen Anschluß
von Blutbahnen in der Arbeitsteilung der Ernährung sich speziell darauf
eingestellt hat, nicht flüssige und feste Nahrung zu verarbeiten, sondern
die in der Luft enthaltene.

Wenn es wahr ist, daß sich im darwinistischen Sinne die Landwirbeltiere aus fischartigen Wassertieren einmal entwickelt haben, so ist
der engere Hergang wahrscheinlich so gewesen, daß ein gewisses Darmanhängsel, das bei den Fischen ganz anderen Zwecken (dem Auf-
und Absteigen im Wasser) diente, die sogenannte »Schwimmblase«,
sich nachträglich zum »Luftdarm« als Atmungsorgan auf dem Lande
an Stelle der Wasserkiemen des Fisches ausgewachsen hat. Die Darmnatur aber hat die Lunge auch so und gerade so erst recht niemals
ablegen können.

Wollte man nun einmal ganz kühn sein, so könnte man folgern: die
Natur hätte auch bei vollkommener Zerstörung der Lunge noch *einen*
Rettungsausweg. Wenn nämlich rechtzeitig der ganze übrige Darm für
sein zerstörtes Teilstück einzutreten begänne, gewisse Blutgefäße dick
und leicht durchlässig vordrängte und so Ersatz schüfe.

Ja, theoretisch könnte man sich die Maschine so reguliert denken.
Aber in der Praxis fehlt es bei uns eben doch offenbar – leider – an
der Möglichkeit und Schnelligkeit der Umschaltung, und so fällt auch
dieser Traum unter die Resignationen der Wirklichkeit – es sei denn,
daß die Medizin noch einmal ganz andere Mittel und Wege fände,
unseren Körper überhaupt umzuzüchten und ihm alles tatsächlich zu
entlocken, was in den Anlagen der Natur auch in ihm schlummert.

Gewiß aber bleibt, daß zu solchen oder ähnlichen waghalsigen Ideen
nicht leicht etwas stärker Anklingendes entdeckt werden konnte, als
vor nicht langer Zeit eben auf der so schönen und so tragischen Erde
der italienischen Riviera selbst geschehen ist.

Man hat ein Tier dort entdeckt, das ein Wirbeltier ist gleich uns.
Und zwar ein Landwirbeltier, also kein Fisch. Dieses Tier aber besitzt

keine Spur von einer Lunge und atmet doch Luft, genau wie wir. Es atmet sie nämlich wirklich ein und aus mit einer weit umfassenderen Fläche seines Leibes, in diesem Falle allerdings auch nicht mit dem ganzen Darm, sondern, unverkennbar noch praktischer, gleich mit der Außenhaut des Körpers.

Dieses, man kann wohl mit Grund sagen, nunmehr wirklich wunderbarste Wirbeltier ganz Italiens ist ein äußerlich schon lange bekannter, noch nicht handlanger Salamander, auf braunem Grunde gelbrot fleckig mit etwas allgemeinem Goldglanz, also nicht unähnlich einem kleinen Exemplar unserer heimischen Feuersalamander, die jeder Schuljunge kennt, der in den Sammeljahren steckt.

Man hat ihn als den »braunen Höhlensalamander« (*Spelerpes fuscus*) bezeichnet, denn wie unser gelbschwarzer Landsmann liebt er Dunkelheit und feuchte Verstecke, was bei ihm aber bis dahin gediehen ist, daß er gewohnheitsmäßig in kühlen und finsteren Höhlen der nord- und mittelitalischen Gebirge als ein möglichst scheuer Sonderling haust, der dort auf die uns widerwärtigste Jagd, zum Beispiel auf die der kleinen Skorpione des Landes, geht.

Eine ungeheuerlich weit vorschnellbare Zunge, wie sie beim Chamäleon wiederkehrt, erleichtert ihm das Jagdvergnügen zwischen diesem bedenklichen Wildstand seines fast unzugänglichen Reviers. Wie so mancher weltabgeschiedene Eigenbrötler im Amphibienvolk, scheint er eigentliches Wasser nicht einmal für seine Jungen mehr nötig zu haben, sondern auch sie werden gleich landfertig und nach Abschluß ihres Kaulquappenstandes geboren.

Um so sicherer aber hätte man aller zoologischen Folgerichtigkeit nach nun damit rechnen sollen, daß der kleine Geselle von solcher Geburt an zeit seines ganzen fertigen Molchlebens ein paar tüchtig entwickelte Lungenflügel im Leibe führe.

Denn das wissen wir ja von seinen allbekannten Genossen bei uns, Feuersalamander wie Teichmolch: diese amphibischen Langschwänzer sind zwar darin »Amphibien«, also »beidlebige Tiere«, daß sie als freie Kaulquappe im Wasser mit fischhaften Kiemen Wasserluft atmen können, *wenn* sie aber dann als reifes Geschöpf aufs Land gehen, haben sie so gut Lungen zu freier Luftatmung wie nur irgendein Vogel oder Säugetier oder wie wir Menschen selber.

Und eine solche Lunge ist auch bei einem Lurch solchen Schlages keine bloße »Tätigkeit«: sie ist ein sichtbares Gebild im Leibe, das man greifen kann; eine Froschlunge zum Beispiel sieht, abgesehen von ihrer etwas kurzen Verankerung, äußerlich gar nicht so sehr viel anders aus als eine menschliche. Um so überraschender aber mußte jetzt die Kunde klingen, daß findige Anatomen beim genauen Zergliedern des italischen Spelerpesmolchs auch nicht das allerkleinste Substanzzipfelchen gefunden hätten, das auf eine solche Lunge gedeutet werden könnte. Ein alter Haruspex, der bei einem seiner Opfertiere das unerwartete Fehlen eines so scheinbar unumgänglich nötigen Organs festgestellt hätte, würde mindestens den Untergang der Welt daraus prophezeit haben! Der Fall hatte diesmal aber noch eine viel weitere Perspektive als die einer vereinzelten Abnormität.

Das zweideutige Höhlenkind Italiens ist, rein geographisch betrachtet, ein höchst seltsamer Fremdling in unserem Erdteil. Alle seine Genossen von der engeren Spelerpesgattung wie einem anschließenden größeren Kreise wohnen (Werner hat jüngst die Tatsachen darüber anschaulich zusammengestellt) sonst jenseits des Großen Wassers in Nord- und Südamerika. Irgendein Urweltweg (einst hat es ja Tage gegeben, wo Europa enger mit Nordamerika zusammenhing als selbst mit Asien) muß es vereinzelt so weit hinausgelockt haben.

Dabei ist es aber durchaus nur dem treu geblieben, was auch drüben Trumpf war. Diesem ganzen Geschlecht von mehr als einem Halbhundert verschiedener Arten fehlt ganz gleichermaßen jede Spur von einer Lunge im Leibe! Dabei ist es im übrigen ein äußerst vielgestaltiges Völklein. Da gibt es Molche, die hoch auf Bäume klettern; Molche, die weite Sprünge vollführen können; Molche, die einen Greifschwanz haben, an dem sie sich eine Weile schwebend erhalten können; Molche, die im Gegensatz zu der sonstigen Wehrlosigkeit des heutigen Lurchgeschlechts lange Zähne führen und damit an gewisse riesige krokodilhaft bissige Riesenlurche der Vorwelt (Labyrinthodonten) gemahnen. Manche aus jenem Stamm leben gleich unserem Italiener streng auf dem Lande, andere gehen auch ins Wasser. Allen aber gemeinsam ist das große Mirakel ihrer Familie: der bedingungslose Verzicht auf die Lunge ebenso wie auf jedes besondere andere Atmungsorgan.

Und die entscheidende Frage muß sein, wie dieser Mangel ausreichend ersetzt werden konnte von einem Wirbeltier, das unter allen Umständen doch an das große Gesetz der Atmung gebunden war wie alle übrigen.

Schaut man nun einem solchen lungenlosen Salamander eine Weile zu, so gewahrt man mit Befremden ein unablässiges schnelles Schwingen der Kehlhaut, das ganz und gar doch wieder nach sogar sehr heftiger Lungenarbeit ausschaut. Aber der Anatom löst dieses Rätsel und damit zugleich das andere.

Unser geheimnisvoller Lurch atmet in Wahrheit nicht vom Mund in den Lungenschlund, sondern er *atmet mit der Mundhöhle selber.* Hier schon treten die Blutgefäße zum nötigen Gasaustausch unmittelbar heran. Und entsprechend geht das Atmungsfeld, wenn man sich so ausdrücken soll, auch von innen nach außen und nicht umgekehrt weiter, indem es sich von der Mundhöhle nun ausbreitet über die gesamte äußere Körperfläche bis in ihre entlegensten Ausläufer. Merkwürdigerweise sind es ganz besonders *die Zehen*, die oft durch ein sehr starkes oberflächliches Blutnetz am erfolgreichsten diesem Zweck dienen, ein Sachverhalt, der weit fort von allem Wirbeltierbrauch geradezu an die Krebse erinnert, wo die kiemenhaften Atmungsapparate ebenfalls an den Beinen sitzen als der Stelle, die am besten mit frisch anströmendem Wasser in Berührung kommt.

Obwohl die Lebensweise der heutigen »lungenlosen Molche« keine einheitliche mehr ist, wird man doch kaum fehlgehen, wenn man diese ihre kurioseste und schlechtweg einzigartige »Anpassung« auf ursprüngliche Verhältnisse zurückführt, wie sie wohl gerade der italienische Höhlensalamander noch mit am deutlichsten spiegelt.

Dieses Molchvolk wird lange Zeit weder rein auf dem Trockenen noch rein im wirklichen Wasser gelebt haben. Es war vielmehr vermutlich ein gewohnheitsmäßiger Bewohner der »Dusche«. An feuchten Grottenwänden kletternd, erhielt es einen immerwährenden feinen Sprühregen und Kellerschwaden auf Maul und Haut, der die Atmung dieser äußeren Haut (etwas atmet ja jede tierische Nackthaut und ganz besonders stark auch sonst schon die amphibische, zum Beispiel beim Frosch) in eben dem Maß durch feine Reizung verstärkte, wie er beim Eindringen in eine wirkliche innere Lunge vielleicht umgekehrt zu grob wirkte.

Jedenfalls wird man kaum darum kommen, daß die Lunge erst wieder nachträglich abgeschafft und durch die Mund- oder Fingerhaut ersetzt worden ist; denn zu der gesamten Organisationshöhe des echten Molchs, die doch sonst auch hier schon überall erreicht ist, gehörte normal zweifellos auch der ursprüngliche Besitz bereits einer Lunge in reifem Zustande.

Also es ginge im Spielbereich der Natur: wir könnten auch mit dem Gaumen oder mit den Fingerspitzen atmen – die Maschine ließe sich theoretisch auch hier anschalten. Nur daß diese Natur immer ihre Zeit gebraucht hat, solchen Anpassungswechsel durchzusetzen. Nicht am einzelnen Individuum hat sie es vollbracht, sondern an Generationen.

Obwohl wir aus den ganz alten Urweltstagen nur Reste jener erwähnten krokodilhaften Panzeramphibien besitzen, gehen doch auch die nackthäutigen Lurche, zu denen ein solcher Molch von heute gehört, über Millionen von Jahren zurück; schon in der Jurazeit gab es den echten Frosch, also wohl die Krone auch dieses jüngeren Stammes. Da konnte sich viel vollenden, auch wenn es langsam ging, viel konnte da die Natur, wenn wir einmal so menschlich reden wollen, experimentieren nach allen Richtungen, und wundervoll konnte sich die tatsächliche Biegsamkeit und Schmiegsamkeit des Lebensprinzips bewähren. War dann die Anpassung geglückt, so überdauerte sie auch wohl wieder unfaßbare weitere Generationen in starrem Bann.

Was wir Menschen uns wünschten, ist hier weniger zugleich und mehr.

Nicht die Menschenart im ganzen möchten wir für jede Einzelhilfe verwandeln. Dafür aber möchten wir im individuellen Falle einen Ausweg schaffen, der ein krankes Organ durch ein anderes ersetzte, jetzt gleich, im einzelnen. Und hier liegt einstweilen unser Gegensatz noch zu den grandiosen Auswegen und Erfolgen der dunkel schaffenden Naturzüchtung unter uns, der uns Menschen in all unserem bewußten Erfassen der Dinge heute noch wie einen Tantalus erscheinen läßt, zu dem sich die goldenen Früchte herabsenken und der sie doch nicht zu erfassen weiß.

Wenn es aber irgendeinen Erfolgsweg gibt, so heißt er: Lernen von der Natur.

Der Vliesigel, das seltsamste Tier Neuguineas

Alte indische Weisheit lehrt, daß jeder Mensch sich irgendwo »dahinten«, im kosmisch-mystischen Storchteich, sein eigenes irdisches Leben freiwillig gewählt, erfunden und gedichtet habe.

All unsre unterschiedlichen und nicht immer ganz wohltuenden Abenteuer hier unten seien nur die Autosuggestionen eines Poeten, der eine Weile seine eigene Phantasie für Wahrheit nimmt – einzelnen Abenteuern gegenüber doch eine etwas unheimliche Vorstellung.

Inzwischen wäre es aber hübsch, wenn wir gelegentlich wirklich wählen dürften, wann und wo wir noch einmal wiederkommen wollen. Jeder würde da seine sehr speziellen Wünsche haben; ich aber weiß gewiß, daß ich unter den Zeiten und Orten der Vergangenheit mir keinen lieberen Fleck zum Wiedermiterleben wählen könnte als – Gondwanaland.

Zwei Dutzend Millionen Jahre vielleicht möchte ich meine Uhr zurückdrehen – nicht vordrehen, nicht in die gespenstische Zukunft hinein, sondern historisch dorthin, wo der Mensch selber noch als eine ferne Zukunftsüberraschung im Storchteich der Erdentwicklung schlief – und wissen, wie es eigentlich wirklich in Gondwanaland ausgesehen hat.

Gondwanaland ist ein verschollener, verklungener, zerfetzter, versunkener Erdteil der Urwelt, der aber dokumentarisch sehr viel besser beglaubigt ist als die angeblich noch von Menschen bewohnte sagenhafte Atlantis.

In einer sonst belanglosen Landschaft des heutigen Indien ist man wissenschaftlich zuerst auf seine Spur gekommen – daher der Name, der im übrigen nicht viel mehr Bezug zu ihm hat als der des ehrenwerten Herrn Amerigo zu Amerika.

Gondwanaland ragte, als sich bei uns im Norden die roten Wüsten dehnten, denen wir unseren auffälligst gefärbten Bausandstein verdanken.

Gondwanaland ragte, als sich in weitem Waldmoorgürtel dort aus sterbenden Farnbeständen die Ursubstanz unserer Steinkohle bildete.

Gondwanaland verband damals auf der Südhalbkugel Afrika mit Indien, es erfüllte den Indischen Ozean und schob sich westlich in den Atlantischen; Australien und Südamerika lagen als zugehörige Dependenzen oder Halbinseln neben ihm; wie weit es sich zur Antarktis südpolar erstreckte, das eben möchte ich unter anderem wissen, wenn ich noch einmal dahin geboren würde.

Aber noch mehr würde ich dann wissen.

Gondwanaland verschwand als Kontinent, versank größtenteils in der Jurazeit; damals entstand als junges Meer über seinem Hauptgrabe erst der Indische Ozean. Aber lange vorher muß Gondwanaland der Schauplatz des merkwürdigstem des rätselhaftesten Vorgangs gewesen sein, den die geologische Vergangenheit, soweit wir ihr ahnend noch folgen können, überhaupt enthalten hat.

Seine Gelände bedeckten sich »eines Tages« (geologisch gesprochen) in den Breiten Indiens und Südafrikas mit Schnee, und zwar so tief herab, wie es heute dort ganz unmöglich wäre. Von ungeheuren weißen Firnfeldern schoben sich ungeheure blaue Gletscher bis ans Meer, regelrechte Grundmoränen mit poliertem oder geschrammtem Gestein dabei bildend. Die Schlammufer dieses Meeres erstarrten in Indien zeitweise zu hartem Eisboden, als lägen sie in Nordsibirien. Eine Eiszeit, die über den Äquator zog! Was kann sie erzeugt haben? Fragen! Wie entstanden überhaupt Eiszeiten auf der Erde? Wie entstanden sie periodisch im Laufe der Erdgeschichte – mehrfach? An diesem Rätsel quälen sich heute tausend sehr kluge und sehr mäßige Menschenköpfe, aber den Schlüssel hat noch keiner gefunden.

Dann – nach langer Dauer, während die Oberflächengesteine unter ihrer Vereisung größtenteils zu Schutt zerfallen waren – änderte sich der Feuchtigkeitsgehalt der Luft wieder, die abnormen Schneeflächen schmolzen fort, und auf den nackten Moränenfeldern der alten Gletscher siedelte sich eine fremdartige Pflanzenwelt an, die inzwischen irgendwo entstanden war – völlig andersartige Farnwälder, als sie sonst und im Norden der Steinkohlenwelt entsprochen hatten.

Durch diesen neuen Wald aber kroch eine Tierwelt daher, Geschöpfe, wie sie nie vorher so wunderlich, so äußerlich scheußlich gesehen worden waren. Teils glichen sie Reptilien, teils Säugetieren, teils war es, als wolle sich mit ihnen ein ganz neuer dritter Typus neben beiden bilden. Die einen liefen auf ganz kurzen, aber unerhört massigen Teckelbeinen, während ihr Knochengerüst eine Tendenz zeigte, zu groben Klötzen zusammenzuwachsen, wie es in manchem noch das unserer heutigen Schildkröten tut. Andere führten an Drachenleibern wilde Tigerköpfe mit einem echten, fast völlig säugetierhaften Raubtiergebiß. Wieder andere glichen in der Größe und Lebensart Nilpferden, die aber auf Krokodilklauen watschelten und denen aus dem schnabelartigen Maul zwei riesige Stoßzähne wie beim Elefanten ragten.

Viel Wunderbares hat die zeitlich erst folgende große Saurierzeit noch hervorgebracht. Wer möchte nicht einen Ichthyosaurus noch einmal lebend gesehen haben? Vielleicht hätte er uns enttäuscht: er glich zu sehr unseren Delphinen. Diese Gondwanatiere aber, die wie aus drei Tierklassen zusammengestückelt waren, hätten allen Anforderungen groteskester Phantasie standgehalten.

Als dieser Ichthyosaurus sich bei uns in Schwaben tummelte, war aber Gondwanaland bereits als Ganzes dahin. Zwischen all den Wundern der Urwelt steht es noch einmal besonders wie ein Märchen, das kam und ging, aus dem Blau stieg und im Blau versank. Wie seine Schneefelder heruntergeschmolzen waren, so tauchte zuletzt auch sein Sockel wieder unter den Ozean.

Nur ein paar Klippen blieben stehen, der unterste Zipfel von Südamerika, das Kapland, ein Stück Indien. Sie verschmolzen später mit von Norden heranrückenden Kontinentmassen, so daß sie fortan als deren Südecken in die freien Weiten der Südozeane vorzuspringen schienen; so zeigen sie heute unsere Karten, jedem vertraut; aber wo sie heute abbrechen, da träumt unter den blauen Wassern in Wahrheit tief versenkt das Märchen von Gondwanaland.

Und nur Australien, einst auch eine verschneite Insel oder Halbinsel neben den Gletschern des Hauptlandes, liegt noch jetzt fast unverändert an seinem Fleck. Deutlich erkennt man auch in seinem alten Gestein noch die Moränen, die Eisschliffe der großen Gondwanakatastrophe. Nie in aller Folge sind Australien und seine nächstgelagerten Inseln von einer späteren nördlichen Kontinentzunge erfaßt und »nördlich« einverleibt worden. Wenn irgendwo noch ein letztes Abendrot der Wunder von Gondwanaland hätte fortglühen können, so wäre es also nur hier gewesen. Und nur hier in Australien bestände bis heute eine loseste Möglichkeit, daß noch irgendein letzter Rest fortlebte von jenen Wundertieren, die einst dort den neuen Farnwald und die Schmelzseen belebt hatten, als der geheimnisvolle äquatoriale Schneewinter schwand ...

Tiere aus Gondwanaland in unseren zoologischen Gärten!

In diese Gärten ist in den letzten Jahren ja so manches gekommen, das man nicht für denkbar gehalten hätte. Das diluviale Wildpferd, das die Menschen der Steinzeit in Europa gejagt hatten, ist noch lebend aus der Wüste Gobi zu uns gelangt. Dann hat Hagenbeck jenes Zwergnilpferd von Liberia eingeführt, das einst seine Miniaturgenossen auf Malta und Kreta hatte. So zur rechten Stunde taucht nun auch ein ganz neues Geschöpf gerade bei uns auf, das aus dem eng zu Australien gehörigen Paradiesvogellande, aus Neuguinea, stammt.

Neuguinea, immer noch weit weniger erforscht als das eng zugehörige Festland von Australien, ist einer der letzten größeren Erdenwinkel, von denen wir noch wirkliche zoologische Überraschungen erwarten dürfen. Fort und fort werden noch neue und immer herrlichere Paradiesvögel dort entdeckt, während es gleichzeitig mit immer mehr Glück gelingt, diese farbenfrohen »Kunstwerke der Natur« auch lebend zu uns herüber zu bringen; im Berliner Zoologischen Garten lebten kürzlich nicht weniger als vier der schönsten Arten nebeneinander; und auch auf Schutz dieser Paradiesier vor dem bösen Raubtier, das ihnen im mörderischen Damenhut unserer Mode erstanden ist, läßt sich ja nächstens hoffen.

Da aber war es nun eine der echtesten Freudennachrichten für die Tierkundigen, als es hieß, in den schwer wegsamen Wäldern dieses Neuguinea habe auch das merkwürdigste Tier des australischen Kontinents noch ein zweites großes Asyl: nämlich das sagenumwobene Schnabeltier.

Ein einzelner Schädel wies schon vor Jahren die erste Spur, daß auch dort große Landschnabeltiere vorkämen, die der bestachelten australischen Form, die man den »Schnabeligel« nennt, entsprächen, aber weit imposanter und im Besitz weit größerer Schnäbel, also in jedem Betracht noch interessantere Tiere wären. Nach und nach hat sich das dann dahin geklärt, daß tatsächlich nicht das australische Festland, sondern dieses Neuguinea heute recht eigentlich das Entfaltungsgebiet dieser Landschnabeltiere ist. Neben einem echten kleinen Verwandten der Landaustralier bewohnen es mehrere jener großen Sorten, für die man den besonderen Namen »Vliesigel« erfunden hat. Vliesigel wäre ein Igel (oder hier ein äußerlich igelähnliches Schnabeltier), der mehr weiches »Vlies«, also mehr einfaches Wollhaar als wirkliche Stacheln besitzt. Gerade dieses Merkmal scheint aber nur auf eine der großen Arten dort zuzutreffen, während eine andere, noch weit größere, sogar extrem borstig und langstachelig ist. Immerhin lehrt das Schwanken im Grade der Stacheln, daß diese äußerliche Wehr überhaupt nur etwas Nebensächliches bei diesen Schnablern darstellt, das ebensogut ganz fehlen könnte, ohne ihre übrige Absonderlichkeit zu berühren.

Eben jener lang- und dickstachelige Vliesigel (*Proechidna nigroaculeata*) ist es nun, der in einem Prachtexemplar neuerlich zum ersten Male lebend in den schönen Zoologischen Garten zu Amsterdam gelangt ist, während andere Vliesigel auch sonst in Tiergärten, so den

Berliner, gekommen sind. Und das jetzt ist ein ganz einzigartig kurioser Geselle. In der Gestalt möchte man ihn durchaus einem kleinen Elefanten vergleichen (natürlich auch ohne bescheidenste Elefantenmaße): der Schnabel biegt sich zum verhältnismäßig ungeheuren krummen Rüssel wie ein Pfeifenrohr ein, und während die kleinen Australier platt am Boden dahinwackeln, hebt sich bei diesem Stachelelefanten der Leib auf hohe, wirklich mehr elefantenhafte Säulenbeine herauf. Denkt man sich die Größe dazu, so möchte im ganzen etwa ein alter karthagischer Kriegselefant herauskommen, dem sie zu besserer Wehr in der Schlacht eine künstliche Lederdecke mit Wollpolster und vielen eingesetzten derben Metallzylindern über Rücken und Kopf gestülpt haben.

Aber dieser »Elefant von Neuguinea« hat in Wahrheit nichts mit Elefanten und Elefantengenossen zu tun. Lebend, wie er heute noch in seinem holländischen Neuguinea durch den Nachtwald streift und nun auch bis zu uns ins Kulturland gekommen ist, trägt er doch einen ganz eigentümlichen zoologischen Duft, einen geologischen Zauber über sich: er und seinesgleichen stehen nämlich heute tatsächlich noch im Abendrot von Gondwanaland.

Es sind keine echten Säugetiere, diese Schnabeltiere. Das weiß man, seit feststeht, daß sie regelrechte Eier legen, die äußerlich denen der Schildkröten ähneln, und daß ihre Bluttemperatur in weitem Maße je nach der äußeren Luftwärme steigt oder fällt, wie es den wechselwarmen Reptilien im Gegensatz zu den dauerwarmen Säugetieren allgemein eigen ist.

Freilich führen sie bereits das Haar des Säugetiers (auch die Stacheln sind nur verklebte Haargebilde), und ihre Jungen werden noch im Ei durch Säfte des Mutterleibes, später aber durch eine Art Muttermilch selbst genährt. Das sind Züge bei ihnen, die, wenn nicht auf das vollendete, so doch auf das werdende Säugetier weisen, und so ist es eine wohlbegründete Vermutung, daß von Tieren, die ihnen in diesen Punkten glichen, in Urweltstagen einmal wirklich diese Säugetiere sich geschichtlich heraufentwickelt haben.

Aber wenn wir sie selber nun unabhängig von dieser immerhin noch in manchem verschleierten Möglichkeit geologisch und systematisch irgendwo angliedern und einordnen wollen, so ergibt sich nur eine einzige bedeutsame Stelle dafür im weiten Bereich aller bekannten Tierheit. Sie gleichen den alten Gondwanatieren, jenen Sauriern oder doch saurierähnlichen Wesen, in denen Reptil und Säugetier im Knochenbau gleichsam miteinander rangen, daneben aber ein drittes neben beiden her sich durchzukämpfen schien.

Schon den ersten Anatomen, die das Skelett des Schnabeltieres beschrieben, war aufgefallen, wieviel echt saurierhafte Züge es (besonders im Schultergürtel) wies. Umgekehrt die ersten Deuter der Knochen jener Gondwanatiere aus den Gesteinen des heutigen Kaplandes staunten über die schnabeltierhaften Züge, die hier überall im speziellen auffielen. Eine Weile schrak man ja doch noch zurück vor zu enger Vergleichung. Aber je genauer gerade in letzter Zeit durch die emsige Forschung der Engländer das Gesamtgerippe der uralten Gondwaner bekannt wurde bis in fast jede Einzelheit, desto sieghafter wurden die Übereinstimmungen.

Einmal fand sich ein Gondwanaschädel, der unbedingt schon auf ein Säugetier zu deuten schien. Man bestritt es: es sollte doch ein Reptil gewesen sein. Doch die Säugetiernatur setzte sich durch, sie mußte zugegeben werden. Die Backenzähne gerade dieses Schädels aber stimmten aufs genaueste überein mit dem Milchgebiß des lebenden Wasserschnabeltieres!

Eine Weile machte der Unterkieferansatz der Schnabeltiere Not; hier sollte ein himmelweiter Unterschied gegen die Gondwanatiere liegen; auch da sind kürzlich wenigstens Übergänge nachgewiesen worden. Und auch von dem völligen Abirren von Reptil wie Säugetier, das viele jener Gondwaner verraten, boten die lebenden Schnabler Züge. So besitzen ihre Männchen sämtlich einen absolut eigenartigen Sporn am Hinterfuß, der durchbohrt ist wie der Giftzahn einer Schlange und zu einer Drüse führt, die etwas absondert; noch heute steht nicht ganz sicher fest, ob hier ein Giftapparat oder ein erotischer Erregungsapparat für das Weibchen vorliegt, gewiß aber ist (auch wenn das letztere sich als wahrscheinlicher ergeben sollte), daß kein Reptil noch Säugetier, das wir kennen, sonst so etwas führt.

So überwältigend schwillt im Augenblick das Material, daß ernstlich schon (durch Jaekel in Greifswald) der Vorschlag laut geworden ist, es sollten irgendwie im System die Gondwanatiere mit den Schnabeltieren in einer neuen Klasse der Wirbeltiere vereinigt werden, einer Klasse, die dann gleichwertig neben Reptilien, Vögeln und Säugetieren stehen müßte.

Vor so auffälligen und immer eindeutigeren körperlichen Indizien aber kann es nun schwerlich ein Zufall sein, daß auch die geographische Sachlage bei den heutigen Schnabeltieren so energisch nach der gleichen Richtung weist.

Nur Australien und sein nächstzugehöriges Inselland (Neuguinea, Tasmanien) beherbergen lebende Schnabeltiere. Nur dort aber befinden sie sich heute noch auf der letzten geologisch intakten Scholle von Gondwanaland selbst. Ihre heutige Isolierung auf dem einen einzigen Fleck der großen Erdkugel weist schlagend eben auf ihren alten, ihren ehemaligen Zusammenhang mit dem großen Urweltserdteil, der nur noch hier erhalten, überall sonst dagegen entweder im Ozean versunken oder doch durch Anschluß seiner Restklippen an andere Erdteile seither in der ursprünglichen Eigenart verwischt worden ist.

Gern möchte man ja aus den alten Gesteinsschichten Neuguineas oder Festlandaustraliens selbst noch etwas über die Geschichte der Schnabler in diesem ihrem Asyl erfahren. Aber die Versteinerungskunde von Neuguinea harrt noch ihrer Auferstehung; wer weiß, was sie auch sonst noch Schönes bergen mag. In Australien dagegen haben Knochenfunde bisher nur ergeben, daß noch in der Diluvialzeit auch dort, auf dem Kontinent, sehr viel größere Landschnabeltiere als heute lebten. Sie sind vermutlich untergegangen durch die gleiche merkwürdige Katastrophe, die auch die damals hier noch vorhandenen elefantengroßen Riesenbeuteltiere dahingerafft hat.

Australien erfuhr im Verlauf der Diluvialperiode eine zunehmende Austrocknung, die weite Gebiete seines Innern aus einem feuchten Waldlande in traurige Wüsten verwandelte. Dieses Ausdörren wirkte auf die großen Tiere des Landes in geradezu katastrophaler Weise ein. In ganzen Herden gingen sie an den versumpfenden und endlich ganz vertrocknenden Seen durch Nahrungs- und Wassermangel zugrunde, wovon noch heute die in wahren Massengräbern beisammen liegenden Skelette der riesigen Diprotodonten (Verwandten des kleinen lebenden Wombat) gelegentlich beredte Kunde geben.

Eine geringe Steigerung noch dieses späten und unerwarteten Verhängnisses, die auch die kleineren Tiere des Landes bedroht hätte – und wir wären auch in diesem letzten Refugium keinem lebenden gondwanahaften Tier, keinem Schnabeltier, mehr begegnet. Die Natur fährt mit rauher Hand durch ihre Schöpfungen. Der Untergang eines ganzen Kontinents ist vor ihr nur wie eine Nachtwache. Baut sie doch ebenso rasch wieder auf. Aus den zermahlenen Sandkörnchen des alten einen neuen Erdteil. Nach Gondwanatieren Menschen – Menschen, deren Gehirn das alte versunkene Gondwanaland noch einmal zu *denken* versucht.

Tendaguru und der Rekord der Saurier

Nordamerika und Deutschland lebten in Frieden. Selbst ihr streitbarstes Material tauschten sie zur beruhigenden Abschleifung gegenseitig aus: den Professor. Indessen man soll den Tag nicht vor dem Abend loben. Im Schoß der Dinge regte sich ein furchtbares Geheimnis. Wurde es endlich ruchbar: wer wußte, was die Folgen sein konnten. Deutschland hatte Nordamerika den Rekord der Dinosaurier abgewonnen!

Nordamerika wahrt nicht mehr den Ruhm, das Vaterland des größten und interessantesten Scheusals zu sein, das die feste Erde je getragen hat. Auf deutschem Kolonialboden ist ein noch größeres gefunden worden ...

Es ist jetzt einige Jahre her, daß ein paar unserer schönsten europäischen Museen durch das Geschenk des Herrn Carnegie in den Besitz eines vollständigen Abgusses des Skeletts jenes Urweltdrachen Diplodokus kamen, der bisher als der beste Vertreter des nordamerikanischen Rekords gegolten hatte. Das Ungetüm maß 25 Meter und erzeugte zunächst räumlich etwas von der Situation des bekannten armen Studenten, der in einer Bodenkammer wohnte und in der Lotterie einen lebendigen Elefanten gewann mit der Pflicht, ihn bei Androhung immenser Futterkosten sofort abzuholen. In Wien stellten sie es ins Treppenhaus, in Berlin räumten sie Walfische fort, um Platz zu machen. Als der Koloß endlich verstaut war, wurde er aber rasch populär. Neben Scheffels altem Lied vom Ichthyosaurus kann man wohl sagen, daß dieses Geschenk Carnegies die stärkste volkstümliche Anregung für das Interesse an der Paläontologie gewesen ist, die bisher geglückt ist.

Inzwischen fehlte es aber schon diesem Skelett auf seiner Wanderschaft nicht an einigen Abenteuern. Vom Berliner Museum aus wurde behauptet, daß es nicht ganz richtig zusammengesetzt sei. Die Natur liefert uns ja in diesem Falle nur die losen Knochen. Das Wiederzusammensetzen des Ganzen ist Gelehrtenarbeit, bei der jeder sein Bestes gibt, aber Unfehlbarkeit nicht erwartet werden kann. Es ist also eine völlig unberechtigte Voraussetzung im Publikum, daß der Wert und die Sensation eines solchen Fundes litten, wenn hier wie überall der Fortschritt sich dadurch dokumentierte, daß er Einzelheiten berichtigte. Der Ichthyosaurus sieht heute in unseren Lehrbüchern wesentlich anders aus, als man ihn in Scheffels Tagen malte; das Dinotherium, das früher Flossen führte, hat heute Elefantenfüße; fast alle die Vorwelttiere, die einst der unbedingt bedeutendste Fachkenner der Zeit, der alte Owen in London, in Sydenham naturgroß wiederhergestellt hatte, waren zunächst falsch rekonstruiert. Damit verzeichnet man keine Schlappen der Forschung, sondern eben selbstgewollte Fortschritte; man muß eben nur eine Ahnung haben, was alles an Wissen, Glück, solider Arbeit und Genie nötig ist, um so ein paar Knochen richtig zu setzen.

Nun also wird von dem Berliner Zoologen Tornier auf Grund vorzüglicher anatomischer Detailkenntnis gerade auf dem Kriechtiergebiet (und jene Drachen waren Reptile) behauptet, auch im Diplodokus stecke einstweilen noch ein Fehler. Er habe nicht so steil auf den Beinen gestanden wie ein Säugetier, sondern sei mehr grätschbeinig wie ein Krokodil gekrochen; so habe auch sein ungeheurer Schwanz flacher gelegen, andererseits aber sei der Hals normal nach oben in die Höhe gekrümmt worden. Die Gründe, die dafür vorgebracht werden, haben sehr viel Überzeugendes, jedenfalls ist es eine fruchtbare Debatte. Wird vorerst einmal wenigstens das Berliner Modell auf das neue Prinzip hin umgebaut (der Kaiser, an den seinerzeit zunächst Carnegies Prachtgeschenk ging, hat bereits persönlich die Erlaubnis erteilt), so wird der gewöhnliche Beschauer vor seinem »Drachen« wohl einerseits etwas Nachteil gegen früher haben, aber dafür ebensoviel Vorteil nach anderer Richtung.

Der Laie denkt bei jedem großen Skelett ja unwillkürlich zunächst an ein Säugetier, baut also ganz von selbst hochbeinig im Sinne etwa eines Elefanten; da wird ihm nun jetzt etwas abgetan, aber schließlich muß auch er doch lernen, daß diese Dinosaurier eben Saurier, das ist Verwandte von Krokodil und Eidechse, waren und keine Elefanten. Dafür wird er bei niedrigerer Stellung diesmal besser in die wahre Zyklopenmauer der unglaublich großen Wirbel und in das burghafte Zinnenwerk der Rückenfortsätze hineinsehen. Und im sensationellen Sinne entschädigt sicher die Aufreckung des Halses, mit der das relativ winzige Köpfchen diesmal kühn und imposant gegen die Decke aufbiegt, anstatt sich schlapp beinahe auf den Boden zu senken, zu dem es doch keinen wahren Schwerpunkt bildet. Das Tier wird lebendiger so aussehen, wenn schon auch so nicht eigentlich wahrscheinlicher im schlichten Sinne; denn das wird nun einmal die Eigenart dieser Monstra bleiben, daß wir sie physiognomisch mit nichts Heutigem recht vergleichen können und auch technisch immer unter dem Eindruck der nicht ausgeklärten wirklichen Monstrosität sehen müssen. Gar nicht berührt aber wird die schließlich doch allergrößte Sensation: nämlich die Länge und Dicke der Einzelknochen wie der Gesamtmasse zwischen dem wahren Spatzenköpfchen vorn und der endlosen Schwanzpeitsche hinten.

Doch während hier noch das Gefecht der Sachkenner dauern mag, ist über jenes andere kein Zweifel mehr: auch diese wahre Größe, die da bleibt, schlägt eben zur Stunde überhaupt nicht mehr den wahren Saurierrekord. Nicht ein Kollegium von Gelehrten, sondern die Natur selber hat sich hier berichtigt. Und in ihrer Laune, unvorhergesehen genug, hat sie deutscher Erde, allerdings auch in fernem Welterdteil, den Preis zuerkannt.

Um den ragenden amerikanischen Drachen in der Walfischhalle des Berliner Museums sammelt es sich zur Stunde wie ein seltsamer stummer Chor. Drachensaat, neue, noch unheimlichere, in einzelnen Stücken vorerst, gelbe Knochenblöcke, wie sie frisch aus der Erde kamen, aber diesmal nicht Abguß, sondern Original. Einzelne Quadern zu einer neuen Zyklopenmauer, einzelne Strebepfeiler und Säulen zu neuen Trägern einer Drachenlast.

Manches ist noch sorgsam eingewickelt von langer Fahrt. Was aber bereits sichtbar ausliegt oder an der Fundstelle photographiert erscheint, das verrät eine kommende Auferstehung in Dimensionen, wie sie selbst für urweltliches Gigantenvolk keine üppigste Phantasie je zu ahnen gewagt hatte. Da liegt ein einzelnes Vorderbein, wohl erhalten (die Knochen sind alle erstaunlich wenig zerdrückt) und oberflächlich erst einmal in den Hauptstücken aneinandergelegt: ein Kind kann aber schon ausmessen, daß das rund die *doppelten* Größenmaße wie bei dem aufmontierten Carnegieschen Diplodokus sind. Der zugehörige Hals, höre ich, wird 12 Meter Länge ergeben; der Amerikaner hat dort nur 5. Bereits jetzt, da vorläufig nichts zusammengesetzt ist, schwillt der Segen als eine Art Sintflut durch das Haus. Die Gelehrten klagen, daß man in den Gängen des Paläontologischen Instituts schon über die Knochen buchstäblich stolpere. Da es sich um die Reste zahlreicher

Individuen und Arten handelt, liegen zurzeit im ganzen Knochen im Gesamtgewicht von mehr als 100 000 Kilogramm vor! Und dabei scheint gerade jener neue Rekordriese fast vollständig zu sein, so daß er eventuell wirklich als Ganzes aufmontiert werden kann; vielleicht geschähe es allerdings besser gleich in einem Abguß, damit die zerbrechlichen Originalteile nicht den Gefahren eines Baues ausgesetzt zu werden brauchen; auch dieser Abguß wird aber eine neue Museumshalle fordern, ein einziges Tier vielleicht ein ganzes neues Haus.

Berlin hat schon einmal Glück mit Giganten gehabt, die ihm unverhofft aus ferner Gegend zukamen – damals bei dem herrlichen Fries von Pergamon. Menschliche Kunst hatte dort dämonische Mischwesen, halb Menschen-, halb Schlangenleiber, mit denen die Götter kämpften, ersonnen und köstlich in Marmor gebildet. In einem anderen, noch viel groteskeren Natursinne erzählen nun auch diese neuen hunderttausend Kilogramm Saurierknochen von einer furchtbaren »Gigantomachie«, die sich mehrere Millionen Jahre vor aller Menschenzeit abgespielt.

In weit entlegenen Urweltstagen hing die Seite Afrikas, auf der heute unsere ostafrikanische Kolonie liegt, noch mit Indien zusammen. Quer über den Indischen Ozean zog sich damals jenes wunderbare Gondwanaland. In der Blütezeit des Ichthyosaurus, in der Juraperiode, begann dieses Land dann allmählich dem Meere zu erliegen. Lange hielt sich noch ein einzelner Streifen von ihm, der etwa vom Kapland über Madagaskar nach Vorderindien lief. Rechts und links davon aber strömte schon jetzt frei der Ozean ein. Und so kam dieser Ozean auch in der Kreidezeit bereits an die Küstengegend des heutigen Deutsch- und Portugiesisch-Ostafrika heran, ja er überflutete periodisch diese heutige Küste damals selbst noch weit ins Land hinein. Schlamm lagerte sich aus ihm ab. Charakteristische Meertiere jener Kreideepoche schwammen herzu (so Belemniten oder Donnerkeiltintenfische) und betteten absterbend ihre harten Körperteile in diesen Schlamm. Nur einzelne große Klippen trotzten, scheint es, der schäumenden Flut. In diesem Gebiet damals nun vollzog sich die Gigantomachie, die ich meine.

Dort in der Nähe lebten jene Saurier, deren größte Exemplare heute den Rekord der Nordamerikaner brechen. Verschiedene Sorten, neben den größeren auch kleinere. Die größten dem Diplodokus eng verwandt. Eine kleinere Sorte (Stegosaurier) mit einer wilden Wehr oder Ornamentzier ragender Knochenstacheln, die Riesen wohl einfach nackt.

Sie lebten in Herden beisammen, wie die Häufung der Knochen von fünfzig und mehr Exemplaren der gleichen Art an der gleichen Stelle, dabei ersichtlich von jungen und alten Tieren, noch heute erweist.

Eigentlich waren sie Landtiere. Aber sie müssen das Ufer bevorzugt haben. Wenn sie auch wohl nicht, wie man früher vom Diplodokus meinte, unmittelbar Meeralgen abgeweidet haben, so dürften sie doch auf Meertiere gegründelt und gefischt haben. Eine Art besaß sogar ganz energische Raubzähne. Vielleicht watschelten sie gewohnheitsmäßig weit in die Watten hinaus, trieben sich im Seichtmeer herum, aus dem die langhalsigen Arten ihre Schlangenhälse bequem zum Atmen heraufstrecken konnten, erkletterten und bewohnten auch wohl die Klippen, die für gewöhnlich von der höchsten Flut nicht bedeckt wurden. Bei solchen Gepflogenheiten jetzt muß es gelegentlich zu örtlichen Katastrophen gekommen sein.

Das Wasser überraschte, verschlang, ersäufte ab und zu einmal in wilder Gigantenschlacht eine solche ganze Herde der stumpfsinnigen Gesellen, schnitt sie ab oder schwemmte sie von ihren Klippen und begrub sie im Schlick. Die ungeschlachten Kadaver verfaulten, die Knochen, meist in einem gewissen Umkreis herumgeworfen, bildeten große Beinhügel und Schädelstätten, wobei freilich gerade die verhältnismäßig so winzigen Schädel selber am ehesten dem Los verfielen, ganz fortverspült zu werden, so daß sie heute bei den großen Knochenlagern am seltensten noch zu finden sind. Über die Gigantengräber aber wälzte der Sieger Ozean im Laufe der Jahrtausende Bergeslasten neuen und immer neuen Kreideschlammes.

Bis endlich eine neue Wende der Dinge kam ...

Durch hebende Kräfte der Erdrinde stieg dieses ganze heutige ostafrikanische Küstengebiet wieder endgültig aus den Wassern empor. Die alten Schlammbänke wurden zum hohen Plateau, auf dem die Tropensonne brannte und Ströme flossen. Gegen die Oberfläche des Plateaus aber arbeitete fortan die Verwitterung. Die uralten versteinerten Schlammassen wurden von ihr neu zernagt und aufgeschlossen, endlich auch bis in solche Tiefen hinein, wo die Katakomben der Saurier lagen. Längst gab es kein lebendes Ungeheuer dieser Sorte mehr auf Erden. Aber gerade jetzt erschienen da, dort mitten im Gras und Buschwald von heute noch einmal aus ihrem alten Sand der Kreidezeit herausgewittert die gespenstischen Arme, Rippen, Wirbel der scheusäligen Opfer von ehemals, zusammengehäuft noch immer auf engem Bezirk, preisgegeben der hellen Tropensonne jetzt auch sie, die einst in einer Schauerstunde den allzu wilden Wassern erlegen waren.

Das Material, das unsere geologische Forschungsarbeit enthält, hängt an dünnen Fäden. Wenn die Saurierkatakombe, die gerade in unsere Tage hinein auf solchem Wege in Ostafrika, vier Tagemärsche von dem Hafen Lindi und in Sichtweite des jetzt paläontologisch unsterblichen Tendaguruberges, herauszuwittern begann, nicht durch einen Zufall von kundigen Europäern entdeckt worden wäre, so wäre sie, einmal angeschnitten und damit auf den kritischen Punkt gebracht, wie sie war, selber still weiter verwittert und in mehr oder minder absehbaren Zeiten spurlos zu Staub wieder dahingeweht.

Aber der Fleck war inzwischen deutscher Kolonialboden geworden; ganz südlich nahe unserer Grenze gegen das portugiesische Afrika. Ein schon glatt herausgewitterter Riesenknochen spielt den Kobold: ein Ingenieur Sattler muß über ihn stolpern und erkennt ihn dabei. Unser famoser Stuttgarter Paläontolog Fraas erfährt davon und bringt Belegstücke mit, daß das, was man bisher nur im Lande Carnegie für denkbar gehalten, auch in Ostafrika »buchstäblich am Wege liege«, nämlich diplodokushafte Gigantenknochen in größter Pracht.

Das war vor jetzt sieben Jahren. Fraas war selber nicht imstande, den Schatz zu heben. »Ihr Berliner müßt es machen«, schrieb er. Es hat aber noch verzweifelte Mühe gekostet – auch den Berlinern. Ehe der Spaten zu seinem Recht kam, mußte der Klingelbeutel umgehen. Staatsmittel waren auch in Berlin zunächst für die Sache nicht zu haben. Das erste Verdienst erwarb sich also die treffliche »Gesellschaft naturforschender Freunde« in Berlin. Sie gab 23 000 Mark. Dann kam die Akademie der Wissenschaften und endlich ein besonderes Komitee. Als (wesentlich also doch durch Privathilfe) 180 000 Mark beisammen waren, konnte man darangehen, der tropischen Verwitterung eine Beute wenigstens teilweise zu entreißen, die (mag man in solchen geologischen Fragen nun jenen eigentlichen nationalen »Rekorden« auch mit einem stillen Lächeln gegenüberstehen) mindestens doch den speziellen Wert haben mußte, uns zu zeigen, was unsere Kolonien an glänzenden und sensationellen Überraschungen bieten konnten. Mit dem Gelde wurden zwei jüngere Gelehrte, Janensch und Hennig, auf drei Jahre zu Ausgrabungen nach Afrika geschickt; später gesellte sich ihnen als dritter noch Hans von Staff zu. Das Menschenmögliche ist von den dreien geleistet worden. Unter den schwierigsten Umständen haben sie zeitweise bis 500 Neger als Arbeiter beschäftigt. Das bereits an die freie Oberfläche herangewitterte Knochenmaterial erwies sich zwar als reich, aber naturgemäß auch schon als (Menetekel der Sachlage!) vielfach verdorben. Man mußte also für bessere Stücke tiefer gehen, im äußersten bis 10 Meter, mußte wirklich graben, anstatt bloß aufzulesen. Das Verpacken der zerbrechlichen Knochen im tropischen Milieu war auch keine Kleinigkeit. 4500 einzelne Lasten sind schließlich zur Küste geschleppt worden, wobei es allerdings eine kleine Freude war, wie die schwarzen Leute, vielfach interessiert, mithalfen. Sogar Rekonstruktionen der Ungetüme haben sie nach ihrer eigenen Phantasie entworfen, die lustig wirken, aber tatsächlich doch nicht so sehr viel schlechter sind als das etwa, was um 1660 noch der brave Jesuitenpater Athanasius Kircher als Fachpaläontolog von damals geliefert hat.

Die drei Jahre sind um, die Leistung liegt jetzt im Berliner Museum. Ihr Wert besteht ganz besonders auch darin, daß wir im Sinne des oben umrißhaft Erzählten diesmal ein wesentliches mehr auch über Lebensart und Untergang jenes alten Drachenvolkes gehört haben – also keineswegs bloß in Rekordmetern auf Hals oder Schwanz. Die Forderung, die bleibt, sind aber weitere Geldmittel. Lange ist nicht alles getan. Die Fundstätte bietet noch die reichsten ferneren Möglichkeiten, sie ist tatsächlich selbst so noch erst auf eine Stichprobe sondiert. Wertvollste Neuheiten sind weiter möglich, mindestens Reichtum für all unsere anderen deutschen Museen. Wer wird helfen? Ein gewisser Staatszuschuß ist ja jetzt, nach so beispiellosem Erfolg durch private Entschlossenheit, der Sache gewiß, aber er wird allein nicht entfernt langen. Sollen wir uns an Herrn Carnegie wenden – auf unserem eigenen Grund und Boden ...?

Der Schatz von Halberstadt

Aus meinen jungen Jahren ist mir ein kleines zoologisches Ereignis unvergeßlich. Es schwebt mir noch vor Augen wie ein ganz großes Glück, und der Leser wird einigermaßen erschreckt sein, wenn er hört, worin dieses Glück bestand.

Passionierte Sammler, wie ich einer mein Leben lang gewesen bin, haben eben ihre besonderen Glücksquellen, die übrigens unverwüstliche sind und also jedem zu gönnen wären, auch wenn es sich um den absonderlichsten Gegenstand dabei handeln mag. Also ich besuchte durch Zufall eine Ziegelei in der damals noch sehr schlichten und ländlichen Umgebung meiner Vaterstadt Köln. In den künstlich ausgestochenen, steilwandigen Vertiefungen des Bodens dort aber hatte sich eine erstaunliche Masse von Kröten angesammelt, und ich erkannte darunter zum ersten Male und am gleichen Fleck vereint die drei charakteristischsten Arten unseres Krötengeschlechts – neben der gewöhnlichen Erdkröte die prächtig grüngefleckte Wechselkröte und als ganz besondere Merkwürdigkeit die Kreuzkröte, die einen schwefelgelben Strich längelang über den Rücken trägt und statt zu hüpfen, wie andere Froschlurche, pfeilschnell auf kurzen Beinchen wie eine Eidechse dahinläuft und auch famos zu klettern versteht. War das ein Fest, die drei einmal alle beisammen zu haben *in natura*, wie sie auf dem Bilde bei Brehm standen! Auf dem platten und nackten Boden erschienen die einzelnen Tiere riesengroß, und heute noch, wenn ich an solche Ziegelgrube denke oder an einer vorbeifahre, sehe ich sie im Geiste bevölkert mit solchem lustigen Quaquarium mächtiger humpelnder und trabender Krötenprinzen in brauner, grüner oder schwefelgelb gestreifter Livree. Die Erinnerung übertreibt ja gern die Größenverhältnisse noch. Aber das habe ich doch nicht ahnen können, daß mein altes Bildchen mir wirklich noch einmal so ins Gigantisch-Groteske auferstehen sollte, wie jetzt bei den Wundern der Ziegelgrube von Baerecke und Limpricht bei Halberstadt geschehen ist ...

An und für sich gibt es wohl auch für den kapitalsten Naturschwärmer nicht leicht etwas Einförmig-Langweiligeres als so eine Ziegelgrube, deren Naturbild so öde ist wie der brave Bauziegel selbst, den die Technik daraus gewinnt; man schaut auf die Entwicklung der Natur zur Mietkaserne, und diese Art der Vergeistigung scheint doch eine der – minder gelungenen auf unserem Planeten zu sein.

Am guten alten Fleck aber, wo Vater Gleim seine zweifellos höchst vortrefflichen Lieder dichtete und Vater Broyhan, wenn die Sage recht berichtet, eines jener segensreichen Getränke erfand, die selbst Mietkasernen und mäßige Verse erträglich machen können in dieser schlechten Welt – hier zu Halberstadt an der Straße gen Quedlinburg ist es der ganz gewöhnlichen Tongrube einer solchen Ziegelei wirklich geglückt, sich im Lauf von ein paar Jahren zu einem der naturgeschichtlich merkwürdigsten Orte unseres ganzen deutschen Vaterlandes auszuwachsen – einem Orte, der gerade der üppigsten Naturphantasie eine der grandiosesten Perspektiven eröffnet hat. Otto Jaekel, der treffliche Forscher zu Greifswald, ist der Zauberer gewesen, dessen Stab aus diesem Loch schmutzigen Tons eine Welt gezaubert hat, die sich hinter die uns bekannten Landschaftsbilder unserer deutschen Heimat von heute schiebt wie das Märchen eines fremden Sterns, in dessen Sonne, Farben und völlig fremdartiges Leben uns plötzlich zu schauen vergönnt ist.

Über diesen Fleck Erde hier ging vor Zeiten einmal ein ungeheures verschlammendes und versandendes Flußdelta. Der Fluß war nicht die nahe Elbe, nicht die Weser von heute; dieses ganze gegenwärtige deutsche Stromnetz kam für diese Tage überhaupt noch nicht in Betracht. Das Meer, in das der Strom sich mit träger, zeitweise fast stagnierender Übergangszone ergoß, muß schon ziemlich in der Nähe hier gewesen sein, und der uralte Gleim, wenn er das hätte erleben dürfen, wäre allen Ernstes ein Sänger von der »Waterkant« gewesen. Aber auch dieses Meer war nicht unsere Nordsee – es war irgendein namenloses Stück Urweltozean, wie dieser riesige Strom ein namenloser deutscher Mississippi oder Ganges von damals gewesen ist.

Haifische aus der entfernteren Verwandtschaft des Cestracionhaies, der heute nur noch in der Südsee bei Japan und Australien lebt, besuchten von diesem Meere her das Flußdelta, aber mit ihnen kamen auch schwimmende Plesiosaurier, von Gestalt dem sagenhaften Drachen vergleichbar, wie er uns auf den Holzschnitten in Athanasius Kirchers alten Folianten überliefert ist.

Daran merkt man, wie lange das her ist. Und es war sogar erst die Morgenrötezeit dieser schlangenhalsigen Meerdrachen. Gleichwohl hatte sich allgemein in Deutschland und auch nahe diesem Fleck schon Unendliches vorher zugetragen gehabt.

Eine gewaltige Gebirgskette hatte sich längelang durch das deutsche Land aufgetürmt, zu der auch der Harz, den man vom Rande der Halberstädter Grube heute blauen sieht, schon einmal gehört hatte. In den Flanken und Mulden dieser mitteldeutschen Alpen hatten die Steinkohlenwälder gegrünt. Dann war dieses Gebirge zunächst fast ganz wieder heruntergewittert. Wüste hatte weithin mit ihren roten Schutthalden das Land überzogen, die prächtigsten farbigen Sandsteine von heute schaffend. Zweimal war in diese Wüste das Meer wieder eingebrochen, einmal von Nordosten als Zechsteinmeer, einmal von Süden als Muschelkalkmeer. Wiederum waren diese Wasser zu Salzpfannen verdampft und in Wanderdünen langsam erstickt. Bis endlich zu Ausgang der zweiten solchen Wechselepoche von roter Wüste und einschwemmendem Meer auf längere Zeit eine Art Interregnum von Halbland und Halbwasser eintrat, mit vielen Flüssen und Seen, breiten Deltabildungen und Brackwasserneigungen, recht eine Epoche des Schlicks, Wattenmeeres und Morastes, geeignet für beidlebiges Tiervolk, das in Wasser wie Land gleichmäßig daheim war.

Trias, die Dreigeteilte, nennt der Geologe diese zweite Zeit, und den besagten letzten Abschnitt bezeichnet er nach einem fränkischen Dialektwort als die Zeit des »Keuper«. Was aus dieser Keuperzeit an altem Schlick und Brackwasserabsatz bis heute erhalten geblieben und zufällig Oberfläche für uns geworden ist, das hat durchweg noch eine ganz besondere kulturelle Bedeutung für uns gewahrt, da es in weiten Strecken deutscher Landschaft die gesegnete Scholle unseres Kornbaues geliefert hat. Jene beidlebige Art damaliger Tierwelt verriet sich deutlich genug aber auch in unserem Stromdelta von Halberstadt.

Da hauste als fester Gast darin der Molchfisch Ceratodus, ausgestattet mit Kiemen und Lunge zugleich, wie er heute noch in bald üppigem bald fast versiegenden Flüßchen Australiens in eben dieser gleichen Gattung und Lebensart noch fortgedeiht: zu fetter Zeit atmet er Wasserluft wie ein echter Fisch, zu karger, im engen und luftverdorbenen Resttümpel, hilft er sich dagegen mit offenem Luftschnappen wie ein Landtier.

Da trieben sich auf dem annoch frischen Wattenschlick und Flußsand jetzt wirklich amphibische, meist wohl riesigen Salamandern gleichende Unholde herum, zur Gruppe der sogenannten Stegocephalen gehörig, von denen eine kleinere Sorte aber ganz und gar auch schon die Kopfform einer immerhin auch noch ziemlich mächtigen Kröte gehabt haben muß, bloß daß sich damit noch eine krokodilartige Verpanzerung und Bezahnung verband. Mein kühnstes Phantasiebild aus der Kölnischen Krötengrube war hier also reichlich überboten!

Da fanden sich ferner, wohl aus dem Fluß selber schon herabkommend, sonderbare Schildkröten und echte Krokodile hinzu. Die Schildkröten noch höchst altertümlich gebaut, wie es so früher Zeit entspricht, der Rückenpanzer mit großen Buckeln und Zacken umkränzt, der Bauchpanzer aber noch erkennbar aus verbreiterten und miteinander verwachsenen Bauchrippen zusammengekittet. Die Krokodile dem stattlichen Urkrokodil Belodon nahe verwandt, das im Stuttgarter Naturalienkabinett so prächtig noch zu sehen ist, weil es auch in Schwaben ein ganz gewöhnlicher deutscher Gast zur Keuperzeit gewesen sein muß.

Die zahlreichsten und zugleich unheimlichsten Landgäste, die sich in diese Wattengründe hinaus wagten, aber waren offenbar mächtige Watschelsaurier aus jener heute gänzlich verschwundenen Ordnung der Dinosaurier, zu der auch die so oft abgebildeten kolossalen belgischen Iguanodonten gehört haben.

Bisher nahm man allgemein an, daß diese Iguanodonten und einige andere Vertreter dieser wahrhaft phänomenalen Scheusale regelmäßig auf steilen Hinterbeinen nach Känguruhart dahingehüpft wären – bei doppelter Elefantenlänge eine dämonische Vorstellung. Neuerdings ist man gegen diese wohl etwas »allzuleicht beschwingte« Bewegungsmethode skeptischer geworden, immerhin aber glaubt Jaekel doch von den Halberstädter Gesellen, daß wenigstens die im Oberkörper aufgerichtete Stellung ihre normale gewesen sei. Nicht so groß wie die belgischen Riesen, aber immer auch noch stattlich genug, möchten sie bald auf den Hinterbeinen und dem Hinterleibe gehockt haben, bald schwerfällig mit vorgebeugtem Halse und breitspurig auf ganzen Hintersohlen dahingewatschelt sein, immer doch die Vorderbeine mehr als Arm und Pfote zum gelegentlichen Nachstützen, Greifen und Scharren verwertend. Äußerst biegsam war der Hals, klein der Kopf, mächtig der Schwanz. So kamen sie in das Sumpfdelta hinaus – noch viel tollere »Kröten« des Bildes als jene wirklich amphibischen. Vielleicht wagten sie sich heran auf der Jagd nach kleinem weichem Getier, zu dem ihr Zahnbau besser paßte als zu reiner Pflanzenkost; manchmal mögen sie aber auch selber gehetztes Wild des bissigeren Raubzeugs aus dem damaligen Reptilvolke gewesen sein. Und gar manches Mal wird ein solcher plumper Watschler im allzuweichen Brei versunken sein, daß sein Gerippe später fest mit der trocknend sich härtenden Masse verbuk.

Von all diesen Dingen dort aber wüßten wir tatsächlich nicht das geringste, wenn jene schlichte Ziegelgrube bei Halberstadt nicht wäre.

Unfaßbare Zeiten sind hingerauscht seit den Tagen jenes geheimnisvollen Flußdeltas mitten im Herzen deutschen Landes – die ganze Jura- und Kreidezeit, in denen diese Saurier in immer wachsender Hochblüte noch emporgingen, um ganz zuletzt um so hoffnungsloser zusammenzubrechen, die ganze Tertiär- und Diluvialzeit, in denen der Mensch langsam ins Licht kam. Und dann eines Tages entstand jene Dampfziegelei, die zu ihrem Bedarf Ton brauchte und eine heute etwa 100 Meter lange und 15 Meter tiefe Grube in den Grund schnitt. Kaum aber war der oberste aufgelagerte Humus und Diluvialstaub durchschnitten, so sägte eben diese Grube sich Meter um Meter der Tiefe in nichts anderes wieder ein als in das uralte Flußdelta von dazumal.

Sie durchquerte die Sande, die zu Zeiten eines etwas lebhafteren Gefälles der große Keuper-Ganges hier herausgeschwemmt, und erreichte eben mit dem technisch des Abbaues werten eigentlichen kompakten Ton darunter den ehemaligen Dauergrund des gemächlich verschlammenden Deltas selbst, dessen gehäufter Schlick diesen Ton geliefert. Die Arbeit blühte, 100 000 Kubikmeter wurden allmählich zu Ziegeln zermahlen – keiner aber, der dabei war, ahnte, in was er grub und was außer Ziegeln hier für die Zwecke einer höheren Schicht Geistesmenschheit noch mehr zu ergraben war.

Da steht im Sommer 1909 der Zahnarzt Torger aus Halberstadt bei der Grube am geschlossenen Schlagbaum der Eisenbahn und wartet den Zug ab, und neben ihm warten ebenfalls ein paar Arbeiter, und sie erzählen ihm, wie man so beim Warten plaudert, von Knochen, die in der Grube gelegentlich gefunden worden wären. Torger erwirbt ein paar Splitter und sendet sie zum Bestimmen an den Paläontologen Jaekel in Greifswald, und der erfaßt sogleich das Bedeutende: eine Fundstätte großer Dinosaurierknochen auf deutscher Heimaterde.

Es ist eben erzählt, was Nordamerika und neuerdings noch erfolgreicher Deutsch-Ostafrika hier geliefert haben. Jetzt aber lag der Schatz endlich auch daheim sozusagen vor der Tür und wartete nur des planmäßigen Hebens.

Mit geschicktestem Feldherrntalent (Paläontologen müssen immer Diplomaten sein) wurde von Jaekel zunächst der »Acker« gesichert: der preußische Staat erwarb das Recht auf alle Fossilfunde in der Grube, Finderlöhne wurden ausgesetzt, ministerielle, kaiserliche und private Mittel zusammengebracht. Gefährliche Abbaumethoden durch Sprengschüsse in der Grube wurden eingestellt. Die Härtung und Zusammensetzung der Skeletteile nahmen Jaekel und seine Helfer und Helferinnen (besonders letztere zeichneten sich aus) selbst in die Hand. Und nun kam Schlag auf Schlag eine Ausbeute, die selbst die verwegenste Erwartung übertraf.

Laut dem ersten wissenschaftlichen Bericht sind in der kurzen Zeit bisher schon nicht weniger als vierzig Dinosaurierskelette geborgen worden, zum Teil in prachtvollster Erhaltung und Individuum für Individuum für sich gesondert. Noch nie sind auch die Schädel in solcher Vollkommenheit bisher irgendwo zutage gekommen. Von dem schönsten Stück hat (Laune des Zufalls!) bloß ein Wiesel, das in der Nacht nach der Freilegung gerade hier ein paar Mäuse verzehrte, ein Stückchen vom Zungenbeinbogen verschleppt. In anderen Fällen fehlten allerdings derbere Skeletteile schon durch Räuberarbeit der Keuperzeit selbst, so einmal die ganzen Vordergliedmaßen, die bei einem solchen wehrlos »versumpften« Unhold wohl damals schon einem Krokodil zur Beute geworden waren.

Was die systematische Stellung anbetrifft, so handelt es sich in der wesentlichsten Art um einen Plateosaurus, der eine vermittelnde Stellung zwischen dem rein raubtierhaften Megalosaurus und jenen Iguanodonten einnimmt. Es ist die Gruppe, wo auch der schöne Name »Greßlyosaurus« vorkommt, der aber mit der naheliegenden Gräßlichkeit nichts zu tun hat, sondern auf den originellen Schweizer Geologen Greßly geht.

Ganz besonders wertvoll macht den imposanten Fund, der zu den glänzendsten paläontologischen aller Zeiten bisher gerechnet werden muß, auch die Zeitbestimmung. Jene belgischen wie die neuen afrikanischen Dinosaurier gehören zur Kreideperiode. Hier im Halberstädter Delta steht man noch in der Trias, also eine ganze Reihe von Jahrmillionen früher.

Die ersten fertig aufmontierten Halberstädter Skelette sind jetzt schon in ganzer Pracht im Berliner Museum für Naturkunde neben den Afrikanern vom Tendaguru zu sehen. Unabsehbar scheint aber der noch zu erwartende weitere Reichtum dieser Glücksgrube, nachdem vor Beginn der Rettung für die Wissenschaft doch sicher wohl schon hundert oder noch mehr Skelette zu Ziegeln vermahlen worden waren!

Halberstadt mag stolz sein: zu seinem Dom und Gleim und Broyhanbier tritt ihm der Ruhm, fortan die »echteste« Drachenstadt Deutschlands zu sein in der Zeit wissenschaftlicher Rehabilitierung dieses Drachens.

Sirenen

Als der homerische Dichter das Abenteuer des Odysseus mit den Sirenen schilderte, benutzte er stofflich wohl ein damals schon altes Schiffermärchen. Die unvergleichliche Eigenart, die aus diesen fünfunddreißig Versen eines der herrlichsten Gedichte der Weltliteratur gemacht hat, liegt in der Schilderung. Das Schiff des umgetriebenen Dulders kommt herangeschwebt, von freundlichem Winde getrieben. Plötzlich dann, ehe noch die Sireneninsel selber auftaucht, ist es, als gehe ein Zauber von ihr aus. Der Wind ruht. Die stille See glänzt von heiterer Bläue des Himmels, ein Himmlischer scheint die Wasser zu senken. Jetzt, als der bedenkliche Fels auf Hörweite nahe ist, der Sirenengesang selbst. Nur acht Verse, aber vielleicht das Klangvollste, was in Ilias wie Odyssee vorkommt. Man merkt dem Dichter ordentlich die Verantwortung an, dieses Lied, das selbst den schlauen Odysseus verführen soll, wörtlich zu geben, und doch hat er es gewagt. Aber die Genossen des Dulders, die ihre Ohren mit Wachs verstopft und ihn selber zur Vorsicht an den Mast gebunden haben, rudern vorbei. »Leiser, immer leiser verhallte der Singenden Lied und Stimme.«

Es ist eine arge Sache, wie mit Namen umgesprungen wird.

Den scheußlichsten, rohesten Lärmapparat, den der spätere Kulturmensch erfunden hat, nennt er eine Sirene. Ein Tiergeschlecht aber von so unerhörter Unform, daß ein Schwein dagegen die leichtfüßige Eleganz verkörpert, hat der moderne Naturforscher sozusagen amtlich als das der Sirenen bezeichnet, nämlich die mit anderem Wort sogenannten Seekühe.

Wenn man sich eine Kuh denkt, die mit derselben unerschütterlichen maschinenhaften Konsequenz, mit der eine richtige Alpenkuh rupfend und rückend tagaus tagein ihre Matte dezimiert, Seegras statt Wiesengras abweidet; wenn man diese Kuh für das Wasserleben hinten abhackt und in eine plattliegende Fischflosse auswalzt, ihr auch gleich dabei die Hinterbeine fortschneidet und die Vorderbeine in runde Paddeln verbreitert, so kommt man auf die Seekuh. In dieser Gestalt liegt sie ihr Leben lang faul über ihrer unterseeischen Küstenmatte und äst, wobei sie im Vorschreiten gelegentlich ihrer Weide auch in die großen, zur See mündenden Flüsse hinein nachpaddelt und so bis tief ins Binnenland kommt.

Ihre Weide ist fett, und das Wasser trägt – so darf sie alle Kuhmaße überbieten und als kolossale Fleischwalze von fünf oder gar zehn Metern Länge über ihrer Wasserwiese schaukeln.

Dabei ist sie gleich der richtigen Kuh ein Säugetier. Ihre milchgebende Mutterbrust hat sogar etwas ganz Menschliches in Lage und Form, und hier steckt die halbwegs gangbare Begriffsbrücke, die zur Vergleichung mit einer homerischen »Sirene« geführt hat; denn es wird behauptet, daß diese Seekühe, im Indischen und Roten Meer gelegentlich schon vor den ältesten Seefahrern beim Luftschöpfen auftauchend und solche Büste produzierend, geradezu die Fabel von Meerweibchen, also doch irgendwie der Verwandtschaft wenigstens der echten sirenischen Fräuleins, erzeugt hätten.

Die meisten Säugetiere aber, die nachträglich (denn alle echten Säuger waren geschichtlich wohl zunächst Landtiere) wieder ins Wasser gegangen sind, haben dort eine Art Zersetzungs- und Zerfließungsprozeß ihrer Leibesformen erlebt. Während der Fisch als ursprüngliches Wasserkind durchweg (selbst im riesigsten Hai) eine gewisse Grazie der vollkommenen Anpassungsform bewahrt hat, stößt man beim Wassersäuger auf die greuliche, verschwommene und zerhackte Mißform des Nilpferdmauls oder die Monstra der großen Wale und Pottfische, die jeder geordneten Linienführung im Umriß spotten. Und so ist auch die Seekuh auf ihrer Wasserweide an »Nichtform« ein echtes und rechtes Meerwunder geworden, so ungeschlacht wie nur möglich, wie einer, der sich gehen lassen kann und es nicht mehr nötig hat, auf nettes Äußeres und adrette Umgangsform zu sehen.

Gleich für die ersten klaren Ordnungsgenies in der neueren Tierkunde mußte es dabei aber eine wichtige Frage werden, zu welcher engeren Ecke des großen Säugervolks nun dieser Vetter Wanst eigentlich gehöre. Vom Lande war er gekommen; an was für eine Landform aber sollte man ihn dort systematisch anreihen?

War es etwa wirklich die Kuh gewesen, die, gefräßig ihrer Weide nachrückend, in irgendwelchen Urweltstagen so ganz allmählich sich ins Seichtwasser hinein verloren hatte und endlich dort zur regelrechten Taucherin geworden war, wo die Grasnarbe sich allzu tief unters Wasser verlor?

Ganz so seltsam, wie es sich anhört, wäre solcher Vorgang nicht. So ist das allbekannte Nilpferd ja wirklich nichts viel anderes als ein in die weiten Binnenseegründe voller Lotosweide dauernd verlocktes altertümliches Schwein, das bei Sansibar sogar schon wie eine rechte Seekuh kühn ins Meer hinausschwimmt.

Längere Zeit indessen war unsere wissenschaftliche Tierkunde zu solchen Ableitungen deshalb nicht recht mutig, weil ihr überhaupt zweifelhaft geworden war, ob sich eine Tierform aus einer anderen »entwickelt« haben könnte. So gesellte man einstweilen die Seekuh gar nicht zu irgendeinem Landtier im System, sondern rückte sie mit zwei anderen ausgesprochenen Wassersäugern, dem Seehund und dem Walfisch, zu einer engeren Gemeinschaft der Fisch- oder Seesäugetiere zusammen. So haben wir's noch aus dem alten, wirklich noch vom Manne dieses Namens verfaßten »Brehm« gelernt, und der älteren Generation sitzt's noch in Fleisch und Blut. Es hilft aber nichts, die Welt läuft, und der Mensch muß mitlaufen und immer wieder umlernen.

Schon als der erste Darwinismus hochkam, wurde klar, daß einer aus diesem künstlichen, bloß dem Aufenthaltsort nach vereinten Trio unbedingt woanders hinkommen müsse, nämlich der Seehund. Er war wirklich ein Stück »Hund«, nämlich lediglich ein für die ergiebige Wasserjagd umgepaßtes ursprüngliches Landraubtier.

Ein Räuber, das heißt ein absoluter Fleischfresser, ist aber auch der Walfisch, und so entstand vor ihm bald ein zoologischer Argwohn, daß er, obwohl ersichtlich viel weiter fürs offene Meer umgeformt, irgendwie doch auch zuletzt und in grauen Entwicklungsurtagen an die Raubtiere anschließe. Das ist in neuester Zeit durch geologische Funde auch immer wahrscheinlicher, wenn auch noch nicht ganz zur Gewißheit geworden; die Landväter sind in diesem Falle wohl noch wahre Urraubtiere (sogenannte Kreodonten) gewesen.

Blieben zuletzt also wieder als vereinsamter Rest unsere Seekühe.

Diesmal schien aber ihre »Kuhnatur« zunächst wieder zur Anerkennung kommen zu wollen.

Bei Haeckel, dessen Systematik jetzt für eine neue Generation zu einer Art zoologischen Breviers wurde, las man, daß die Seekuh höchstwahrscheinlich ein Wasserableger des paarhufigen Huftiers sei, also eben der Gruppe, zu der unter anderem auch die Kuh gehört.

Solche entwicklungsgeschichtlichen Vermutungen sind nun bei umsichtiger Handhabung der Theorie stets sehr wertvolle Fingerzeige, und Haeckels provisorische »Stammbäume« haben trotz allen wohlfeilen Gegnerspotts eine wahre neue Ära der ganzen zoologischen Systematik eingeleitet, in der praktisch heute auch alle die leben und weben, die Haeckels Namen nachträglich undankbar verleugnen. Auf der anderen Seite bleibt aber ebenso wahr, daß alle noch so geschickte Theorie arm ist, wenn nicht das Glück wirkliche Neuentdeckungen hinzubringt, – in diesem Falle also den Fund wirklicher vorweltlicher Skelette von Übergangsformen, die etwa den Schritt von einem nilpferdisch und noch weiter wasserlieb gewordenen Zweihufer aus der Kuhverwandtschaft zur Seekuh leibhaftig vor Augen stellten.

Nun fanden sich zwar versteinerte Seekühe. Seekuhweiden bieten sich heute in den verschiedensten Meeren und Strömen, von Florida und dem Orinoko bis Afrika und dem Indischen Ozean; eine riesige Seekuh bei Kamtschatka, das sogenannte Borkentier, ist erst in junger geschichtlicher Zeit vom Menschen ausgerottet worden. Wie aber in der Urwelt alle geographischen Grenzen durchweg auf den Kopf gestellt scheinen, so mußte man sich auch hier mit dem Bilde befreunden, daß noch in der Epoche der Tertiärzeit, als unser allbekannter Bernstein als frisches Harz von Waldbäumen des Landes tropfte, über die Gegend bei Mainz und Darmstadt ein Meeresarm ging, dessen Seegraswiesen auch dort damals schon von zahlreichen, mäßig großen (etwa drei Meter langen) Seekühen abgeweidet wurden. Diese alten Darmstädter Meerweibchen zeigten, wie es scheint, äußerlich noch ein verkümmertes Hinterbeinchen, das heute ganz fehlt, sozusagen ein Abzeichen noch mehr ihrer sicheren ehemaligen Landverwandtschaft. Aber das war auch alles: im übrigen waren sie schon genau so mißgeformt und wasserfroh wie ihre Genossen unseres Tages etwa in ihrem fernen Roten Meer. Die sirenische Übergangskuh hatte man jedenfalls in ihnen noch nicht vor Augen.

Inzwischen gab es aber eine alte Stimme aus der Tierkunde selbst, fast vergessen wie der Mann, von dem sie hauptsächlich ausgegangen war, der schon fast zehn Jahre vor Darwins Auftreten verstorbene Franzose Blainville.

Sie mahnte an die höchst seltsamen Zahnverhältnisse dieser Sirenen, in denen offenbar noch ein separates Geheimnis stecke.

Wenn von den homerischen Sirenenmädchen die böse Kunde gilt, daß ihr süßer Sängermund in verschwiegenen Stunden Menschenfresserei trieb, zu der neben verminderten ethischen Hemmungen mindestens ein gutes Gebiß gehörte, so hatten einzelne der wirklichen Sirenenkühe überhaupt keine Zähne oder doch nur spärlichste Reste solcher.

Doch das war offenbar wieder Wasseranpassung für sich; auch der ungeheure Grönlandwal ist zahnlos und seiht nur winziges weiches Meergetier durch seine Gaumenbarten, die uns das bekannte Fischbein liefern. Was aber noch vorhanden war von sirenischem Normalgebiß, das war wirklich bedeutsam genug.

Bald zeigte sich ausgesprochene Neigung, die oberen Schneidezähne unter der fetten Wulstlippe in regelrechte Stoßzähne zu verwandeln. Bald wuchsen die Backzähne beständig neu nach, und zwar so, daß der vorderste immer nach einer Weile ausfiel, von hinten her aber die Zahnreihe ergänzt nachrückte. Diese Zahnwunder aber erinnerten auffällig jetzt an einen zweiten Fall im Säugerbereich, der ganz und gar nichts mit der Kuh zu tun hatte, sondern mit dem – Elefanten.

Auch die riesigen Stoßzähne unseres lebenden Elefanten sind obere Schneidezähne, und auch bei den Backzähnen dieses Elefanten herrscht ein mindestens sehr ähnliches System von streng geregeltem Verfall und Ersatz.

Kein Zweifel: die Sirenen hatten auch im übrigen Bau ihres Skelettes mit den schweren, nicht gehöhlten Knochen mancherlei Züge vom Elefanten. Trotzdem schien der notwendig hier auftauchende Ideengang selbst den kühnsten Stammbaumtheoretikern zu kühn.

Unglücklicherweise wußte man lange Zeit gerade von der eigenen Urverwandtschaft der Elefanten gar nichts. Sie standen bis heute auf dem Lande, und doch wußte man nicht, wo sie auf diesem Lande hergekommen sein sollten. Kein anderes Säugetier glich ihnen genug zur Anknüpfung. Die Gegner der Deszendenztheorie liebten es, lächelnd hierher mit Fingern zu weisen. Hier waren Tiere, die riesengroß waren, schon in Urweltsperioden massenhaft gelebt und massenhaft versteinerte Knochen hinterlassen hatten; und doch hatten sie anscheinend keine »Ahnen«.

Eines Tages indessen sollte das ein recht jähes Ende nehmen. Im untersten Ägypten, im Hinterlande des sogenannten Fayum, entdeckten die Geologen vor einigen Jahren eine geradezu fabelhaft glänzende Fundstätte vorweltlicher Säugetiere. Nie werde ich den Anblick vergessen, als ich im Londoner Naturhistorischen Museum beim Eintritt in die große Halle vor dem ersten frisch ausgestellten Prachtstück von dort stand: dem grotesken Riesenschädel eines sogenannten Arsinoitherium, eines elefantenähnlichen Ungetüms, das auf der Nase zwei enorme, nebeneinander gestellte knöcherne Zapfen, die an die Zipfel

einer kolossalen Narrenkappe erinnerten, getragen hatte. Schon dieses
jedenfalls nah verwandte neue Tier bewies, daß man hier in die Urverwandtschaft des Elefanten geraten war. Schlag auf Schlag folgten sich
dazu dann die weiteren Entdeckungen an dieser Glücksstelle.

Es zeigte sich ein Vormastodon, das die Entstehungsgeschichte des
späteren Elefantenrüssels enträtselte. Die Krone aller Entdeckungen
aber war der Ahne des ganzen Elefantengeschlechts überhaupt. Er erschien in trefflicher Erhaltung schon in einer Schicht der Tertiärzeit,
die geologisch noch ein Stück älter war als jene der Arsinoitherien und
Vormastodons. Da erschien ein Tier, auch etwa so groß wie ein Tapir,
also gegen den heutigen Elefanten relativ klein. Die Gliedmaßen schlank;
ein langer Schwanz; im flachen, keineswegs elefantenhaft steil getürmten
Schädel ein altertümliches Gebiß, in dem doch aber die Schneidezähne
schon eine Tendenz zeigten, hauerhafte Stoßzähne zu werden. Im
Umriß also ganz gewiß kein Elefant. Und doch durch soundso viel
feine anatomische Details einzig und allein an die Elefanten anzuschlie-
ßen. Die Sachkenner waren sich bald einig: man hatte den so lange
vermißten »Elefantenvater« vor sich. Ein durchaus altertümliches
Landtier, selber noch den ältesten, sehr indifferenten Huftieren der
Vorwelt nahe, das aber den Ausgangspunkt der seltsamen Entwicklung
zu den elefantischen Kolossen, all den Dinotherien, Mastodons, Mammuten und wie sie hießen, gebildet hatte. Da in Altägypten in dieser
Fayumgegend der berühmte Mörissee gelegen hat, wurde das einzigartige Geschöpf Möritherium getauft. Kaum aber hatte man sich mit
seiner Existenz abgefunden, so sollte es den Tierkundigen noch eine
Überraschung bereiten, die zu den größten gehört, die alle Tierkunde
je erlebt hat. An der Küste des urafrikanischen Kontinents, wo sich zu
ihrer Zeit die Möritherien herumtrieben, lebten damals, vom Wasser
her in die Flußmündung aufsteigend, auch schon Seekühe. Auch ihre
Knochen kamen in den heute erhärteten Schichten des alten Ufer-
schlamms von ehemals für uns zutage. Und nun zeigte sich das Unerwartete. Diese uralten Seekühe hatten fast genau den Schädel und das
Gebiß des Möritheriums gehabt. Auch in den Beckenknochen glichen
sie ihm noch frappant. Und doch waren sie sonst schon Seekühe! Seekühe aber, die zugleich schwimmende Elefantenväter waren! Kein
Zweifel: in jenen Anfangstagen war ein Zweig möritherienhafter Urelefanten auf die Wasserweide gegangen und hatte sich dort zu Seekühen
umgestaltet. Als Wasserelefanten kamen diese Seekühe fortan in die

Seichtbuchten der Ufer und die Flußmündungen, über denen auf dem Festlande dröhnenden Schrittes die Landelefanten dahinstampften. Wie das Nilpferd zum Schwein, der Seehund zum echten Hund oder Bär, so stehen die »Sirenen« zum Elefanten: sie sind seine Wasseranpassung. Nun gilt es ein Umräumen in allen Museen. Die Elefanten, lange so vollkommen isoliert, bekommen Nachbarn.

Die große Seekuh des Roten Meeres, so hören wir, wird bei Nacht dort bei den Korallenriffen von den Beduinen in ungeheuren Netzen gefangen, durch langes Untertauchen (das sie als Säugetier ja nicht unbegrenzt verträgt) erstickt und mit großen Mühen endlich gehoben. Das Bild erhält eine neue Farbe, wenn man sich sagt, daß es sich hier um eine nächtliche Elefantenjagd handelt. Ein Wasserelefant, noch ein Meter in der Länge größer als der größte lebende Elefant im Kilimandjarobuschwald, dickhäutig und ungeschlacht über alle Begriffe, im Netz gefangen und zappelnd wie ein Fisch, bei Fackelschein auf der Kante einer Korallenbank – wahrlich eine packende Situation mehr im Märchen der Tierwelt.

Die Entdeckung des Riesenklippdachses

In meiner Bibliothek stehen ein paar kleine alte Bände mit zierlicher Rückenvergoldung – die erste Ausgabe von Cuviers »Tierreich« von 1817.

Nach solchem alten, ehrwürdigen Bändchen greift man heute nicht leicht, um sich über laufende Fragen der Tierkunde zu unterrichten. Es muß schon mehr in Sonntagslaune sein, wenn man sich einmal an der Stimmung einer Zeit ergötzen will, die zwar weit hinter uns an zoologischem Wissen stand, die aber eines immerzu noch erleben durfte, das uns fremder wird: nämlich ganz große Sensationen, Überraschungen dieses Wissens.

Eine solche Sensation ersten Ranges steht dort bei Cuvier beschrieben, wenn er von dem Tier spricht, das nach einem übertragenen Namen der »Klippdachs« heißt; mit unserem bärenartigen Raubtier Dachs hat es nichts zu tun; man nennt es auch »Klippschliefer«, das heißt: einen, der in engen Klippenspalten gern unterschlüpft (schlieft). In Luthers Bibelübersetzung figuriert es als das »Kaninchen« der palästinensischen Felsen.

Die Klippdachse sind kleine, dick bepelzte Geschöpfchen vom Habitus mittlerer Häschen oder großer Meerschweinchen, die von Syrien bis zum Kap teils so in Höhlen »schliefen«, teils hoch im Urwaldgezweige fast affenhaft ihr Wesen treiben. Kein Mensch, der sie so sieht, wird sie wirklich für etwas viel anderes halten als Karnickel oder Eichhörner, zumal wenn er aus ihrem Mäulchen auch noch die spitzen oberen Vorderzähne anscheinend völlig nagetiergemäß vorstehen sieht.

Als Nagetiere waren sie denn auch von den Zoologen bis auf Cuvier verrechnet worden. Er aber mußte jetzt den inhaltschweren Satz drucken lassen, diese Klippdachse seien eine »*sorte de rhinocéros en miniature*«; sie hätten die Backzähne des Nashorns und trügen an den meisten ihrer Zehen kleine Hufe!

Man muß in den Quellen der Zeit die Entrüstungsrufe der übrigen Zunftgelehrten von damals lesen, daß so etwas möglich sein sollte: ein Nashorn von der Größe eines Kaninchens!

Aber Cuviers Ansehen war zu gewichtig, um dauernden Widerspruch aufkommen zu lassen. Der Klippdachs ist wirklich fortan bei den Huftieren und versuchsweise immer wieder in der Nähe des riesigen Nashorns in den Listen der Tierforscher geführt worden, so schwer's auch fallen wollte; aber man wurde das Gefühl eines Rätsels dabei nicht los, das seiner wahren Lösung noch harrte.

Inzwischen wurden sein Leibesbau und seine Lebensweise von vielen und immer eingehender studiert. Man stellte jene Tatsache fest, daß er auch auf Bäume klettern konnte, was dann für ein Rhinozeros noch grotesker wirken mußte. Unser großer deutscher Reisender Schweinfurth sah ihn an steilen, glatten Felsen in so unmöglichen Lagen auf und ab turnen, ja todeswund noch wie angeklebt haften, daß er auf eine besondere laubfroschartige Saugkraft seiner Füßchen raten mußte, die in der Tat beim Einziehen und Ausdehnen eines Spalts im Sohlenpolster durch Luftverdünnung zustande kommt – ein Rhinozeros mit Laubfroschfüßen auf polierten Rutschflächen!

Im übrigen Körperbau kamen aber auch immer neue Seltsamkeiten ans Licht. Die Hufe waren eine Vereinigung von affen- oder menschenhaften Nägeln mit dem echten, die Fingerbeere ganz umgreifenden Sohlenhorn des Hufs. Aus dem Pelz ragten überall einzelne lange Tasthaare vor, deren Gebrauch unklar blieb. Im Rückenfell umschloß eine abweichend gefärbte Flocke eine kleine Tonsur, deren Zweck ebenfalls im Geheimnis verharrte. Wiederkäuen wurde behauptet, dann wieder abgeleugnet; jedenfalls paßte der Magen nicht dazu.

Je mehr man aber allmählich anfing, Tiere überhaupt entwicklungsgeschichtlich, im Bilde eines Stammbaumes, zu ordnen, desto dringlicher mußte die Frage werden, an was für einen Ast des großen Stammbaumes man diesen verdrehten Gesellen mit seinen Saugfüßchen denn nun tatsächlich kleben solle?

Das Nashorn selber kam dort zweifellos zu Pferd und Tapir. Unter den Pferdeahnen waren vorgeschichtlich auch kleine Geschöpfe gewesen. Aber ihre speziellen Knochenreste, als man sie fand und zusammensetzte, wollten wieder gar nicht zum Klippdachs stimmen.

Viele Jahrzehnte galt es als eine Hoffnung der Versteinerungskundigen, endlich einmal vom Klippdachs selber urweltliche Reste zu entdecken – ob die den Schleier lüfteten. Würden auch sie uns kleine Tiere weisen, so daß der lebende Schliefer ein echtes Überbleibsel wenigstens der allgemeinen Zeit wäre, in der alle Huftiere, auch die größten, auch Nilpferd und Nashorn, klein angefangen hatten? Oder würden sie wirklich jetzt nashornhafte Riesen von Klippdachsgestalt zeigen, eine Ahnenschaft der entsprechend Großen, von der unser lebender Freund spät erst und jämmerlich zu seinem Zwergenmaß wieder heruntergesunken wäre?

Lange aber wollte kein einziges Knöchelchen dartun, daß überhaupt schon Klippdachse in der tierreichen Vorwelt gelebt hätten.

Merkwürdige Verwandte unserer Nashörner von heute fanden sich ja unter dem Urweltsvolk genug. Da hatte es in Nordamerika (wo heute überhaupt kein Nashorn mehr existiert) Rhinozerosse gegeben mit ganz kurzen Beinchen wie ein Teckelhund; andre, die überhaupt kein Horn auf der Nase trugen, dafür aber Dickköpfe mit gewaltigen Eckhauern führten wie ein Nilpferd und auch nilpferdhaft amphibisch lebten; und noch wieder andere, die ihren hornlosen Nashornkopf auf langen Hälsen trugen und die gewandtesten schlanken Galoppierbeine des Pferdes anzunehmen begannen. In den nah verwandten sogenannten »Titanentieren« (*Titanotheria*) hatten die Hörner umgekehrt wahre Orgien wilder Gestaltungskraft gefeiert, je zwei nebeneinander (nicht nacheinander) hatten sich auf festen Knochenzapfen nach Art eines Ochsengehörns aus der Nase erhoben, und zuletzt waren hier aus den Zapfenhörnern regelrechte Masken mit weithin vorspringender Knochengabel geworden, die den alten Bullen nicht mehr geschützt, sondern eher wehrlos gemacht haben müssen. Ein Nebenzweig dieser Titanentiere (also immer doch noch im Nashornanschluß) hatte es in dem Wunderwesen Chalikotherium gar zu einer nicht mehr trabenden, sondern grabenden Form gebracht, die bei Rhinozerosmaßen des Körpers statt Hufen mächtige krumme Grabkrallen wie ein Riesengürteltier besaß. Aber kein echtes Klippdachsnashorn fand sich dazu, so sorgsam man auch gerade darauf fahndete.

Unterdessen lenkte der Zahnbau des lebenden Klippdachses gelegentlich aber noch einmal auf einen ganz anderen Gedanken.

Aus dem Maul ragten, wie erwähnt, oben die beiden vordersten Schneidezähne gleich kleinen scharfen Stoßzähnen (beim Männchen kräftiger als beim Weibchen) vor. Diese Stößer waren immerwachsende Zähne mit Emailbelag, die trotz ihrer Ähnlichkeit mit Nagezähnen von dem rein blätter- oder kräuterfressenden Tier doch nie zum wirklichen Nagen benutzt wurden. Dagegen hatten sie eine in jedem Betracht frappante Ähnlichkeit mit den allbekannten Elfenbeinstoßzähnen des – Elefanten.

Der Elefant ist nun auch ein großes altertümliches Huftier und als solches im weitesten Sinne natürlich auch mit dem Nashorn urverwandt; im engeren aber wissen wir ja jetzt (wir haben eben davon gesprochen), daß sein Stammbaum später ganz eigene Wege, unabhängig sowohl von der Nashorn- und Pferdelinie wie auch von der Nilpferd-, Schwein- und Wiederkäuerlinie, genommen hat. Sollte auch der Klippdachs in seiner dunkeln Vorgeschichte am Ende mit dem Elefanten noch näher zusammengegangen sein als dem Nashorn?

Lange tappte auch diese Idee für sich im Dunkeln, da man die Elefantenvorfahren in wirklichen Knochenresten selbst zunächst ja nicht finden konnte. Erst in letzter Zeit ist das, wie gesagt, in Ägypten endlich geschehen. Gerade jetzt aber mischte recht ärgerlich sich auch noch ein grober Fehlschluß in den Fall Klippdachs ein.

Der höchst eifrige, aber etwas voreilige Paläontologe Ameghino in Südamerika beschrieb nämlich plötzlich die angeblichen Ahnen des Klippdachses aus angeblich so uralten Gesteinsschichten Patagoniens, daß sie gar noch in der großen Saurierzeit, in der Kreideperiode, gelebt hätten. Beides war aber falsch, sowohl die Zeitbestimmung wie die Sache selbst; es hatte eine Verwechslung mit echt südamerikanischen Huftieren stattgefunden, die selber, wie in allem, was aus ihnen je geworden ist, niemals über Südamerika hinausgekommen sind und nicht einmal entfernt den Klippdachsen geglichen haben. Leider wurden die betreffenden Tiere in der ersten Hitze »Urklippschliefer« (*Archeohyrax*) benannt, und dieser Name erbt nun nach dem Gesetz der Erstgeburt in unseren Lehrbüchern fort, obwohl er völlig in die Irre führt. Das Gesetz hat schon manche Not dieser Art gebracht, diesmal aber sollte es ein besonders mißliches Exempel werden. Denn kaum, daß der falsche Urklippdachs im Buche stand (mit dem Vermerk, daß er falsch sei!), so meldete sich wie zum Tort gerade der so lange Gesuchte selbst.

Jenes Fayumgebiet in Unterägypten gab bei Gelegenheit der erfolgreichen Suche nach den dort begrabenen Vorfahren der Elefanten nun doch plötzlich eine Fülle auch echter urweltlicher Klippdachsknochen frei. Und das lief jetzt auf eine wirklich große Überraschung hinaus.

Um das Ende des ersten Drittels der Tertiärzeit haben die sumpfigen Waldungen des damaligen nordafrikanischen Kontinents offenbar auch schon sehr zahlreiche Klippdachse bewohnt. Unter ihnen aber wandelte als auffälligste Gestalt damals noch der wahre Riesenklippdachs (*Megalohyrax*).

In der Größe nahm er es mit dem stärksten Bären oder, wenn wir beim Nashorn bleiben wollen, ungefähr mit einem mittelgroßen Sumatranashorn auf. Ein solcher entsprechend schwerer Riese kletterte natürlich nicht auf Bäume, sowenig er in engen Felsspalten »schliefte« oder sich an glattes Gestein klebte. Das Wasser dürfte er mit seinem schwachen Schwanz auch nicht geliebt haben. Seine kurzen, bei solcher Größe jedenfalls noch nicht so springflinken Klippdachsbeine machten ihn vielmehr wohl zu einem ruhigen Waldgänger, der behaglich das üppige Laub abweidete. Im ganzen Habitus muß er aber sonst schon ein durchaus echter Klippdachs gewesen sein, bloß daß alle Eigenart viel imponierender hervortrat: der dicke Pelz als große bären- oder mammuthafte Wollgestalt, die emaillierten Stoßzähne als wirkliche starke Elefantenstößer. Recht unheimlich muß der Riese ausgesehen haben, obwohl gewiß auch er kein besonderer Angreifer war und von den bösen Raubtieren dieses urafrikanischen Waldes sicherlich viel Not gelitten hat.

Entscheidend aber löst er uns die oben gestellte Frage. Also auch die Klippdachse hatten einmal ihre »große Zeit«. Ganz früh hatten sie diese Zeit schon, in Tagen, wo das Pferd sogar noch klein war. Aber dieser frühe Glanz erlosch auch um so rascher.

Im letzten Drittel der Tertiärzeit hat, wie wir jetzt aus nachträglich richtiger Deutung von Knochenresten auch glücklich wissen, auf der Insel Samos und dem griechischen Festlande noch ein einzeln verspäteter, relativ großer Altklippdachs jener Glanztage fortgelebt.

Auf unsre Zeit aber kam das Geschlecht nur mehr in kaninchenhafter Verzwergung. Bedeutsam aber ist dabei wieder der alte Ort des Glanzes: Afrika.

Offenbar haben die Klippdachse zum ältesten Stamm ursprünglich afrikanischer, in Afrika landes- und geburtseigentümlicher Hufsäugetiere unserer Erde gehört.

Im Gebiß wesentlich noch urtümlicher, weniger einseitig gebaut, verraten jene großen Altformen ihres Geschlechts uns auf der einen Seite jetzt noch deutlich auch ihren Anschluß an die Stammgruppe der Huftiere überhaupt, von der auch alle die geographisch entfernteren (selbst die nordamerikanischen) Formen ursprünglich einmal ausgegangen sein müssen.

So erklären sich die Beziehungen, die den kleinen Schliefer von heute noch in seinem Zahnbau mit dem Nashorn verknüpfen; einzelne jener alten Fayumer gemahnen ebenso und stärker hier auch noch an das Schwein, das heute doch wieder vom Nashorn so weit fernsteht.

Das sind aber eben ganz allgemeine Altersreminiszenzen.

Andererseits muß dagegen für ihre engere afrikanische Fortbildung und Nächstverwandtschaft jetzt entscheidend werden, daß sie in dieser ihrer engeren geographischen Wurzelung wirklich nur noch einen einzigen uns erkennbaren, ebenfalls damals hochsteigenden Genossen gehabt haben, nämlich tatsächlich das alte große Wundertier der Sage wie Naturgeschichte – den Elefanten.

In jenen gleichen nordafrikanischen Sumpfwäldern der älteren Tertiärzeit sind ja auch die Elefanten damals hochgekommen aus den relativ kleinen, wirklich sumpfbewohnenden Urelefanten (Möritherien) zu den späteren Riesen.

Wenn nun im Bau der Stoßzähne wie in mehreren Einzelheiten des Fußbaues eine unverkennbare engere Ähnlichkeit auch von Klippdachs und Elefant heute noch besteht, so legt diese geographische Einheit einen solchen Stein jetzt dazu in die Wagschale, daß es fast zwingend zu des Märchens wie der Weisheit letztem Schluß wird: Klippdachs und Elefant gehörten ursprünglich auch körperlich noch länger zusammen, bildeten eine Einheit – und erst in ihrem Afrika selber haben sie sich allmählich getrennt: der Urelefant, indem er zuletzt auf Mastodon und Mammut ins Kolossale ging – der Klippdachs, indem er zum Kaninchenzwerge später sank. Nicht ein Miniaturnashorn lebt uns also heute in diesem Klippdachs fort, wohl aber ein *Miniaturelefant*.

Die Mammutschnitzer von Predmost

Sie kommen – da hilft nun nichts mehr!

Lange genug haben wir uns ehrlich gewehrt, nun ist es Zeit, daß wir uns ehrlich für besiegt erklären.

Nämlich jene wunderbaren Menschen der Diluvialzeit, die so viele Jahrtausende vor Beginn unserer geschichtlichen Überlieferung gelebt haben, daß den Historiker, dem schon ein Tag ein Wert ist, mit Recht dabei ein Gruseln überläuft.

Wie auf dem Bilde Kaulbachs über dem Schlachtfelde noch die Geister der Gefallenen weiter bekämpft werden, so haben wir mit ihren unheimlichen Schatten gerungen, als sie zuerst vereinzelt aus den feuchtkalten Kellergewölben ihrer Höhlen aufzusteigen begannen. Aber aus den Schemen sind ganze Völker geworden, und die Gespenster haben, was das Entscheidende für ihre Aufnahme in die wirkliche Geschichte sein muß, für uns eine Seele bekommen.

Keine Tradition wußte von diesen Menschen. Sie haben für uns keine Namen, keine Sprache, vielleicht auch keine Heimat, denn sie tauchen als schweifende Jägerstämme bei uns in Europa auf, die wer weiß wie weit herkommen konnten. Aber sie tauchen auf in der Eiszeit. Mit nicht schlechten, aber ganz einseitigen Waffen (Stein, Horn, Bein, Holz) jagen sie die märchenhaften Tiere jener Erdepoche, auf europäischem Boden Löwen und Panther, riesenhafte Bären, Elefanten und Nashörner, das Urwildpferd und den Präriebison.

Nie wieder hat Europa solche Jagd gesehen. Wie verschwinden alle Herkulessagen der Griechen dagegen! Zu den Ungetümen, die sie bezwangen, möchte man sich schauerlich wilde Vormenschen denken, die selber noch halbe Ungeheuer waren. Zumal in so endlos ferner Zeit. Aber gerade das sind sie auch nicht gewesen, und daß sie es nicht waren, ist wohl das allverblüffendste an ihnen, vor dem auch die energischsten Heißsporne, die zuerst für ihre Existenz eintraten, noch haben umlernen müssen.

Sie hatten schon eine hochentwickelte Kunst! In unzähligen Denk-
mälern, die in Südfrankreich und Spanien neuerdings fast Monat für
Monat neu aus den alten Höhlen und Kulturschichten hervorgezogen
werden, ersteht diese Kunst augenblicklich imposant vor unserem Blick.
Schnitzereien, Gravierungen, Reliefplastik und farbige Malereien, die
Jagdszenen, Tierbilder, Ornamente darstellen, geben ein nie erwartetes,
ein überwältigendes Bild. Diese Menschen begannen nicht erst mit der
Kunst: sie besaßen sie bereits. Sie waren vielfach Meister der Dar-
stellung. Die Prachtwerke über diluviale Höhlenmalereien, die gegen-
wärtig unter der Ägide des Fürsten von Monako erscheinen, riesige
Quartbände mit Farbentafeln, enthüllen nicht nur wissenschaftliche
Dokumente zur Kunstgeschichte, sondern sie geben (besonders aus der
Wunderhöhle von Altomira in Spanien, deren ganze Decke ein figuren-
reiches und farbenprächtiges prähistorisches Freskogemälde bedeckt)
einzelne Blätter, die fortan die Freude jedes künstlerisch empfindenden
Auges sein müssen wie nur irgendeine große Höhenleistung sonst der
älteren Kunst. Und erst seit wir in diese Kunst der Mammutjäger
schauen, läßt sich wirklich jenes eben gebrauchte Wort anwenden: daß
wir jetzt auch diese Menschen *seelisch* besitzen im Inhalt unserer Kul-
turgeschichte.

Von Mammutjägern also zu Mammutmalern und Mammutschnit-
zern!

Die amüsante kleine Episode, die ich hier an diese mächtige neue
Melodie knüpfen möchte, beweist indessen mit ihrem Anfang klärlich,
daß man auch heute noch, in unseren (bekanntlich) sehr hellen Tagen,
bei einem Mammut zunächst an etwas wesentlich anderes denken kann
als an Kunst.

So geschah es nämlich Herrn Chrometschek, Gutsbesitzer zu Predmost, einem kleinen Flecken bei Prerau in Mähren, der vor einer Reihe
von Jahrzehnten hinter seinem Garten graben ließ und dabei in einer
alten verbackenen Staubschicht des ehemaligen diluvialen Steppenbodens
dieser Gegend auf eine Katakombe gewaltiger Knochen stieß. Die
meisten und größten stammten eben vom Mammut, und nie bisher
ist eine großartigere Anhäufung von Gebeinen dieses verschollenen
europäischen Elefanten zutage gekommen. Die Reste von fast tausend
Individuen sind noch in der Folge geborgen worden, junge und alte
dabei, vom Urvater bis zum Embryo. Daneben Knochen des Nashorns,
des Urstiers, des heute noch in Grönland existierenden Moschusochsen,

des Elchs, des Wildpferdes, der Gemse, vermischt mit denen von Löwe, Leopard, Wolf, Vielfraß und Biber.

Herr Chrometschek aber als umsichtiger Landwirt ließ diesen ganzen reichen Segen, so oft er sich beim Abbau des alten Steppensandes wiederholte, reinlich zu Pulver zerstampfen und düngte seine Felder damit – lange Jahre hindurch. Und dann erst fanden ein paar hinzukommende ausgezeichnete Gelehrte (zunächst Wankel, nachher Maska und Kriz), daß dieser Dünger doch für Kohlköpfe oder Rüben entschieden etwas zu kostbar sei und besser menschlichen Gehirnen und wissenschaftlichen Theorien zugewendet werde.

Als das ganz besonders Interessante ergab sich nämlich, daß es sich hier nicht bloß um ein zufälliges Massengrab vorweltlicher Tiere, etwa auf Grund zusammengeschwemmter oder in einem Staubsturm gemeinsam begrabener Kadaver, handelte. Vorgeschichtliche Menschen hatten schon einmal die Hand dabei im Spiel gehabt. Zu vielen Tausenden lagen ihre Steinwerkzeuge am Fleck, auch einzelne Skelettreste. An Holzkohlen und Asche erkannte man, daß sie Feuer gebrannt hatten. Viele der Tierknochen waren künstlich zerschlagen, angebrannt, bekritzelt, rot gefärbt. Stellenweise lagerten die Mammutgebeine in hübsch sortierten Haufen: hier lauter Beckenknochen, dort Schulterblätter, Zähne oder Gelenkköpfe zueinander gesammelt. Kein Zweifel: Menschen hatten mit dem Material gewirtschaftet, und wenn irgend etwas nahelag, so war es die Annahme, daß es sich um eine Jägerstation handelte, wo frisches Jagdwild abgehäutet, verarbeitet, zum Teil gebraten und gegessen, zum Teil in seinen brauchbaren Knochenteilen ausgeschlachtet worden war. Wohlverstanden: hauptsächlich Mammutwild. Eine Art Abdeckerei oder Schlachthaus aus der Mammutzeit selber stand vor Augen, und der Schlächter war schon der Mensch gewesen!

Es war eine gar gewaltige Triebkraft, was dieses Mammutlager von Predmost damals, in den achtziger Jahren des neunzehnten Jahrhunderts, in die annoch junge prähistorische Wissenschaft hineinzubringen schien.

Zum ersten Male faßte man davor den ganzen Mut, den Menschen der alten Steinzeit wirklich zusammen zu sehen mit diesen schauerlichen letzten Urweltsgestalten der Tierwelt, die alle ältere Geologie noch durch die furchtbarste Erdenkatastrophe von jeglicher Menschennähe getrennt gedacht hatte.

Aber der Geistesboden war zu glänzend damit gedüngt, um nicht eine ganz unerwartete Riesenrübe noch hervorzutreiben in Gestalt eines genialen Gedankens, der so genial war, daß er tatsächlich noch einmal die ganze Geschichte in die Luft fliegen ließ.

Der Gedanke wuchs im durch und durch gescheiten Kopfe des alten Japetus Steenstrup aus Kopenhagen, der, damals schon bald achtzigjährig, eigens herangepilgert war, um sich auch von dem Wunder zu überzeugen.

Steenstrup, Zoologe von Haus aus, dann selber Prähistoriker, hatte die gründlichsten allgemein geachteten Forschungen hinter sich – über das Liebesleben jener wundersamen Seetiere, die stets in einer Generation wirkliche Liebespärchen, in der nächsten dagegen nur ein einziges pflanzenhaft ausschlagendes Elternwesen hervorbringen; über die verschrobenen Augen der Flundern; über die geschichtlichen Geheimnisse der dänischen Torfmoore und Muschelbänke und anderes mehr. Meister Steenstrup befand sich aber kaum im Angesicht des Mammutfeldes, so gab er auch schon die überraschendste Lösung.

Jedermann kennt die berühmte Geschichte von den sibirischen Eiskadavern von Mammuten, die, vor ungezählten Jahrtausenden in Gletscherspalten eingefroren, heute noch gelegentlich mit Haut und Haaren heraustauen. Wenn solches Tauen geschieht, kommen die hungrigen Wölfe heute noch hinzu und fressen von dem derben Brocken vorgeschichtlichen Gefrierfleisches, nicht minder aber besuchen die armen Tungusenjäger da oben die Stätte, um sich der famosen Elfenbeinhauer zu bemächtigen.

Wer beweist uns nun, fragte der alte Steenstrup, daß ein solcher Hergang nicht auch den Fall Predmost selber erklären kann? Bis ans Ende der Eiszeit reichten nordsibirische Verhältnisse tief nach Europa hinein. Wenn nun schon damals im gefrorenen Boden oder Gletschereis solche Gefriermumien gesteckt haben? Bloß eben damals bis in Gegenden noch hinein, die so weit südlich lagen wie dieses mährische Predmost? Und wenn schon damals einmal ein solcher ganzer Eisschrank gerade hier aufgetaut war, seine uralten Mammutbraten in nicht ganz delikatem Zustande wieder herausgebend? Wenn dann Menschen von damals in der Nähe vorbeizogen, werden nicht auch sie sich brauchbare Zähne und Knochen herausgesucht haben? Die ekle Stätte wird jedenfalls gründlich von ihnen durchwühlt worden sein. Wölfe werden von dem Fleisch gefressen haben. Wer weiß: am Ende sogar halb verhungerte Menschen selber. Steinzeitmenschen natürlich. Aber deshalb doch noch lange nicht Zeitgenossen des *lebenden* Mammuts. Keine Mammutjäger! Unabsehbare Zeiträume mögen die Zeit, da diese Mammute wirklich gelebt hatten, schon damals getrennt haben von der Stunde, da ihre Gefrierleichen heraustauend so in Menschenhand kamen. Sibirien in Predmost, nichts weiter, aber nicht lebende Menschen vor lebendigen europäischen Elefanten.

Wenn je ein Gedanke mit seiner Logik bezwang, so war es dieser. Ich weiß selbst noch genau, wie er mich absolut sieghaft gefangennahm, als ich ihn zum ersten Male las. Es gab keine Widerrede. Für einen so geistvollen und eminent kenntnisreichen Kopf wie Virchow ist er damals entscheidend für seine ganze Stellungnahme zu diesen Fragen bis an sein Lebensende geworden. Er schien berufen, pädagogisch eine wahre Warnungstafel zu werden, wie heillos vorsichtig man beim Gehen auf diesem schwankenden Staub und Schnee der Vorwelt sein müsse. Nach solchem Fiasko an der eklatantesten Stelle mußte man auch alle anderen angeblichen Beweise für das Zusammenleben von Mensch und Mammut mit neuen und zwar mit sehr, sehr kühlen Augen ansehen. Virchow kam mit solchen Augen zu dem festen Schluß, daß es trotz aller Rederei und Flunkerei bisher keinen diluvialen »Mammutmenschen« gebe, sowenig wie einen tertiären Affenmenschen.

Die Franzosen besaßen allerdings damals längst in einer ihrer Sammlungen ein vielbewundertes Stück Mammutelfenbein – gefunden im Vézèretal in der Dordogne, wo das wahre Pompeji diluvialer Kultur und Kunst ist – mit einem wohl erkennbar eingravierten Bilde eines Mammut darauf. Das mußte jetzt eine »Fälschung« sein. Wenn einige tüchtigste deutsche Forscher, die damals aburteilten, dort Direktor gewesen wären, wer weiß, in was für einer Müllgrube das unschätzbare Stück verschwunden wäre. Wer aber ja noch so leichtgläubig sein wollte, es für echt zu halten, der mußte sich sagen lassen, daß es selbst dann nichts beweise; denn wenn die Steinzeitmenschen noch Eiskadaver mit erhaltenen Rüsseln und Mähnen aufgefunden hatten, so mochten sie danach auch ein echtes behaartes Elefantenbild, wie es jene Platte wies, konstruiert haben, ohne doch je ein lebendes Mammut gesehen zu haben; auch dieser Schluß hat mir selber lange imponiert.

Das unschätzbare Stück …! Denn das ist schließlich doch der Witz und die wahre Nutzanwendung der ganzen Geschichte geworden, daß der alte Steenstrup sich trotz- und alledem gründlich verhauen hatte.

Seine Idee stand und fiel mit der einen Möglichkeit, daß jene Steinzeitler zu ihrer Zeit in Mähren mit uralten, in undenklichen Zeitfernen rückwärts niemals aufgetauten Eismassen und Gefrierböden in Berührung kommen konnten. Die nähere geologische Untersuchung der Stelle hat diese Möglichkeit aber rund verneint. Predmost ist überhaupt niemals in der Diluvialzeit derartig vereist gewesen, konnte also auch keine Mammute konservieren.

Die Menschen jener Tage lebten nicht auf Dauereisboden, sondern in weiten Grassteppen, wie sie für große Landgebiete und Zeitperioden der langen Diluvialzeit vielfach in Mitteleuropa charakteristisch gewesen sind, Steppen, durch die die Saigaantilope streifte wie heute noch im südöstlichen Rußland. Ihrer Kultur und ihrem Körperbau nach gehörten diese Predmoster Jäger wahrscheinlich zu jenem diluvialen Volk, das man heute nach dem Fundort Solutré bei Lyon benennt; die Solutréenser waren in Frankreich besonders eifrige Jäger auf die zahllosen, auch für die Grassteppe charakteristischen Herden von Wildpferden, wie sie ähnlich heute die Wüste Gobi bewohnen. Man schiebt gegenwärtig diese Solutréenser zeitlich ziemlich weit in die Diluvialzeit hinein und läßt sie wesentlich älter sein als die sogenannten Magdalenier, die das hauptsächlichste Volk jener französischen Kunsthöhlen im Vézèretal gewesen sind. Nun wissen wir aber, seit wir diesen Volksanschluß ungefähr haben, aus zahlreichen anderen Funden, daß in die Jagdsteppe der Solutréenser tatsächlich auch das Mammut noch allenthalben lebend gekommen ist. Ein *Nicht*zusammentreffen mit dem Menschen, dem jagdfrohen von damals, müßte also geradezu ein Wunder gewesen sein!

Und so ergibt sich der alte Schluß für Predmost diesmal als die selbstverständlichste Folgerung: auch in dieser mährischen Steppe müssen die Mammute besonders zahlreich gewesen sein, und speziell in Predmost haben die mährischen Solutréenser besondere Jagdtriumphe über das Riesenvolk gefeiert.

Damit aber werden auch alle weiteren Schlüsse wieder hinfällig.

Jenes von der Hand eines Diluvialmenschen gezeichnete Mammutbild kann echt und noch nach dem lebenden Original gezeichnet sein. Es ist von einem Magdalenier gefertigt, also von einem Diluvialmenschem dessen Volk, wie gesagt, erst einer späteren Epoche der Diluvialzeit als die Solutréenser angehört. Es beweist also nur, daß das Mammut über die Predmoster Tage fort noch lange in Europa hinaus weitergelebt haben muß. Inzwischen zweifelt aber an der vollwiegenden Echtheit dieses schönen Fundstücks auch deshalb längst kein Mensch mehr, weil man in den Höhlen des Vézèretales seither die prachtvollsten magdalenischen Malereien entdeckt hat, die zahlreiche Mammute in den lebendigsten Stellungen mitten unter den anderen zweifellosen Jagdtieren von damals darstellen. Da hört jeder Gedanke wie an Fälschung, so auch an Rekonstruktion nach Eisfleisch auf!

Gerade an dieser Stelle aber hat die Geschichte neuerlich nun noch eine besondere Krönung erfahren, die erst den ganz würdigen Schluß gibt.

Bereits sehr zu Anfang hatte man auf den Predmoster Knochen leise Kunstspuren entdeckt, Zickzackornamente, Wellenlinien, konzentrische Kreise, Dreiecke. Später kamen Elfenbeinschnitzereien zutage, darunter das Bild einer sehr rundlichen, anscheinend tätowierten Dame. 1895 stieß nun Herr Kriz auf ein mehrfach zerbrochenes Stück Mammutzahn, das ihm immerhin auch als ein unvollendeter Kunstversuch erschien, ohne daß er der Sache Bedeutung beilegte. Und erst 1909 faßte der andere treffliche Bearbeiter der Schätze, Maska, den wahren Sachverhalt: die richtig aneinander gepaßten Stücke zeigten ein höchst famoses Schnitzbild des Mammut – ein zeitgenössisches Bild also des so viel umstrittenen Mammut von Predmost nunmehr in höchsteigener Gestalt.

Die unbedeutend fragmentarische Figur mißt 116 Millimeter in der Länge. Das stark behaarte Tier ist auch hier in lebhafter Bewegung, wohl heranschreitend, erfaßt, die charakteristische Elefantenstirn erhoben, die (beim Mammut kleinen) Ohren schlagend, Rüssel und Beine in rascher Schrittstellung. Ganz besonders lebendig wirkt die Schwanzquaste, die die linke Flanke peitscht. Solche Lage ergab sich aus kluger Ausnutzung des Platzes, der gleichzeitig die Stoßzähne zum Opfer fielen; aber das Vorbild dieser Möglichkeit konnte nur aus dem lebenden Tier in der Seele des Künstlers sein – des Mammutschnitzers von Predmost.

Die Furcht vor dem Menschen

Auf die menschliche Phantasie hat von je der Anblick ferner duftig blauer Inseln mit einer ganz besonderen Magie gewirkt.

Noch heute empfindet man das, wenn man vom Schiff eine solche dämmernde Küste aufsteigen und dämmernd wieder verschwinden sieht. Eine unendliche Sehnsucht mischt sich mit unendlicher Neugier: als müsse gerade dort die Erfüllung aller Märchen wohnen. Und so war es in jüngeren und romantischeren Tagen der Erdgeschichte auch ein gern geglaubter Traum, es werde eine solche Insel einmal neu aus dem blauen Glast tauchen, die uns noch ein Stück des alten Paradieses bewahrt habe. Mit jungfräulichem Wald, wo der Löwe neben dem Lamm ruhte und die Tiere den Menschen als Bruder begrüßten. Vielleicht floß dort auch der Wunderquell, der die Menschen selber wieder verjüngte. Aber diese selige Insel ist nie gefunden worden ...

Dagegen gab es eine andere Erfahrung, die wirklich wiederholt und immer deutlicher gemacht wurde.

Ganz rohes Matrosenvolk machte sie zuerst in rohen Zeiten, Leute, die gewiß das Paradies sowenig brachten, wie sie es zu finden verdienten, die auf einsamen Inseln im Meere sich als wüste Schlächter etablierten und zu ihren Proviantzwecken ganze Tiergenerationen massakrierten. Sie bestaunten, und ihre Kapitäne schrieben es ins Schiffsjournal, daß die Tiere auf solchem noch nie vorher vom Menschen betretenen Eiland wirklich keine Angst vor dem Menschen hätten. Als Lämmer nahten sie dem Löwen Mensch, der ihnen dann allerdings gründlich genug das Paradies austrieb.

Die eigentliche Hochflut solcher Inselentdeckungen im weiten Weltmeer liegt ja im allgemeinen noch in recht unkritischen Zeiten der Beobachtung. So könnte auch diese Geschichte in den älteren Quellen also oft wie ein Schiffermärchen aussehen, bei dem die alten Schlächter dort in einer Art unbewußten Kehrbildes zu ihrer eigenen Gefühlsroheit die Legende vom »ethischen Tier« erfunden hätten.

Aber die Sache ist wahr geblieben. An den Hauptstätten der alten Verwüster ließ sie sich freilich durchweg später nicht mehr kontrollieren, aus dem einfachen Grunde, weil die Tierwelt, um die es sich handelte, dort längst vernichtet war, als die strenge Forschung nachkam. Aber es blieb doch noch einzelnes Neuland, und hier machten jetzt auch kritische Gelehrte von moderner Schulung den gleichen Fund.

Darwin hat ihm zuerst die Gewähr seines großen Beobachternamens gegeben. Zweimal trat ihm auf seiner Weltfahrt die Paradiesesunschuld solcher Inseltiere gegenüber dem Menschen überwältigend entgegen: einmal auf den Galapagosinseln, diesem weit in den Stillen Ozean hinaus verschlagenen Rest von Südamerika, dann auf den Falklandinseln, diesem umgekehrten Vorposten der südamerikanischen Spitze im Atlantischen Meer.

Auf den Galapagosinseln kannte kein Vogel Furcht vor dem Menschen. Man konnte kleine Vögel – Darwin war alles eher als ein Tierschlächter alten Stils, immerhin aber doch ein passionierter Sammler – mit der Mütze totschlagen, so gänzlich naiv kamen sie heran. Zum erstenmal durfte der Kulturjäger, dessen Vorgänger es daheim mit viel Bemühen bis zum Schießgewehr gebracht, wieder zurückkehren zum Schlagwerkzeug prähistorischer Zeiten: ein Falke ließ sich einfach mit dem Flintenlauf vom Zweige eines Baumes stoßen. Eines Tages, erzählt Darwin wörtlich, kam, während er am Boden lag, eine Spottdrossel, setzte sich am Rande eines aus der Schale einer Schildkröte gefertigten Eimers, den er in der Hand hielt, nieder und begann ganz ruhig von dem Wasser zu schlürfen. An einer Quelle traf der Reisende einen Jungen, der vor sich einen Haufen von Tauben und Finken für sein Mittagessen liegen hatte; er hatte weiter nichts getan, als mit einer Rute im Sitzen das heruntergeschlagen, was ohne jede Scheu vor ihm an der gleichen Quelle trinken wollte.

Auf den Falklandinseln liefen die Wildgänse, deren Vorsicht man sonst zur Genüge kennt, dem Jäger überall in die Hand, und ein kleiner Strandvogel war wenigstens zu den ersten Besuchern vor Darwin noch so zahm gewesen, daß er sich beinahe auf ihren vorgehaltenen Finger gesetzt hatte und zu zehn Stück in einer halben Stunde mit dem Stock erschlagen werden konnte; natürlich erschlagen – anders ging's zum Lohn für seine Paradiesesneigungen nicht!

Darwin reiste in den dreißiger Jahren des neunzehnten Jahrhunderts, und seitdem ist die Zahl dieser »naiven Inseln« natürlich noch kleiner geworden. Wie geographisch die letzte große *Terra incognita* aber die Antarktis, die Südpolarwelt, auch dann noch bis auf unsere Tage bleiben sollte, so sollten sich auch hier in der Nähe die letzten Bestätigungen des alten Wunders konservieren, glücklich begünstigt durch den Umstand, daß es in dieser ganzen Antarktis auch keinen einheimischen Menschen im Sinne des nordischen Eskimo gibt und wohl je gegeben hat.

Selber noch nicht eigentlich polar, aber doch schon recht weit hinausgerückt dort, wo die unendlichen Wasser des freien Indischen Ozeans gegen den südlichen Polarkreis fluten, ragen die Kergueleninseln, eine Art Spitzbergen dieser Südwelt, mit wilden Fjorden und Gletscherschliffen, mit Eis und Basalt, alter Glut und jungem Frost, dazwischen mit sommerlich grünen Matten und reicher Tierwelt. Freilich wunderlichen Pflanzen und wunderlicher Tierwelt. Hier und fast nur hier wächst der rätselhafte Kerguelenkohl, eine Gemüsepflanze mit meterhohen Blütenständen, die zur ganzen übrigen Vegetation der Erde so fremd steht, als stamme sie von der Kante eines seit Urtagen abgesonderten Kontinentes. Zwischen den Blättern dieses antarktischen Kohls aber kriechen wie Blattläuse flügellose Fliegen und zu flugunfähiger Mißgestalt verkümmerte Schmetterlinge, die aussehen, als seien sie vorzeitig aus der Puppe geschält. Rüsselkäfer scheinen anzudeuten, daß einst auch diesen öden Fels Wälder geschmückt haben dürften. Den Hauptteil der Fauna aber bestreiten riesige Robben und zahllose Vögel – und gerade sie waren es, bei denen auch in unseren Tagen noch ein vielleicht letztes Mal die »Paradiesunschuld« festgestellt werden konnte.

Als die Gelehrten der deutschen Valdiviaexpedition am Weihnachtstage 1898 dort landeten, umflogen sogleich Schwärme von Seeschwalben die Dampfbarkasse und ließen sich auf ihrem Zeltdach nieder.

Von allen Seiten trippelten dann, wie der Reisebericht erzählt, auf den vom Wogenschlag abgeschliffenen Basaltkuppen die hühnergroßen weißen Scheidenschnäbel heran, eine seltsame Sorte antarktischer Regenpfeifer, die eine besondere Scheide am Schnabel zum Schutz ihrer Nasenlöcher führen. Sie brauchen diesen Schutz beim Verschmausen des klebrigen Inhalts stibitzter Pinguineier – in diesem Punkte sind dieselben nämlich ohne paradiesische Manieren. Um so lebhafter aber trat in jener Stunde auch ihre vollkommene Unbefangenheit gegenüber dem Menschen zur Schau: neugierig pickten sie Herrn Chun aus Leipzig, der sie mit Zoologenblick musterte, mit ihren kuriosen Schnäbeln auf dem Schuhwerk, ja selbst dem Gewehrkolben herum und schlossen sich dann als treue Begleiter dem Wanderer an, als sollten sie ihm auf dem fremden Terrain Führerdienste leisten.

Als die Reisenden Rast machten, setzten sich zwei mächtige, stahlblau und weiß mit roten Schnäbeln gefärbte Kormorane behaglich zu ihnen auf das gleiche Rasenstück und reckten wie zu lustiger Frage die Köpfe. Ungeheure Robben, sogenannte See-Elefanten, deren alte Bullen mit ihren aufgeblasenen Rüsselnasen und mächtigen Hauern martialisch genug ausschauen, so daß man sie daheim auf Tierbuchbildern für die grauenhaftesten Angreifer halten möchte, blieben ruhig im Wege liegen, äugten mit ihren großen braunen Augen bloß die Fremden gemütlich einen Augenblick an und duselten und schnarchten dann wieder in ihrer Sonne weiter. Bald war man sich gewiß, daß es zum Bewältigen auch dieser Kolosse keiner Feuergewehre bedurfte, wenn man ihre Felle und Skelette für die heimischen Museen wünschte.

Und vollends die Pinguine, diese drolligsten Südpolarler, behandelten das Menschenvolk völlig wie ihresgleichen. Sie traten herzu, hielten lange und eindringliche Reden in ihrer unverständlichen Sprache, versetzten auch Schnabelhiebe und Flossenpüffe, wenn man ihre eng gedrängte Kolonie durchschritt, aber offenbar auch das nur nach den Regeln eines gewissen derben Anstandskomments, den sie ebenso unaufhörlich untereinander übten. Der Leipziger Professor machte sich gelegentlich den Spaß, eine ganze Herde solcher ein Meter hohen Königspinguine eine halbe Stunde lang vor sich herzutreiben oder, besser gesagt, zu einem gemeinsamen Spaziergang zu animieren. Gravitätisch watschelten sie mit ihm dahin, anzuschauen wie die Rektoren der Hochschulen im Ornate, die, »jeder von dem eigenen Werte genügend durchdrungen, zur Audienz antreten«. Gegen zu rasches Tempo lehnten sie sich sanft auf, fröhlich dagegen stimmten sie mit ihrem »Kräh! Kräh!« ein, als der menschliche Führer einen Wandergesang intonierte. Die lustige Tour endete leider auch diesmal etwas traurig, denn am Ufer griffen die Matrosen die schönsten Exemplare heraus und schleppten sie lebendig an Bord.

Nach diesen Angaben, die nicht romantischen Fabulierern, sondern ernsten, sogar hervorragend kritisch veranlagten Naturforschern verdankt werden, kann über die Grundtatsache der »Menschenfreundlichkeit« nichtgejagter Tiere kein Zweifel sein.

Diese Tatsache aber muß nun auch für unsere Zeit und Denkrichtung vom allerhöchsten Interesse sein.

Es gibt, so zeigt sie, keinen allgemeinen »Urinstinkt« des Tieres, der *gegen* den Menschen gerichtet wäre.

Im Zeitalter Darwins mit seiner Lehre vom Kampf ums Dasein denken wir ja unwillkürlich zunächst, das Feindliche müsse allemal das Erste und Ursprüngliche sein. Wir vergessen aber dabei, was für eine ungeheure Rolle auch in der sich selbst überlassenen Natur die gegenseitige Freundschaft und Hilfe längst und von früh an gespielt haben und noch spielen. Wir vergessen den urgeborenen Trieb der Tiere zur Geselligkeit, und wie aus ihm zunächst keineswegs Kampf und Flucht einem neuen Wesen gegenüber resultieren. Daseinskampf im Sinne, daß die Wesen um ihre Existenz ringen mußten, ist ja gewiß eine uralte Erscheinung auf Erden. Aber die engere Form, daß dabei gerade das lebendige Mitwesen befehdet und gefürchtet wurde, ist keineswegs eine absolute, sondern vielfach erst eine ganz nachträgliche, sekundäre gewesen. Mächtiger als sie war von Beginn an der Versuch, durch Zusammenhalten Vieler und gegenseitige Hilfe die *gemeinsame* Not des Daseins zu ertragen und das Glück des Daseins positiv zu vermehren. Daher schon die Zellenstaaten, dann die Liebesbünde, die Tiergenossenschaften und Tierstaaten, all diese unendlichen Wege und Ziele, deren höchste Krönung ja schließlich eben auch die unendlichen Regungen und Segnungen des menschlichen Gesellschaftslebens selber sind, *ohne* die der Kulturmensch gar nicht denkbar ist und denen bei uns das entspringt, was wir Ethik nennen.

Daß die Robbe, daß der Pinguin, die von Haus aus bereits extrem gesellige Tiere sind, den neu erscheinenden Menschen nicht als Gegner nehmen, ist also nur das Nächstliegende. Der »Feind« ist ihnen ein in ein paar bestimmten Formen präzisierter leidiger Einzelfall – das An-schlußfähige, Anschmiegsame, Mittuende dagegen sozusagen die Nor-malsache. Soll man die traditionelle Auffassung eines solchen Tiers menschlich ausdrücken, so würde sie wohl ungefähr lauten: es gibt ein paar Spitzbuben in der Welt, die diese oder jene bestimmte Livree tragen, jenseits dieser Ausnahmen aber ist die Masse treu, und was neu ist, wird zunächst nicht eben für eine Ausnahme, sondern für die Regel gewertet werden. Der Begriff des allen Mittieren und Neutieren gegenüber wahnsinnig verscheuchten und absolut mißtrauischen We-sens, wie ihn eine falsche Konsequenz der Darwinschen Ideen erzeugt hat, wird von uns erst künstlich in den Normalzustand hineingedacht. Wohl aber ist natürlich auch ein Weiteres wahr.

Wenn der Mensch sich solchen an sich gesellschaftlich wohlwollenden Tieren gegenüber eine Weile als obstinate Räuberausnahme geriert, so fängt auch das Tier an, ihn als solche individuelle *Ausnahme* einzuschät-zen, und gewisse Schutzorganisationen seiner Natur schaffen das in kürzerer oder längerer Frist zu einem festen Instinkt um.

In unglücklichen Fällen kommt die Bedrohung ja rascher, als daß diese Selbsthilfe nachkommen kann. So waren die guten dicken Dron-tenvögel von Mauritius, truthahngroße Tauben, die jeden fremden Matrosen auch zuerst als Genossen begrüßt hatten, im Nu von den proviantbedürftigen Holländern bis auf den letzten Kopf hingemordet, ehe sich von innen heraus irgend etwas bei ihnen auflehnen konnte. Bei ein wenig Spielraum aber wird der Instinkt, der das Menschenwesen fürchten lehrt, nicht ausbleiben.

Auf was für einem Wege er sich durchsetzt, das ist ja heute eine Streitfrage für sich. Die einen nehmen schlicht an, daß die Tiere einzeln allmählich durch Schaden klug werden und den Gegner kennen lernen, und daß sich diese Erfahrung allmählich schon als zwingender Instinkt auf die Jungen vererbt; andern ist gerade das nicht genehm, und sie suchen verwickeltere Erklärungspfade; aber das sind Nebendinge, die das Faktum nicht ändern.

Darwin selbst merkte schon, daß die Vögel auf den Falklandinseln zu seiner Zeit nicht mehr *ganz* so zahm waren wie siebzig Jahre früher. Ein Zugvogel der Inseln, der schöne schwarzhalsige Schwan, hatte aber schon damals überhaupt keine Menschenfreundschaft gezeigt: seine Vorfahren hatten auf ihren Wanderungen offenbar längst anderswo gelernt, daß der Mensch ein Feind sei, und brachten diese Weisheit schon mit ins »Paradies«.

Ebenso beobachteten die Gelehrten von der »Valdivia« mit Staunen, daß *ein* Tier der Kerguelen in ausgesprochenster Weise die Flucht vor dem Menschen ergriff: nämlich das Kaninchen. Aber auch diese Kerguelenkaninchen waren erst junger Import, eine englische Expedition hatte sie nicht lange vorher ausgesetzt. Wohl hatten sie sich auf dem guten Boden ins Unbegrenzte vermehrt, so daß jener interessante Kerguelenkohl ihrem vereinten Appetit bereits bedenklich zu erliegen begann. Aber noch war auch in ihnen mit ganzer Kraft der Instinkt ihrer wahren Heimat lebendig – der Instinkt der Flucht vor dem Menschenfeinde, den ihre Ahnen in langer Notzeit dort sich ausgebildet.

Wen ergreift es nicht mit einer gewissen Tragik, wenn er von diesem »Umlernen« des Tieres hört!

Der Mensch trat eines Tages auf diese Erde, zwischen die Tiere mit ihren unverwüstlichen Geselligkeitstrieben. Die Blüte seiner Kultur verdankte auch er der Existenz solcher Geselligkeitsformen seines eigenen Lebens. Auf ihnen beruhen Sitte, Recht und Staat, Mitleid und Menschenliebe und die Idee aufopfernder Hingabe, die zuletzt die Wurzel unseres ganzen Ideallebens bildet, bei ihm. Der schwarzhalsige Schwan und das Kaninchen aber haben ihn bloß als bösen Feind in den Kodex ihrer natürlichen Schutzzüchtungen aufnehmen müssen!

Aber unwillkürlich denken wir, daß sich doch auch hier schon wieder etwas ändert. Hat sich im Tier etwas ändern müssen, so ändert sich jetzt wieder allmählich etwas im Menschen. Indem wir uns auf Tierschutz besinnen, einsehen, daß es nicht so fortgehen könne mit dem wüsten Hinmetzeln und Zerstören, indem wir plötzlich einen neuen Standpunkt der Freude und der Achtung auch vor dem Tier uns zu erringen beginnen, bahnt sich von uns aus ein neuer entscheidender Umschwung an.

Wo das Tier sich nur im Notzwange anpassen konnte, da bewähren wir Menschen eine neue und edlere Entwicklung aus eigener Kraft.

Und es wird die Zeit kommen, wo auch diese veränderte Front sich im Tier selbst geltend machen wird. Seine Geselligkeitstriebe zum Menschen, der ihm in neuer Weise entgegenkommt, werden neu erstarken. Und es wird ein Triumph für uns selbst sein, wenn wir das eines Tages im ganzen zu bemerken beginnen – wie es heute schon hier und da ein paar zusammenhaltende Nachbarn erleben, die in ihren Gärten die kleinen Vögel nicht abschießen, sondern hegen und zutraulicher zu machen suchen und die in diesen Gärten bereits wieder diese verscheuchten Vögelchen sich versammeln sehen wie in einem Asyl –, ein erster blauer Schein wieder von der neuen Insel des Paradieses, die diesmal nicht in Wolkenkuckucksheim, noch in entlegenen Polarbreiten liegt, sondern in der erstarkenden Wärme des Menschenherzens selbst.

Wie das Tier der fleischfressenden Pflanze ein

Schnippchen schlug

»Hier steht Aurikel in der Schenke
Und zapft den Gästen das Getränke.«

Wie lange ist es her, aus stillen Tagen ohne Kriegssturm, daß Meister Busch dieses niedliche Idyll schuf, wie Aurikelchen, die Kellnerin, im sonnigen Frühlingsgärtchen den dicken Käfern und leichten Immen aus Münchner Deckelkrügen süßen Honigmet verzapft und ihr dabei verstohlen ein Liebesbriefchen zugesteckt wird. Das Spiel symbolisierte die einfache naturgeschichtliche Tatsache aus dem großen Liebesgarten der Natur, daß solche kokett bunte kleine Blüte das lüsterne Insektenvolk wirklich mit einer harmlosen Honigschenke lockt und daß die Insekten dafür ihre Liebesboten durch Übertragung des Blumenstaubes bilden müssen.

Aber Meister Busch, der alte treue Einsiedler im bienenumsummten Pfarrhaus der deutschen Heide, ist selber nie in den Tropen gewesen – dort, wo alle leisen Melodien unseres Lebens daheim zu gewaltigem Sturm anschwellen in der Üppigkeit des Urwaldes. So konnte er nicht erfahren, was der große Erforscher der tropischen Sundainseln, Herr Alfred Russell Wallace, erfuhr, als er um die Mitte der fünfziger Jahre den Berg Ophir auf Malakka bestieg, durch Haine herrlicher Baumfarne wanderte und sich plötzlich Rankpflanzen gegenübersah, die ihm von allen Seiten wirkliche ganz regelrechte Krüge kredenzten, sogar mit einem richtigen, halb offenen Deckel daran – Krüge, zierlich aus Blattsubstanz gebaut, die zwar nicht Münchner Bier, aber doch eine trinkbare Flüssigkeit enthielten. Er war etwas warm, der Trank und ohne sich offenbar viel dabei zu denken, erwähnt Herr Wallace, daß er voll ertrunkener Insekten lag; trotzdem erwies er sich als sehr schmackhaft, und alle, hören wir, löschten ihren »Durst aus diesen natürlichen Krügen«.

Ohne sich viel dabei zu denken!

Seit rund hundert Jahren gab es zwar damals schon eine dunkle Sage in der Welt, – von etwas ganz unerhört Dämonischem im stillen Pflanzenreich, das wir so gern als das Reich bloß friedlicher Duldung ansehen.

Dem alten Linné hatte man schon von ähnlichen Blattgebilden in Nordamerika berichtet, die in schönen altertümlichen Deckelgläsern edles Naß darboten, doch er träumte dabei bloß das freundliche Bild der Pflanze, die sich selber an geschickt gespartem Trunk in der Hitzestunde labte, und des Vogels, der sich an diesem lebendigen Wasser erquickte im anmutig geregelten Naturhaushalt. Aber schon hatte daneben der Blick des einen oder anderen auch an den Insekten gehaftet, die jedesmal in diesen Naturpokalen ertränkt lagen. Man hatte sie verglichen mit anderen, die man immer und immer wieder an den klebrigen Haarborsten gewisser Blätter angeleimt oder in selbsttätig gefalteter Blattklappe eingeklemmt fand, und man hatte vor ihnen herumgetastet an einem dunkeln Sinn, einem dunkeln Geheimnis, das doch vielleicht auch hier, wie so oft in der wilden Unterschicht des

Naturkampfes, irgend etwas höchst Schauerliches mit dem Idyll eines fröhlichen Kneiptisches überdeckte.

Immerhin wußte man aber mit der Sache zunächst nichts Rechtes anzufangen. Die Naturseidel der »Kannenpflanzen«, wie man jene indischen Tropenkinder geradezu benannt hatte, zeigten oft die herrlichsten Farben, und ihr Krugrand sonderte köstlichen Honig ab. Kein Zweifel, daß hier Insekten unmittelbar angelockt wurden, genau wie in den Liebeskneipen der Kellnerin Aurikel und anderer Blüten. Aber in solcher Blüte war eben die erste Voraussetzung, daß der Kneipant, das Insekt, lebendig wieder in die nächste Kneipe kam, um dort den Liebesbrief, den lebenskräftigen Blütenstaub der Pflanze, weiterzugeben. Auf Leben war dort alles aufgebaut – hier aber herrschte der Tod. Das große Faß unter dem Schenktisch lag voller Leichen. Wer den Krug angesetzt hatte, den schien er zu seinem Verderben in den furchtbaren Schlund zu ziehen. Das Wirtshaus im Spessart schien hier gebaut, nicht eine gemütliche Animierkneipe.

Fast zwei Jahrzehnte erst, nachdem Herr Wallace auf dem Berge Ophir aus den Naturkannen seinen Durst gelöscht, löste Darwin des bangen Rätsels Siegel.

Das lustige Deckelseidel der Kannenpflanze ist ein greulicher Sphinxabgrund, in dem die Pflanze das arme, verleitete, herabgestürzte Kneipopfer, das Insekt, frißt. Eine uralte Fügung des Lebenskampfes auf Erden hat hier ihre wohl eigenartigste letzte Wende genommen. Einst, in Anfängen der Entwicklung, war die grüne Pflanze dem Tier voraufgegangen. Sie hatte es erst möglich gemacht. Als eine Art Schmarotzerwesen an der Pflanze war das Tier zuerst entstanden. Es konnte nur bestehen, indem es Pflanzen fraß. In unsagbarer Arbeit hatte sich die Pflanze gegen diese Invasion gewehrt, mit Stacheldraht und Gift, am besten schließlich doch mit ihrer ungeheuren Produktionskraft selbst, die alle Repressalien ersetzte. Bis auf jenen Friedensschluß, an einer Ecke, eines Tages, der das lebendige Tier gerade als Insekt in den Liebesdienst der lebendigen Pflanze stellte, zu Ehren jener edleren Form des Aufgehens im anderen, die weit über dem Ziel des rohen Fressens die Feinform der Liebe vertritt. Aber hart im Raume stoßen sich die Dinge. Gerade hier setzte ein letzter grausiger Gegenzug der Pflanze ein. Eine kleine Partei drehte den uralten Spieß um: sie fraß das gelockte Insekt auf. Und so die Kannenpflanze.

Ihre weit hinausgereckten Deckelkrüge sind infame Tierfallen. Äußerst kunstvoll ist das ganze Pflanzenblatt dazu umgearbeitet. Die eigentliche grüne Blattarbeit für das Leben der Pflanze sonst ist auf gewisse Teile des Blattstiels abgewälzt. Die Spitze dieses Stiels gestaltet dann auch noch das Bäuchlein der Kanne. Und als Deckel darauf liegt erst das eigentliche Blatt. Anfangs schützt es die noch werdende Kanne. Erst wenn es sich hebt, ist die Falle fertig. Jetzt quillt aus dem Seidelrand und der inneren Deckelfläche wie von süßem Honigmund der Zuckersaft, dessen Anwesenheit zugleich weithin prangende Farben wie mit schreiend buntem Wirtshausschild verkünden: »Frisch angezapft.«

Alsbald sind Käfer und Heuschrecken, Wanzen und Spinnen, vor allem aber die berufensten Süßmäuler, die Ameisen, da. Gibt es doch bei diesen Tropenameisen so unersättliche Honigschlecker, daß sie mit den heimgebrachten Schätzen einzelne lebende Mitglieder ihres Staates gewohnheitsmäßig randvoll füttern, um sie so zunächst zu lebendigen Vorratsflaschen zu machen, aus denen später nach Bedarf wieder abgezapft werden kann. Doch der Kneipenrand der Kannenpflanze ist glatt, rasch stürzt bald der, bald jener der sorglosen Kneipanten ab; in der Kanne steht hohe Flüssigkeit wie in einem Brunnenschacht, ein Hinaufklettern gibt's nicht mehr, da ein besonderer Kranz grimmer Zähne, von unten gesehen, herabbleckt – und so geht's auf Tod und Leben. Über das Ende kann kein Zweifel sein.

Was aber Darwin entscheidend hinzu entdeckte, war eben, daß die Pflanze jetzt die abgestürzten Opfer regelrecht frißt. In die Flüssigkeit des Seidels hinein gießt sie verdauenden Pepsinsaft, der die genießbaren Teile der Insekten löst und verdaut wie nur je ein regelrechter Tiermagen. Zu einem Magen und Darm im buchstäblichen Sinne ist jedes der Münchner Seidel geworden, Fleisch frißt die Pflanze. Menschen streiten sich, ob reines Vegetariertum vielleicht bekömmlicher und auch ethischer sei. Die Kannenpflanze hat sich entschieden: sie ist nicht Vegetarierin und würde, wenn die nötige Größe gegeben werden könnte, zweifellos auch Menschen fressen; in die halbmeterlangen Kannen einer Art von Borneo ginge schon ohne Mühe ein Vogel von der Größe einer Taube hinein.

So weit war unsere Weisheit bis vor ein paar letzten Jahren.

Aber es ist im Natur- wie Menschenleben immer das gleiche: auf jeden Schlag kommt wieder ein Gegenschlag, jedem Schach bietet sich ein kühnes Gegenschach. Das stolzeste Kriegsschiff erliegt dem Unterseeboot, die dickste Festungsmauer der Neuerfindung des 42-Zentimeter-Geschosses. Und so hat die Naturzüchtung im Tier nicht geruht, bis sie auch hier wieder vom Tier aus den Gegenzug tun konnte.

Die Pflanze hatte keck genug noch einmal spät für sich den Magen erfunden. Wie bewältigt, wie verkehrt man in sein Gegenteil jetzt den Freßmagen: das war das neue, dem Tier gestellte Problem. Nun, und da gab's eine alte Erfahrung. Wir Tiere hatten den Magen seit alters, gewiß. Alle höhere Tierentwicklung, Tierkultur, Tiergutbürgerlichkeit hatte sogar wohl geradezu angefangen mit der korrekten Ausgestaltung des Magens auf der sogenannten Gasträastufe. Aber wir Tiere in unserem Entwicklungsmärchen hatten auch seit längst den Gassenjungen, der diesem Magen ein Schnippchen schlug: das war der Bandwurm, der Eingeweidewurm, der sich einfach in den Magen, die fressende Zyklopenhöhle, lebendig hineinschmuggelte, gegen die verdauende Pepsinapotheke da drinnen das dickste Fell hatte, ja sich einfach immun erwies und nun den Spieß so drehte, daß er selber als ungebetener Gast sich über den eingehamsterten Proviant da drinnen hermachte und nach Leibeskräften »mitaß« vom gedeckten Fremdtisch.

Unzerkaut und unverdaut im Magen weiterleben und dann diesen Magen als seinen benutzen: das war die geniale Lösung, war der gewonnene Gegenschlag.

Wenn aber nun der Magen in der Pflanze ist?

Was hilft's, dann muß die Kannenpflanze den Bandwurm bekommen ...

Eine der ersten Andeutungen des überaus sensationellen Fundes, der hier nahen sollte, las man 1905 in dem trefflichen Reisewerke der Vettern Sarasin über Celebes. »Die Untersuchung einer der großen Kannen (von *Nepenthes maxima*) zeigte sie mit trüber Flüssigkeit halb angefüllt. In dieser schwammen Reste einer verdauten Schnecke, *Nanina cincta (Lea)*, nämlich das Ende der Fußsohle und die Schale, auch diese letztere schon stark angegriffen, ferner Überbleibsel von Spinnen, Heuschrecken und Ameisen. Merkwürdig war aber, daß lebende Mückenlarven und Fliegenmaden in der Brühe ihr Wesen trieben, offenbar ohne von der verdauenden Wirkung Schaden zu nehmen, ganz analog wie Parasiten im Magen und Darm ihrer Wirte.« Also lebende Tiere im Sphinxabgrund selber, die fröhlich dort weiterlebten!

In der berühmten Naturforscherstation von Buitenzorg auf Java rückte man der zunächst schier unglaublichen Sache rasch näher auf den Leib, und den Schlußstein konnte einstweilen durch eigene wichtigste Entdeckungen unser ausgezeichneter Freiburger Zoologe Konrad Guenther (bekannt auch im weitesten Kreise besonders durch sein so überaus wertvolles Anschauungswerk zur Entwicklungslehre »Vom Urtier zum Menschen«) bei Gelegenheit eines Aufenthalts auf Ceylon setzen.

Jeder von uns kennt unsere lieben Stechmücken, berufen offenbar, uns nicht zu sehr zu Schlemmern im still beschaulichen Naturgenuß am idyllischen Schilfufer werden zu lassen, und interessant durch ihren Bezug zur Frauenfrage, indem es nur ihr Damengeschlecht ist, dessen kriegerischen Angriffen wir ausgesetzt sind, während die Männchen nicht stechen. Ihre kleinen Lärvchen nehmen mit jedem bescheidensten Tümpelchen vorlieb, wo sie köpflings, mit der Atemröhre zum Wasserspiegel gereckt, hängen wie kleine Würste am Rauchfang. Im Tropenland ist erst recht kein Mangel an dieser allgegenwärtigen Plagerbande, und was Wunder, daß sie noch emsiger jede feuchte Gelegenheit für ihre Wasserbrut auszunutzen suchen, somit auch auf die Wasserkrüge unserer Kannenpflanzen geführt wurden.

Ertrinken würden gerade die Mückenlarven da drinnen ja nicht, wohl aber wäre im hergebrachten Lauf, daß die zersetzenden Verdauungssäfte des pflanzlichen Magens auch sie erbarmungslos vernichteten. Hier aber trat prompt der Gegenschachzug, trat die Regulierung ein.

Die Mückenbrut in der verderblichen Kanne entwickelt, wie genaue Experimente gezeigt haben, sogenannte Antifermente in ihrem Leibe, eigene chemische Stoffe, die jene chemische Zersetzungswirkung des Magenpepsins aufheben. Man kann die Probe außerhalb der Kanne mit Würfelchen Eiweiß machen. Setzt man ihnen Pepsin, also normal wirkenden Verdauungssaft zu, so lösen sie sich in gewisser Zeit darin auf. Fügt man aber zerquetschte Mückenlarven aus Kannenpflanzen bei, so hört alsogleich die Pepsinwirkung auf, man hat ein Gegengift gleichsam aus der Mücke gepreßt, und vor ihm bleibt jetzt auch das fremde Eiweiß intakt.

Einmal so gegen die Gefahr der Kanne gefeit, hat das kleine Rackerzeug da drinnen nun seinerseits aber offenbar großen Vorteil von dem Aufenthalte gerade in dieses Walfischs Bauch. In ganzen Massen stürzt immerfort auch ihm Nahrung in seinen Tümpel herab, und die zersetzende Magenbrühe, in der es schwimmt, liefert ihm diese Opfer sogar schon handlich zerkleinert, ja halbverdaut in den Mund, während andererseits kein lebendiger Angreifer, kein Fisch, kein Molch, kein Raubinsekt sein Behagen stört und der Tümpel sich ewig von selber nachfüllt ohne Gefahr des Versiegens.

Kein Zweifel, die Mückenlarve hat hier durchaus im Lebensbrauch den Charakter eines wohlig geborgenen fetten Eingeweidewurms, also im gangbarsten Bilde eines Bandwurms, angenommen, wozu auch stimmt, daß ihre Farbe grellweiß geworden ist wie solcher Dunkelschmarotzer im Tierbauch.

Daß auch Fliegenmaden das gleiche Kunststück fertiggebracht haben, in den Deckelkannen auszudauern, kann um so weniger wundernehmen, als gerade die Fliegenbrut auch sonst schon gern echte Parasiten bildet, die wie Eingeweidewürmer sich in tierische Organe einschmuggeln. Guenther hat aber auch eine Milbe (also ein spinnenähnliches Tier) als Kannenbewohner näher bekanntgemacht, die im Gegensatz zu anderen, gefressenen Arten als einzige pepsinfest ist. Und als seltsamsten aller Funde: er hat eine Schmetterlingsraupe in gleicher Lage bei seinen Kannen von Ceylon nachweisen können. Hier könnte zuerst unglaublich erscheinen, wie eine Schmetterlingsraupe im Wasser leben, also den Kannenbauch als Bruttümpel suchen soll gleich dem Mückenvolk, wenn es nicht wirklich auch sonst ein paar solcher Wasserraupen gäbe, z. B. die Zünslerraupe Nymphula in unseren Tümpeln. Speziell die pepsinfeste Kannenraupe Guenthers, die er als Kannenfreund (*Nepenthophilus*) bezeichnet hat, gehört aber zu den Psychiden oder Sackschmetterlingen. Dieses eigenartige Volk führt seinen Namen nach den selbstgefertigten und mit Holz oder Sandkörnchen oder Blattresten bekleideten Säcken, in denen die Raupe lebt. Und solchen Sack baut sich nun auch die besagte Kannenraupe in ihrem absonderlichen Magentümpel: sie benutzt aber dazu in erster Linie Material von den getöteten Insekten der Sphinxhöhle, also vor allem Ameisenbeine, die sie für ihren Zweck noch besonders zurechtbeißt.

Seltsames Bild, wenn man sich ausmalt, wie eines Tages aus solchem unheimlichen fressenden Pflanzenbauch kleine lustige Schmetterlinge heraufgaukeln werden oder ein Mückenschwarm zu seiner Zeit herausdampfen wird wie ein Rauchwölkchen, das die bauchige Pflanzenpfeife hervorpafft. Wie manches Mirakel mag da noch in der Folge hinzukommen! Mich sollte es nicht wundern, wenn einer der niedlichen tropi-

schen Laubfrösche, die so viel Not mit der Erhaltung ihrer Eier und
Kaulquappen haben und erfinderisch jedes Wassereckchen ihres
Baumbereichs auszunutzen verstehen, irgendwo auch seine zarte Brut
pepsinfest gemacht und der Drachenhöhle einer Kannenpflanze anver-
traut hätte.

Tiere als Schützen

Wann ist es gefährlich, in den Garten zu gehen? Wenn die Bäume
ausschlagen und die Spargel schießen.

An dieser alten Vexierfrage erfreuen sich immer neue Generationen
von Kinderherzen. In gewaltiger Stunde, da Land und Meer vom
Donner der wirklichen Geschütze hallen, legt man sich aber wohl einmal die Frage vor, wer zuerst auf dieser unruhigen Erde geschossen
hat.

Der Mensch treibt es sicher seit einigen dreißigtausend Jahren: etwa
so alt oder noch älter mögen spanische Höhlenbilder sein, auf denen
man nackte Jäger der Diluvialzeit riesige Bogen spannen sieht.

Aber der kluge Mensch wiederholte zunächst damals mit seiner
ganzen Werkzeugtechnik nur, was die Natur seit undenklichen Zeiten
bereits allerhand niederem Tiervolk in Gestalt gewisser Organe und
gewisser Instinkte, die diese Organe zu lenken wußten, auf den Leib
gezüchtet hatte. Ob nun auf solchen Tierstufen auch schon regelrecht
geschossen worden ist?

Der Tierkenner, der etwas in alten Naturgeschichten Bescheid weiß,
lächelt bei der Frage trotz allen Ernstes der Zeit, denn er erinnert sich
an eine lustige Überlieferung.

Kommt abermals hervor, ihr ehrwürdigen alten Folianten des 16.
Jahrhunderts, hinter deren schweinsledernem Panzer in Riesenschrift
und mit handkolorierten Holzschnitten die Tierweisheit von damals
sich eingekapselt hat mit all ihren köstlichen Märchen. Laut Vater
Gesner und seinen Verdeutschern lebte Anno dazumal in Italien offenbar noch ein wahrhaft fürchterliches Geschöpf, das man lieber bei den
Greueln der Urwelt gesucht hätte – nämlich das »Dornschwein«.

Von dieses Ungeheuers »natürlicher Anmut und Art«, wie es dort
heißt, erfährt man, daß, »so es gejagt wird, so bringt es mit seiner
Stimm zuwege, daß alle andern seinesgleichen Dornschwein zusammen-

rüchlen, ihren Balg erschütten und zu den Hunden und Jägern ganz trutzlich mit ihren Stacheln schießen; ist auch seiner Schüssen ganz und gar gewiß«.

Der treffliche Holzschnitt läßt aber keinen Zweifel, was für ein böser Gast der Wildnis in Wahrheit gemeint sei: es ist unser braves Stachelschwein, das in dieser Weise Tier und Mensch über den Haufen schießen soll. Die mächtigen Stachelkiele dieses großen Nagers, der nächtlich durch die römische Campagna trollt, kennt ja wohl jeder. Wer sich aber jemals die Mühe gemacht hat, solches Stachelschwein im Zoologischen Garten genauer zu beobachten und (im Gegensatz zu den ernsthaften Anweisungen der verehrlichen Direktion) zu »reizen«, der weiß auch, daß es zu den ausgesprochenen »Schrecktieren« gehört – das heißt jener Gruppe von Tieren, die es verstehen, dem, der sie zu erschrecken gedachte, selber einen guten Schreck einzujagen.

Kaum geneckt, klopft es auf wie ein Kapellmeister, der sein Signal gibt, und im gleichen Augenblick setzt auch wirklich schon sein ganzes Orchester ein: hoch auf sträuben sich unter lautem Gerassel seine Stacheln bis zur vollen Breitenverdopplung des ganzen Tiers und konzentrieren sogar ersichtlich ihren willkürlich beweglichen Speerwall genau in der Richtung des Angreifers. Während vorne die langen gelben Zähne fletschen, wendet sich die unheimliche rückseitige Phalanx blitzschnell gegen alles, was von hinten oder seitwärts kommt, und dieser rückstoßende Angriff ist kein Spaß. Einem Menschen, dem solcher »Igel«, wie der alte Soldatenausdruck für einen derartigen gestrafften Lanzenklumpen lautet, gegen die Beine fährt, geht es unerbittlich durch Hose und Fleisch, und die Wunden sind so fatal, daß man sogar an eine Art Vergiftung durch den Hauttalg dabei gedacht hat. In der Größe etwa eines wirklichen starken Schweins wäre solcher Stacheler zweifellos einer der furchtbarsten Angreifer der ganzen Tierwelt.

Nun, hinter dem Gitter im Zoo kann man die Sache ja behaglich sich ansehen. Wehe dir aber, wenn die Legende recht hätte! Vom sterbenden Cäsar hören wir, daß er zuletzt noch mit seinem Schreibgriffel sich der Mörder zu erwehren suchte. Vom erzürnten Stachelschwein aber liest man nicht bloß beim alten Gesner, nein, man kann es noch heute überall im Süden vom gemeinen Mann bestätigen hören: daß es im äußersten Wutanfall vermöchte, seine wie Glas so harten und scharfen natürlichen Schreibkiele durch wildeste Muskelspannung aus ihren Hauttaschen herauszuschleudern und dem Feinde regelrecht in den Leib zu schießen.

Nach den alten Autoren soll solcher Schuß gar ein dickes Brett durchbohren können. Und seltsam nur: in keinem Zoo-Zwinger hat der Unhold seit je gerade diese angebliche Freikunst betätigen wollen. So schloß also schon der gute Buffon im 18. Jahrhundert, der sonst für Fabeln noch manchen Bedarf hatte, das »schießende Dornschwein« sei wirklich nur ein zoologisches Märchen.

Indessen wie es wunderlich hergeht. In unsern Tagen hat ein bester Zoologe und Tiergärtner, Vosseler vom schönen Hamburger Garten, auch für das wirkliche und wahrhaftige Schießen dieses »lanzenkundigen Königs« erneut eine ernsthafte Lanze gebrochen.

Er hat zunächst theoretisch wahrscheinlich gemacht, daß das Stachelvieh, wenn auch wohl nicht gewohnheitsmäßig, so doch gelegentlich in der höchsten Wut schießen könne. Ein Taschentuch, das auf die Stacheln geworfen worden war, wurde beim jähen Ruck der Trutzstellung volle zwei Meter weit fortgeschleudert. Da die Stachelkiele leicht ausfallen und im Affekt durch besondere Muskeln in wildesten Kurven herumgeschwungen werden, erschien es also durchaus nicht unmöglich, daß der eine oder andere auch in solche Weite tatsächlich hinausschwirren und sich drüben irgendwo tief einbohren könnte. Und dazu wird nun ein anscheinend einwandfreier Bericht beigebracht, wonach ein in der Falle gefangenes wildes Stachelschwein den Baumstamm über seinem Fangeisen bis über Manneshöhe mit solchergestalt abgeschossenen Pfeilen bespickt hätte.

Im Zoo müßte den Stachlern für gewöhnlich wohl die Leidenschaft zu solcher äußersten Tat abhanden gekommen sein, was aber an sich nicht ganz außergewöhnlich wäre, da zum Beispiel auch das berüchtigte Stinktier hier von seiner gemeingefährlichen »Stinkpistole« keinen Gebrauch zu machen pflegt, selbst wenn man es ärgert. Immerhin gestehe ich, daß ich seither vor dem Stachelschweinkäfig merklich tugendhafter geworden bin und mich geneigt fühle, das Direktionsgebot zu achten, nach dem man kein Tier reizen soll, das beißt, spuckt oder gar – schießt.

Bleibt inzwischen hier immer noch etwas Problematisches, so fehlt jeder Zweifel in einem andern Fall.

Unsere ganz gewöhnlichen Weinberg- und Gartenschnecken schießen, schießen vollkommen regelrecht und zielgemäß mit einem Apparat, der eigentlich drei Waffen zugleich vorwegnimmt: die Armbrust, das Pusterohr und die pneumatische Pistole.

Seltsame Vorstellung gewiß, eine Schnecke, die schießt. Man kann sich einen Seehund und einen Elefanten abgerichtet denken, daß sie eine Pistole abfeuern; aber ausgesucht eine Schnecke!

Das Schießorgan der Schnecke (diesmal ist es ein wirkliches Organ zum Zweck) sitzt auf der rechten Seite vor dem Atemloch, das bei diesen landbewohnenden Sorten die hier vorhandene Lungenatmung ermöglicht; bekanntlich gibt es bei diesem sonderbaren Volk genau wie bei den Wirbeltieren fischartige Kiemenatmer, Amphibien mit Doppelatmung und echte Lungenatmer. Das Organ hat durchaus den Bau eines kleinen Pistolenlaufs, in ihm aber steckt ein regelrechter spitzer Pfeil aus harter Kalkmasse. Für gewöhnlich verharrt der Pfeil ruhig in dem Lauf wie in einem hüllenden Etui. Wenn die Schnecke aber schießen will, so richtet sie den Lauf durch besondere Muskeleinstellung, zielt und entsendet den Pfeil in kraftvollem Stoß aus der Mündung, indem zugleich dabei ein weißes Wölkchen zerstiebender Flüssigkeit wie der Dampfstrahl des Schusses aufpufft.

Bloß Blitz und Knall fehlen – sonst ist es ein regelrechter Pistolenschuß, und über die Absicht des Schießens kann diesmal keinerlei Zweifel, wie gesagt, mehr sein. Wird eine zweite, gerade in der Nähe befindliche Schnecke von dem Pfeil oder Bolzen getroffen, so zeigt sich auch die genügend energische Wirkung: er bohrt sich in die Haut ein, ja manchmal geht er noch durch sie hindurch, und die Getroffene zuckt merkbar dabei zusammen. Das Merkwürdige wieder aber ist hier, daß stets nur eine zweite Schnecke so zum Schußziel genommen wird und nichts sonst, und das Allermerkwürdigste ist, daß sich die Schnecken mit solchen Pistolenschüssen nicht zu jederseitiger Verteidigung bedrohen, obwohl der Treffer ersichtlich etwas schmerzt, sondern daß sie sich beschießen – man kann nicht gut anders sagen, als weil es ihnen im Gegenteil Spaß macht.

Es handelt sich um eine Art Salonschießerei, die das Liebeswerben der Schnecken einleitet. Wie der Pfau vor dem Weibchen sein Rad schlägt, wie der Paradiesvogel seine herrlichen Schmuckfedern als eine Art Strahlenkrone auf der Liebesbalz um sich entfaltet, wie die sehnende Nachtigall singt und das verliebte Heimchen geigt – so scheint auch der Schuß der Schnecke nichts anderes zu sein als das stumme Bekenntnis ihres Werbens. »Liebespfeil« nennt der Naturforscher folgerichtig den kleinen Kalkstift, der dabei versandt wird. Es ist ein wunderliches Ding um die Natur in der Unerschöpflichkeit ihrer Mittel an dieser Ecke. Technisch entscheidend aber ist, daß zu dem spielenden Zweck auf alle Fälle hier die regelrechte Schußwaffe schon erfunden ist.

Zwar der Knall des Schusses fehlt. Was verschlüge es aber der alten Meisterin, auch das hinzuzubringen? Hat sie es doch an anderer Stelle separat vollbracht.

In manchen Teilen Deutschlands begegnet man unter Steinen oder Wurzeln kleinen, kokett gefärbten Käferchen aus dem Laufkäfergeschlecht, die, wenn man sie nachher aus dem Buch bestimmt, verwunderliche Namen ergeben: *crepitans*, der Kracher, *explodens*, der Explodierer. Und in der Tat, wenn solcher hübsche Kerl ernstlich in die Enge getrieben wird, so pufft auch hier ein bläuliches oder weißliches Gaswölkchen auf, und es gibt einen hörbaren Knall dazu. Ein Tröpfchen Drüsensaft des Mastdarms enthielt eine Säure, die an der Luft nach Art der Salpetersäure explodiert. Der tapfere Gesell hat auf dich geschossen wie die Schnecke. Und diesmal war es ein richtiger Schreckschuß, freilich ungeladen: der unvermutete Knall ist es, worauf diese »Bombardierkäfer« das Entscheidende legen. Gegen Verfolger aus der eigenen Käferverwandtschaft muß das Geräusch in Verbindung mit etwas stechendem Pulverdampf mit Ätzwirkung wohl schon genügen.

Da es aber eine Menge Tiere gibt, die Leuchtapparate besitzen und darunter auch solche (zum Beispiel gewisse Fische in der dunkeln Tiefsee), bei denen die Laterne unmittelbar an das Nervensystem angeschlossen ist, also willkürlich vom Nerv aus abgedreht oder zum jähen Aufblitzen gebracht werden kann, so stände prinzipiell nichts im Wege, daß solcher Schuß auch noch von einem Blitz begleitet wäre. Vielleicht wird auch das noch einmal gelegentlich irgendwo beobachtet.

Und da noch wieder Tiere existieren (Welse, Zitteraale, Rochen), die elektrische Schläge austeilen, so wäre denkbar, daß solcher Puff und Blitz gar mit einer empfindlichen elektrischen Entladung verbunden wäre.

Ja für den Kampf zwischen Mensch und Tier möchte man es geradezu als ein Glück bezeichnen, daß das Gesamtprinzip offenbar noch nicht bis zur vollkommenen Ausnutzung gediehen war, ehe wir selbst Schußwaffen erfanden. Denn beispielsweise als Zieler haben die Tiere auch schon fast Fabelhaftes erreicht: man muß das Chamäleon beobachten, wie es, unbewegt und scheinbar nur mit dem verstellbaren

Auge lebendig, dasitzt, jäh aber auf eine weit entfernte Fliege seine endlose Klebzunge ausschleudert und dabei mit einer Sicherheit stundenlang immer und immer wieder trifft, daß einem graut vor der Idee, solches Chamäleon sollte bei solcher Treffkraft auch noch wirklich etwa mit vergifteten Pfeilen schießen. Denn warum sollte der Pfeil nicht schließlich lebensgefährlich vergiftet sein gleich den Brennborsten der Brennessel *Urtica mentissima* von der Insel Timor, die in der Stichwunde wie eine Kanüle wirken und ein Gift eingießen, dessen Wirkung Starrkrämpfe und ähnliche Folgen auslöst gleich einem giftigen Schlangenbiß?

Will man aber schließlich den Unterschied von tierischer und menschlicher Schußwaffe doch darauf hinauslenken, daß das Tier stets sozusagen mit seinem Leibe schieße, aber nicht unter Zuhilfenahme äußerlichen toten Materials, so ist selbst das nicht richtig.

Einen gewissen Übergang bilden da schon handlange Barsche in Siam, die sogenannten Schützenfische (*Toxotes*), die in fast unglaublicher und doch fest erwiesener Weise aus dem Fluß ans Ufer mit Wasser schießen. Sie zielen gleich dem Chamäleon auf Fliegen und andere Insekten, die in einigermaßen erreichbarer Nähe auf den Pflanzen oberhalb des Wasserspiegels sitzen, senden ihnen jäh einen dicken Wassertropfen zu und verschmausen vergnüglich dann das Opfer, das so getroffen ins Wasser gefallen ist. In Ermanglung der Chamäleonzunge, die einen Lasso mit Klebevorrichtung darstellt, muß auch der Fisch dabei wirklich »schießen« – er legt sich horizontal nahe unter den Wasserspiegel, äugt scharf hinauf und schnellt dann, vermutlich durch besondern Muskeldruck, bei geschlossenem Munde von der etwas vorstehenden Unterkieferspitze eine Wasserperle geradlinig über die Fläche empor aufs nichts ahnende Ziel. Schützenfische im Zimmeraquarium wissen so auch das Auge des Menschen, das sie wohl ebenfalls für ein glänzendes Insekt halten, auf etwa drei Fuß Entfernung mit erstaunlichster Sicherheit blitzschnell zu treffen.

Ist es hier schon fremdes Wasser, das benutzt wird, so zeigt aber ein Landtier vollends drastisch die Stufe des »Fremdmaterials« beim Schuß.

An den sonnenwarmen kahlen Sandhängen unserer Kiefernwälder haust, mir auf gewohnten Spaziergängen am märkischen Müggelsee zur rechten Zeit ein alltäglicher Anblick, der »Ameisenlöwe«, die gefräßige Larve eines äußerlich libellenhaften Insekts, in selbstgeschaffenen Sandtrichtern. Gerät eine Ameise oder ein ähnliches Kleintier auf den losen Rand dieser bösen Falle und droht ohnehin schon abzurutschen, so eröffnet der fette Unhold der Tiefe in seinem Schützengraben alsbald eine regelrechte Beschießung von unten nach oben, indem er Sandgarbe um Sandgarbe nach dem strauchelnden Opfer schleudert, bis es verloren ganz hinabstürzt.

Kein Zweifel, daß hier schon mit fremdem Material geschossen wird, wenn schon in plumperer Form. Und erwägt man nun, daß zum Beispiel unsere Flußkrebse nach jeder Häutung wieder fremde Sandkörnchen, also ebensolches Material, in ihre Gehörorgane aufnehmen, wo sie eine bestimmte notwendige Rolle spielen, so ließe sich unschwer denken, daß auch bei jenen feinen Pistolen der Schnecken mit ähnlich von außen geholtem »Schrot« geschossen würde – dann aber hätten wir bis zu gewissem Grade auch diesen Fremdschuß schon beim Tier in der verfeinerten Form.

»*Natura artis magistra*«, sagt ein altes Wort: »die Natur Lehrerin der Kunst«; sie ist mehr: ihre Vorläuferin.

Unterseeische Schiffsangriffe durch Tiere

Das Tier im Kriege – wieviel läßt sich davon erzählen!

Wieviel dämonisches Schicksal liegt schon in der einen Tatsache, daß das Pferd mit uns in die Schlacht zieht! Seine Ahnen waren scheue Geschöpfe, ihr Heil vor jeder Gefahr lag in der ungestümen Flucht. Zum Fluchtorgan allerersten Ranges wuchs ihr Fuß mit dem einen schlagenden Huf auf durchrastem Plan sich aus. Die Angst brachte diese berufenen Durchgänger dazu, in Scharen zusammenzuhalten und sich als solche Schar um ein Leittier zu drängen, dessen Fluchtsignal das scheue Volk davonbrausen ließ wie eine Staubwolke vor dem Orkan. Eben diese Treue zu einem Anführer, einem Leiter, dem unbedingt gehorcht werden mußte, Jahrtausende um Jahrtausende geübt in der eigenen Sippe, ist aber zweifellos der Grund gewesen, der dieses gewaltige Tier eines Tages in die Gefolgschaft, in die unlösbare Zaubermacht des Menschen gebracht hat. Dieser Mensch aber wieder war bestimmt, kein feiger Ausreißer zu sein. Wer ihm folgte, der mußte mit in die wilde Schlacht, den offenen Blick gegen die offene Front des Feindes. Und so ist das Wunder geschehen, das schon der Hiobsänger der Bibel bestaunt hat: daß dieses scheueste Wild das symbolische Tier des

Krieges und des Angriffs werden sollte in der Zucht seines großen Meisters.

Aber umgekehrt auch – wie werden uns Kriege des Menschen zum deutlichsten Bilde, wenn wir an kleine Züge der Tierwelt darin denken.

Wenn der Karthager Hannibal mit Elefanten über einen Alpenpaß zieht, um die Römer zu bekriegen: wie gewaltig zeigt der eine Zug, daß hier Afrika noch einmal den Versuch machte, Europa zu unterwerfen – und wenn die Elefanten trompetend in den Abgrund stürzten, so fühlen wir, daß der Versuch mißlingen mußte. Oder wie schaurig malt es den Dreißigjährigen Krieg, wenn wir hören, daß bei seinem Ausgang die Wölfe erschreckend überhand genommen hatten, herrenlose Hunde überall fast wieder zu Wölfen geworden waren und Pferde sich verwildert in den Wäldern herumtrieben.

Unser Kampf heute geht zum Teil um Küste und Meer; schon lesen wir gelegentlich als kleine Staffagebilder, die sich aber sogleich einprägen, daß der Geschützdonner an der belgischen Küste alle Seevögel der Dünen zu wildem Aufruhr gebracht hat und in unzähligen Scharen die Luft mit ihrem Gekreisch erfüllen läßt – oder daß ein toter Walfisch angetrieben ist, den eine findige englische Kanonenkugel auf der Suche nach bösen Unterseebooten als unschuldiges Opfer getroffen.

Unwillkürlich habe ich bei der letzteren Nachricht aber doch noch an etwas anderes denken müssen.

Lange ehe es auch nur den Traum eines Unterseeboots und seiner furchtbaren Angriffsart gab, hat die Seemannsphantasie der verschiedensten fahrenden Nationen immer wieder etwas ausgekostet von den Schauern solchen urplötzlichen verderbendrohenden Tiefenangriffs, bei dem ein ganzes Schiff zuschanden werden sollte, ohne daß sich eine Sturmwelle dabei zu rühren brauchte. Wenn der Matrose daheim von so etwas erzählte, so dachte er nicht bloß an tückische Klippen; die konnten zur Not mit Lotse und Karten vermieden werden; er dachte auch nicht bloß an ein schwimmendes Wrack oder einen perfiden Eisberg. Ganz etwas unberechenbar Bewegliches sollte es sein, das zu jeder Stunde und an jedem Ort sich aus dem dunkeln Abgrund heben und wie im wirklichen Krieg einen absichtlichen unterseeischen Angriff ausführen könnte – so abscheulich, daß man gar nur den Stoß spürte und die Schrecken eines Lecks auf offener See erlebte, aber noch nicht einmal feststellen könnte, was sich da unten den Stich erlaubt habe.

Dieser Dämon des Untermeeres konnte nur irgend etwas Lebendiges sein, etwa ein riesiges Tier, das eine greuliche Stoßwaffe führte, der keine dickste Schiffsplanke standhielt. Immer und immer wieder sollte so etwas vorgekommen sein. Wer es als »selbsterlebt« berichtete, der hatte natürlich den Glückstreffer gehabt, daß das Leck rasch entdeckt wurde und sich noch verstopfen ließ; aber wieviel schöne Schiffe waren immer wieder ganz spurlos verloren gegangen, ohne daß ein Sturm gerade gewütet hatte oder im gewohnten Kurs Klippen lagen. Was aber konnte dieser Unhold für ein Tier sein?

Der berühmte Kraken nicht, denn der ist, wofern er in seiner legendären Größe existiert, nur ein übergroßer Tintenfisch, und der wieder ist fast nur eine mehr oder minder knorpelig weiche Masse. Auch von einfachen boxenden Dickköpfen mögen wir absehen, wie dem Pottwal, der nur als vom Schiffe selber schwer gereizter Bulle ab und zu angreift, während im allgemeinen die Historien von attackierenden Riesenwalfischen wüst übertrieben sind; das Grundwesen dieser vielbehelligten Kolosse ist eine beinahe ängstliche Friedfertigkeit, und außerdem besitzen sie nicht die zu jener Geschichte unumgängliche Spitzwaffe. Mustert man also unsere Sammlungen möglicher Seemonstra durch, so bleiben zuletzt wesentlich nur drei verdächtige Unterseeler mit solchen Waffen oder waffenähnlichen Zutaten übrig.

Zunächst steht da im Schrank auch kleiner Museen wohl stets ein schraubenförmig gefurchter, ziemlich dicker Spieß von über Manneslänge, der zum sogenannten Narwal gehört, einem an Körper noch einmal etwa doppelt so langen, also gegen jene Zwanzig- und Dreißigmeterriesen immerhin mäßigen delphinartigen Walfischverwandten. Der Spieß ist in diesem Falle der linke Eckzahn des Bullen, und da er mit seiner tüchtigen Länge und Spitze einmal da ist, ist auch von ihm wirklich schon erzählt worden, sein Besitzer spieße gewohnheitsmäßig darauf Fische und ramme damit Schiffe. In Wahrheit hat noch nie ein wissenschaftlicher Beobachter an dem hochgradig friedlichen Gesellen irgendeine böse Absicht zu beidem bemerkt, sondern der speerhafte, übrigens schwache Zahn ist wohl eines jener Geschlechtsabzeichen des Männchens, in deren romantischer Übertreibung die Natur bekanntlich Meisterin ist.

Ein zweites Objekt hat vielleicht der eine oder andere Leser sich selbst schon mitgebracht, auch wenn er nicht Professionssammler ist: es wird jedem Vergnügungsreisenden einer Tropenfahrt in Aden von handelnden Arabern zum Kauf angeboten als eine der ersten Proben einer märchenhaften neuen Welt. Und es ist nicht zu leugnen, daß es, als Bestandteil eines Seetieres bezeichnet, das vollkommene Ansehen einer höchst perfiden Waffe von unheimlicher Kraft besitzt – es gleicht nämlich einem langen platten Schwert oder, vielleicht besser gesagt, einem Tomahawk, der an beiden Seiten mit einer Reihe spitzer Hauzähne besetzt ist, mit denen man offenbar gründlich hauen oder auch sägen oder zum Zweck scheußlicher Fetzwunden stechen könnte, so wie das Ding aussieht.

In diesem Falle handelt es sich sozusagen um die bezahnte Nase eines echten Fisches, eines Rochens, der aber auch kein Größter seines Geschlechtes ist, nämlich nicht über vier Meter Länge erreicht. Genauer gesagt ist die »Säge« dieses Sägefisches, wie das häßliche Wunder direkt heißt, ein Knorpelauswuchs seiner Oberschnauze, der zu Zähnen gekommen ist im Sinne, daß bei diesen Fischen das Ding, das wir Zahn nennen, nicht auf den Beißapparat im Munde beschränkt zu sein braucht, sondern beliebig auch in mehr oder minder schuppenartiger Gestalt aus der ganzen Haut wachsen kann. Wer solche einzelne Säge nun später hübsch an seiner Wand zwischen allerlei gekreuzten fremden Waffenstücken stecken hat, der mag gut und gern sich ausdenken, daß unser Fisch damit Walfischbäuche zerfleische, noch schlimmer aber, Schiffswände ansäge, und erzählt worden ist naturgemäß auch das, denn wenn ein Fisch schon eine Säge hat, so muß er doch damit auch Streiche vollführen und sägen. Schade inzwischen: auch der Sägefisch tut laut aller Kenntnis niemand etwas zuleide und benutzt seine phantastische Naturgabe wahrscheinlich nur als ganz harmlose Schaufel beim Gründeln im Schlamm, falls er sie überhaupt praktisch irgendwo benutzt. In Wahrheit besitzen zahllose Tiere zahllose oft höchst martialische Abzeichen, die eben nur »ornamental« sind ohne Nutzzweck, und dazu kann auch die Säge gehören. Hier liegt ja ein schweres Kapitel für jeden, der die ganze Lebenswelt auf purem Nutzen aufbauen möchte – wert, daß man sich allein ausführlich darüber unterhielte; jedenfalls aber muß genügen, daß die Säge, wenn sie in dieses Feld verrechnet ist, sowenig Schiffe ansägen wird, wie wir Menschen uns mit Schmucksachen oder mit Statuen prügeln.

Bleibt nur der dritte Fall.

Alle unsere Meere durchstreift gelegentlich, die nördlicheren bis zur Ostsee (also auch den Kanal) besonders zur Sommerszeit, ein riesiger

Fisch von stolzer Schönheit. Purpurblau ist sein Rücken, silbern der Bauch, schwarzblau die imposante Schwanzflosse, dunkelblau das mächtige Auge. In dieser Pracht kommt der »Schwertfisch« oder das Schwert der Schwerter, wie der alte Linné-Name *Xiphias gladius* es ausdrückt, durch die offene See daher.

Die größten alten Herren schätzt man bis fünf Meter an Länge, doch geht die Sage von noch weit stärkeren Kolossen. Wer den Fisch nur an den Schuppen kennen will, kommt bei dem nicht auf die Rechnung, denn seine Farben schillern nur von der schuppenlosen rauhen Haut selbst. Das eigentliche Wunder dieses Riesen aber ist sein wirkliches »Schwert«.

Auch bei ihm springt es als enorme Spitze mit scharf schneidenden Kanten vom Kopf aus vor. Der verlängerte Oberkiefer steckt als Knochenmasse darin, aber auch noch Teile sonst der Schädelknochen geben ihm gleichsam den festen Griff. Und diesmal hat man tatsächlich den sicheren Eindruck einer Waffe.

Zum Riesenfisch gehört ein Riesenappetit, und wenn man hört, daß es sich um der allergewandtesten Fische einen handelt, der Jagd auf andere Fische betreibt, so erscheint selbstverständlich, daß das spitze Schwert dabei eine Rolle spielen muß. In der Tat wirft sich nach treuem Bericht der wilde Schwimmer mitten in Fischschwärme hinein, haut mit dem Degen rücksichtslos um sich, bis weithin alles sich krümmt von mitten durchschnittenen Heringen oder Makrelen, und sättigt sich dann behaglich aus dem Überfluß dieses Blutbades. Wo aber das geschieht, da kann auch ein badender Mensch gegenüber solchem tollen Draufgänger von doppelter Menschengröße wohl in Gefahr kommen. Fischer wissen Geschichten genug, wo einer einen Stich dieses Schwertes selbst von kleinen Exemplaren erhielt, der durch Arm oder Bein ging. Doch ist das alles noch nicht das eigentliche Märchen des Schwertfisches.

Der Schwertfisch in seiner größten, legendär noch ins weiteste gesteigerten Gestalt soll es sein, der, jäh im Zorn von unten anrennend, wirklich große Schiffe einstößt, leck macht, in äußerste Gefahr oder wirkliches Verderben bringt.

Viel ist seit alters darüber spintisiert worden, ob das wahr, ob es überhaupt möglich sei. Die Wand eines richtigen Ozeanschiffs – und ein anrennender Berserker von Fisch – es schien immer wieder zu kühn. Otto Steche, dem neuen trefflichen Bearbeiter des Fischbandes in Brehms Tierleben, gebührt das Verdienst, die sozusagen amtlichen Angaben darüber erneut kritisch gesichtet zu haben; das Ergebnis aber ist überraschend. Der Schwertfisch ist weit schlimmer, als jemals erwartet werden konnte!

Ein paar schlichte Daten, die durch die zoologische Kritik jetzt einwandfrei durchgegangen sind, mögen das besser als alle Reden erläutern. Bei einem alten britischen Kriegsschiff hatte das (im Holz schließlich abgebrochene) Schwert des Fisches die 2,5 Zentimeter der Verschalung, 7,5 Zentimeter Holz einer Planke durchstoßen und war dann noch mehr als 11 Zentimeter weit in einen Pfosten eingedrungen. In einem Walfischfänger waren in gleicher Weise der Kupferbelag, die 2,5-Zentimeter-Verschalung, eine 7,5 Zentimeter dicke Planke und ein 30 Zentimeter starker Eichenbalken durchlocht worden, und die scheußliche Spitze hatte zum Schluß noch dem Boden eines Tranfasses im Schiffsraum ein besonderes Leck geschlagen. Der Stoß erschütterte in solchem Fall das ganze Schiff so, daß alles auf Deck rannte. Auf einem großen englischen Indienfahrer konnte man den unterseeischen Angriff unmittelbar in seinem Anlaß verfolgen: man hatte den ungeheuren Fisch mit der Angel geködert, worauf aber die Leine riß und der wütende Unhold sofort einen furchtbaren Unterwasserstoß wagte. Das Schiff wurde leck und kam mit Not in den Hafen zurück, von dem es ausgegangen war; es entwickelte sich dann eine Schadenersatzklage, bei der zoologische Sachverständige die Kraft des Fisches zu solcher Leistung gerichtlich festlegen mußten und schließlich die Versicherungsgesellschaft 12 000 Mark dafür zahlen mußte, daß sich solche lebendigen Unterseeboote im Ozean herumtreiben.

Was ein einfaches Boot bei solcher Sachlage erfahren kann, erhellt von selbst: schon ein kleinerer Schwertfisch stieß gelegentlich beide Bootsseiten durch und das dazwischen befindliche Bein eines Rudernden mit. Der bekannte Zoologe Peschuel-Loesche ist um ein Haar bei solchem Angriff, bei dem der Fisch sich mit Schwert und noch einem Stück Kopf durch den Bootsboden schlug, ums Leben gekommen.

Nach diesen Angaben kann also nicht bestritten werden, daß der Schwertfisch eine wirkliche Gefahr für die Schiffahrt ist, an der tatsächlich Schiffe verunglückt sein können, ohne daß man je etwas von ihrem genaueren Schicksal mehr gehört hat. Und es ist gewiß ein Gedanke von seltsamer Romantik: der einsame, wilde Fisch in seinem Element, der den Kampf gegen die ganze Kultur wagt, die da hinter ihren paar

Zentimetern Holzplanken über den weiten Ozean fährt. Aber was will's in unserer ungeheuren Zeit, wo das feurige Schwert des Menschen in seiner Not Schiff um Schiff in den schwarzen Abgrund senkt, aus dem keine Wiederkehr ...

Aus der Flottenkunst der Tiere

1. Unter fremder Flagge

Vom See, dessen lichtblauer Spiegel zwischen dem weißen und rosenroten Blütenschnee meines Gartens durchlugt, schallt ein eigentümliches, bald mehr summendes, bald mehr rollendes Geräusch.

Ich weiß: sie proben wieder da draußen. In diesen Zeiten des Weltensturmes nicht wie sonst zum anmutigen technischen Spiel, sondern mit dem ganzen furchtbaren Ernst der Stunde. Und doch kommt es so von weitem daher blank und elegant wie ein Spielzeug aus dem Laden: ein Wasserflugzeug. Erst saust es mit seiner Schaumbrust in die glänzende Wasserfläche hinein wie ein riesiger Fisch; gleich, denkt man, wird er untertauchen. Aber ehe der Blick es noch ganz fest gefaßt hat, ist der Fisch zum fliegenden Fisch geworden: mit seinen Flossen gleichsam schwebt er auf einmal hoch über dem Seeplan im freien, durchsichtigen Element, und nur sein Schatten läuft noch gespenstisch als Fisch unten weiter. Und jäh wird der Fisch zum Vogel, majestätisch schraubt das prachtvolle Wunderwerk menschlichen Erfindergeistes sich zu Adlerhöhen hinauf und wieder hinab, um endlich pfeilschnell und treffsicher wie der Adler zum Horst bei seiner Halle am Ufer wieder einzuschlüpfen.

Wie viele Wege der Natur, uraltes, jahrmillionenlanges Proben, hat der große Magier, der alles noch einmal jetzt neu für seine Zwecke heraufzaubert, der Mensch, hier zusammengefaßt!

Die gleiche Not des Kampfes, die uns heute diese technischen Experimente mit so fieberhafter Eile weiter und weiter treiben läßt, hat in grauen Tagen schon das Tier gedrängt, das Flugzeug zu »erfinden«, und zwar hat es dieses Flugzeug ganz in der Form zunächst erfunden, die hier vor Augen steht: als Wasserflugzeug.

Im Wasser, so seltsam es klingen mag, ist in der Natur das Fliegen zuerst erfunden worden. Vom Meeresboden herauf hat das Tier zuerst lernen müssen, wie man im freien Wasserraum selber sich schwebend in Balance hält, sich wie auf Fallschirmen tragen läßt, endlich das Wasser mit Rudern und Rädern schlägt zu eigenmächtiger Bewegung. Und erst als man so im Wasser frei fliegen konnte, da wurde dieses Prinzip auch auf die noch freiere, noch gewagtere Schicht jenseits des Wassers ausgedehnt, die Luft.

Auf seinen großen Wasserflügeln, den Brustflossen, sehen wir noch heute den fliegenden Fisch wie im ersten tastenden Versuch 200 Meter weit reglos, bloß nach dem Fallschirmprinzip, über dem Meeresspiegel dahinschweben. Auf Java gleitet der fliegende Frosch so auf den gespreizten Flächen seiner Schwimmhäute zwischen den Zehen vom hohen Ast durch die Luft zur Erde. Bis dann im Adler endlich auch für die Luft das große Problem eigener zwecktätiger Steuerbewegung glänzend durchgeführt war.

Und doch will ein Unterschied zwischen dem Alten und dem Neuen stören.

In dem Wasserflugzeug des großen Magiers Mensch sitzt ein wirklicher Mensch und leitet eine riesige summende Maschine; der Vogel fliegt »sich selbst«, sein Leib mit seinen organischen Bewegungen ist zugleich sein eigener angewachsener Flugapparat. Und überall, wo ich über meinen blauen See hier blicke, sehe ich scheinbar auf diesen Gegensatz.

Im schmucken goldbraunen Boot dort sitzen weiße Ruderer und schlagen den Plan mit fremdem Ruder. Wenn ein Unterseeboot hier führe: es schlösse auch Menschen ein in einem Kunstbau fremden Materials. Der schmucke Haubentaucher dort aber rudert nur mit den eigenen Beinen, und das Fischlein, das eben aufschnellend mit einem Blitz die untere Blankheit seines sinnreichen Unterseeboots verrät, fährt nicht in solchem Boot, sondern ist es zugleich selber. Das scheint so selbstverständlich als Gegensatz. Und doch ist es, wie so manches Selbstverständliche, auch einmal wieder nicht wahr.

Die Flottenkunst auch des Tieres hat sich durchaus nicht bloß darauf beschränkt, im »Selbstschiff« zu fahren. Auch das Tier sitzt unter Umständen vergnüglich im fremden Schifflein und dirigiert bloß als Kapitän. Hier beginnen freilich absonderliche Tiere, die nicht gleich jeder beachtet hat.

Zunächst als Übergang mag da das Tier gelten, das überhaupt mit Menschenschiffen fährt. Ich meine jetzt nicht die Ratte im Kielraum oder den Floh der Matrosenkabine, das wäre ein zu billiges Beispiel ohne echten Sinn. Aber es gibt eine Gruppe kleiner und mittelgroßer Fische, die der Tierforscher als »Schiffshalter« bezeichnet. Um zu verstehen, was diese höchst verwunderlichen Gesellen vollbracht haben und täglich noch vollbringen, muß man einen Augenblick dabei verweilen, wie der Mensch selber als Schiffbauer angefangen hat.

All unsere Flottenkunst bis zum herrlichsten Kriegsschiff heute geht zuletzt zurück auf den »Einbaum«. Der Mensch merkte, daß Holz auf Wasser schwamm, und wenn er übers Wasser wollte, so ließ er sich von einem Baumstamm tragen. Als Wesen mit Luftatmung setzte er sich oben darauf, klammerte sich an und trieb so dahin. Indem er den gegebenen fremden Holzstamm sich künstlich zum Sitzen höhlte und zu dirigieren lernte, war dann die ungeheure, so endlos folgenreiche Erfindung des Schiffs im Prinzip vollbracht. Warum aber wollte der Mensch übers Wasser?

Gerade wir erleben heute wieder, was sich ergibt, wenn man Menschen von der Schiffahrt absperren will. Es ergeben sich Verproviantierungsfragen. Alle Schiffahrt der Menschheit ist zuletzt und im umfassendsten Sinn immer eine Verproviantierungsfrage gewesen.

Von diesen Grundpunkten aus aber versteht sich nun auch das Problem des Fisches, den sie den »Schiffshalter« nennen.

Es war einmal ein kleiner Fisch, um die Geschichte wie im Märchen zu beginnen; es ist aber der Zoologe, der ganz ohne Märchen spricht. Dieser kleine Kerl brauchte als Wasserluftatmer keinen Holzklotz, um über das Wasser zu kommen, und sein eigener Fischleib war längst ein gegebenes treffliches Unterseeboot, ein »Selbstschiff«. Indessen auch hier kam die Proviantfrage. Sie kam schon in Urweltstagen, so weit gehen unsere Kenntnisse der Geschichte zurück, und sie bewirkte irgendeines Urwelttages (sie pflegen bekanntlich lang zu sein, diese Tage), daß der betreffende Fisch sich daran gewöhnte, als ein kleiner hungriger Köter seines Elements sich in der Nähe größerer Fresser dort zu halten, von deren Herrentisch immer auch einmal ein paar Brosamen für ihn abfielen. Auf dem Lande folgen so Schakale dem Löwen oder Panther, im Ozean ergaben sich die mächtigen Haifische als Herrenräuber, die besonders in Urweltsmeeren lange die oberste Rolle spielten.

Aber der kleine freche Tafeldieb machte die Sache, wieder eines Entwicklungstages, noch praktischer. Wenn auch nicht wie Jonas in des Riesenfisches Bauch, so klammerte er sich doch gern unter des

Haies Bauch an unfaßbare Stellen, wobei die rauhe Haifischhaut gute Stütze gab.

Und wieder nach einer Weile führte das, wie so oft, zu einer festen körperlichen Anpassung bei ihm. Seine erste Rückenflosse verwandelte sich in eine große Saugwarze, mit der er sich oberwärts an den Haifischbauch wie mit einem Schröpfkopf unmittelbar ansaugen konnte, während gleichzeitig sein gieriger kleiner Kötermund darunter frei und freßfroh blieb – der Schakal verankert am Löwen und von ihm unfreiwillig fortan herumgeschleppt.

Die Sache war, wie gesagt, zunächst eine Freßfrage, sie wurde dann aber folgerichtig auch schon eine Vehikelfrage. Der kleine Fisch brauchte mit dem großen nicht mühsam Tempo zu halten, wenn solcher große seine weiten Raubzüge wie ein alter Normanne veranstaltete: immer war er von selbst gleich mit zur Stelle, wo immer es zur Beute kam.

Schließlich aber mußte der Fremdtransport, einmal so billig gemacht, auch von Wert sein, wo gar kein Hai da war. Man hängte sich irgendwo an und ließ sich auf gut Glück treiben, ob der Zufall eine eigene oder fremde Beute in den Schoß warf.

Die kleinen Frechen hefteten sich, wo es sich gab, auch an tote, aber mit Wellenschlag und Strömung treibende Gegenstände an, und da bewährte sich ganz von selber auch hier schon der Segen des Holzes, das weit, weit dahinfuhr, ohne zu sinken.

Zeiten schwanden, da zeigte sich aber im Ozean eine ganz besondere neue Sorte »Holz«. Menschenschiffe aus Holz fuhren übers Wasser. Und die Fischlein klebten sich auch an diese Menschenplanken, nichts konnte bequemer sein. Zumal da sich rasch herausstellte, daß diese neuen Seeungeheuer in ihrer Art den »blinden Passagier« auch noch selber fütterten. Denn vom Schiffe fiel mancherlei Abfall, den diese wenig Wählerischen gern als ihren Schakalsanteil begrüßten.

Seither reisen die »Schiffshalter« gewohnheitsmäßig in Scharen mit den Menschenschiffen. Sie sitzen nicht oben darauf, wie sollten sie, ihnen ist ja im Wasser wohl und nicht in der Luft. Gleichwohl: sie fahren Fremdboot statt Eigenboot. Und nur das trennt sie immer scheinbar noch endlos vom Menschen selber, daß sie das Holz, an dem sie hängen, nicht selber dirigieren können, wohin es fahren soll, und daß sie es auch nicht künstlich zum Fahrzweck umgestaltet haben.

Aber es war am 17. Februar 1899.

Jenes prächtige deutsche Naturforscherschiff, die »Valdivia«, näherte sich, von Ceylon kommend, dem Äquator. Da trieb vor dem Schiff im Indischen Ozean eine schwimmende Schale dahin, eine jener als Zierstück auf unseren Kaminen so oft beliebten Nautilusschalen, die von einem höchst seltsamen, tintenfischähnlichen Weichtier körperlich abgeschieden werden und auch nach dem Tode ihres Besitzers vermöge ihrer vielen geschlossenen Luftkammern auf der offenen See schwimmend bleiben.

Gewisse Anzeichen erweckten in diesem Falle zuerst den Glauben, das lebende Tier sitze noch angewachsen in seinem Gehäuse und leite sein Selbstschiffchen; dann aber zeigte sich: es war doch auch nur eine verlassene Schale – in dieser Schale aber hatten sich wunderbarerweise eine Anzahl kleiner barschartiger Fische (Riffische, *Glyphidodon*) eingenistet, die regelrecht als in einem Fremdschiffchen in ihr wohnten und »fremd fuhren«. Scheu hineingeduckt, wurden ihrer mehrere in dem Nautilusboot mit heraufgefischt, ja als man zur Probe die leere Schale noch einmal ins Wasser warf, schwammen sogleich verschiedene andere der kleinen Bande auf das wiedergegebene Wasserhaus zu und schlüpften hinein, wobei sie durch die Fähigkeit, ihren Rückenstachel in eine Furche einzuklappen, unterstützt wurden.

Offensichtlich handelte es sich auch hier um eine bereits alteingebürgerte Gewohnheit, die vielfach dort treibenden Fremdschiffchen des Nautilus so zu benutzen, eine Gewohnheit, die vielleicht bei dem zähen Durchhalten solcher Dinge bei jenen Fischen bis auf Urweltstage zurückgeht, wo solche nautilusähnlichen Tiere in unfaßbaren Mengen alle Meere bewohnten und ganze Felder solcher schaukelnden Leergehäuse in allen Formen und Größen eine Alltagserscheinung gewesen sein müssen.

Wohlverstanden: hier wohnen die Tiere schon im fremden Schiff, und bei kluger, beweglicher und ungestümer Bande wie solchem Fischvolk liegt nahe genug, daß sie gegebenenfalls ihr Schiff auch schon willkürlich nach einer ihnen genehmen Richtung durch Stöße dirigieren.

Unmittelbar beobachtet aber wurde dieser letztere Fall bei einer anderen Gelegenheit von einem unserer besten neueren Beobachter, Richard Semon, dem berühmten Verfasser der Mnemetheorie.

Auf den Korallenbänken der Sundainsel Ambon versuchte er eine prächtige Qualle lebend mit einem eingetauchten Glase zu erwischen. Immer wieder mißlang es, denn die Qualle wich in sehr geschickten

selbständigen Bewegungen aus. Solches raffinierte, auf starke Intelligenz-
leistung deutende Verhalten erschien nun bei einer Qualle durchaus
ungewöhnlich, ja unmöglich. Und wie erstaunte der Forscher, als er
wirklich feststellen konnte, daß in diesem Falle die dumme Qualle in
der Tat einen klugen Kapitän hatte, der sich in ihrem lebendigen Kri-
stallschiff verbarg.

Es war auch diesmal ein kleiner Fisch vom Makrelenschlage, der
gewohnheitsmäßig in solchen Quallen hauste. Noch in dem Eimer, in
den Semon seine endlich gefangene Qualle gesetzt hatte, trieb der verwegene kleine Kapitän seine Arbeit unermüdlich weiter, indem er sein
lebendiges Boot durch fortgesetzte zielbewußte Stöße in bestimmter
Richtung fortzutreiben suchte und zu unausgesetztem Herumschwim-
men zwang – natürlich in dem umgrenzten Raum ohne jeden Erfolg.

Ähnlicher Fischbrauch, gerade in den schwimmenden Glaspalästen
der Quallen zu leben, ist auch sonst vielfältig beobachtet worden.

Der Fisch findet in diesem Falle nicht bloß ein fremdes Schiff, sondern er fährt auch in einem guten Kriegsschiff zugleich: die Qualle
führt nämlich furchtbare Nesselorgane, wahre Giftbomben, die im
Wasser jeden tierischen Angreifer böse abfallen lassen. Der Fisch selber
aber wird von dieser Quallenbatterie nicht geschädigt. Nach gangbarer
Ansicht ist auch das stumpfe Geistesleben solcher Qualle doch immer
noch empfänglich genug gewesen, um sich einem festen Genossenschafts-
instinkt vor offenkundigem Vorteil nicht zu verschließen: sie schont
den fremden Insassen, eben weil er sich in Gefahr als intelligenter
Steuermann erweist.

Andere Meinung vertritt allerdings, daß diese Quallenkapitäne einfach
selber gegen das brennende Quallengift »immun« geworden seien, es
nicht mehr fühlten. Ihre Vorfahren sollen trotz der Batterie so manches
Quallenschiff im Sturm genommen und ausgefressen haben, und dabei
wären sie als Piraten durch die Ernährung mit Quallenfleisch schließlich
ganz giftfest geworden wie der hörnene Siegfried der Sage, der sich
mit Drachenfett salbte. Daß ja Tiere gelegentlich in dieser Weise
wirklich immun werden, zeigen unsere Schmetterlingsraupen des Admiral und kleinen Fuchs, die gewohnheitsmäßig ganz gemütlich die
Blätter der Brennessel abweiden. Wer aber nun recht habe in der
Deutung: das gewaltsame Ausfressen solches Quallenschiffs ist jedenfalls
an sich wieder interessant.

Wir alle haben von Münchhausens armem Pferde vernommen, in das sich ein Bär einfraß; als er es ganz gefressen, saß er selber an Deichsel und Riemen, und Münchhausen kutschierte vergnügt mit ihm heim. Fast so geht es bei gewissen kleinen Krebschen des Ozeans aus der Gruppe der hüpfenden Flohkrebse. Ihre Weibchen fallen als böse Piraten über die zierlichen glashellen Schifflein her, die sich gewisse andere Seetiere aus der weit entfernten Gruppe der Manteltiere (Tunikaten), die in vielem an Würmer, in manchem aber sogar an niedrigste Wirbeltiere erinnern, geschaffen haben. Indem sie die berechtigten Insassen herausfressen, bleibt von dem fremden Schiffe nur ein hohles schwimmendes Tönnchen übrig, dessen durchscheinende Wand ausgespart nach dem Brauch dieser Manteltiere auch noch aus der sonst nur im Pflanzenreich üblichen Zellulose, also aus regelrechtem Holzstoff, besteht.

In diesem Holzfäßlein als Fremdschiff aber sitzt jetzt wirklich beinahe wie Münchhausens Bär der Fresser selber, der Krebs. Hier erlebt er Mutterfreuden. Und da der alte Bewegungsapparat des Schiffs geschwunden ist, muß er es fernerhin selber lenken: so reckt er sein hinteres Leibesende vorsichtig aus dem vorne festgehaltenen schwimmenden Faß hervor und rudert sich und seine Kinderstube geschickt, wohin er will.

Daß er dabei unter falscher Flagge segelt, Krebsinhalt im Manteltierschiff, das macht ihm so wenig aus, wie dem Schiffshalter daran liegt, was für Farben über seinem Menschenschiff wehen.

Wie wenig aber fehlt bei dem Tier, das sein hölzernes Fremdschiff nicht nur selbsttätig lenkt, sondern auch selber sich zum bequemen Sitzraum gehöhlt hat, bis zu jenem »Einbaum« des Menschen?

2. Das Unterseeboot aus Luft

»Im November 1803 begegneten wir zum erstenmal den großen Seeblasen im Atlantischen Meer, einige Grade nördlich vom Äquator; sie erscheinen wie rosenrote Glaskugeln über dem Wasser, blähen sich stolz auf wie ein Pfau und verändern unaufhörlich ihre Gestalt. Alle Leute auf dem Schiff wurden aufmerksam auf diese sonderbaren Tiere und wünschten sie in der Nähe zu betrachten, so daß endlich ein Matrose ins Meer sprang, glücklich eine erhaschte und, indem er die Finger und Arme schmerzhaft verbrannt fühlte, aufs Verdeck brachte. Sie schleppte lange Fäden hinter sich her, die sehr schleimig waren, überall anklebten und, wenn man sie auseinanderlösen wollte, an den Fingern brannten.«

So liest man in weiland Krusensterns Reisen von einem Meerwunder, das bereits die ersten Ozeanfahrer, auch wenn sie nur ungebildete Schiffsleute waren, gefesselt und zu den kühnsten Namenserfindungen verlockt hatte.

Die »Karavelle« hießen es die Spanier und Postugiesen, wenn sie es so in ganzen Flotten sein Kolumbusschifflein über die uferlose Wasserwüste treiben sahen, den *Man of War*, das Kriegsschiff, die englischen Matrosen.

Es bedurfte aber noch saurer Zoologenarbeit bis tief in das neunzehnte Jahrhundert hinein, ehe man heraus hatte, was diese »Seeblase«, die Physalia, wie der Name schließlich stehenblieb, eigentlich für ein Geschöpf sei, – bis man erkannte, daß zum Vergleich mit einer Flotte hier gar nicht ein Schwarm solcher roten Karavellen nötig war, sondern daß jede einzelne schon eine Art Flotte für sich darstellte, ein Bündel nämlich zusammengewachsener quallenhafter Tiere, die mit Hilfe eines stolz geblähten Purpursegels aufrecht dahinfuhren.

Dieses Segel brauchte in Wahrheit nicht bloß der Wind aufzublähen, sondern es war bei der Fahrt schon von sich heraus dick ausgeblasen, indem es einen riesigen hohlen Luftsack enthielt. An ihm aber nach unten ins Wasser hinein hingen in krausem Gewimmel die Einzeltiere, in sinnreicher Arbeitsteilung auch sie in solche gesondert, die bloß fraßen oder bloß tasteten oder bloß für die Jungmannschaft sorgten, also sozusagen Küchenschiffe, beobachtende Admiralsschiffe und Kadettenschiffe im Flottenverband bildeten, während schreckliche Brennbatterien das Ganze verteidigten.

Nun, ich will hier jetzt nicht von den sozialen Wundern solcher Röhrenquallen (Siphonophoren), wie man die ganze Gruppe nennt, des engeren sprechen, wie es mir auch fern sei, mich etwa ganz im allgemeinen über Flotten zu verbreiten, deren Hauptteil sich, näher besehen, als eitel luftige Blase erweist ... Sondern was interessiert, ist die Methode in solcher Physalienblase.

Kein Zweifel, daß hier Luftballon und Unterseeboot in sinnreichster Weise kombiniert sind. In dem Ballon sitzt eine besondere »Gasdrüse« und füllt nach Bedarf eine »Luftflasche«. Bei verwandten Arten führt das eigentliche Unterseeboot noch besondere Bewegungsapparate, sogenannte »Lokomotiven«, in denen hohle offene Quallenglocken heftig pulsend arbeiten. Der Ballon aber, durch ein richtiges Ventil reguliert, läßt das Ganze beliebig auf- und absteigen und gibt ihm Haltung. Bei der Karavelle ist es, als wolle er sich ernstlich ganz aus dem Wasser erheben, aber das Tiefenboot hält ihn als Fesselballon genau in der Fläche fest.

Unwillkürlich denkt man daran, was Tiere auch sonst schon alles gerade auf diesem scharfen Rain zwischen Wasser und Luft angestellt haben, – wie sie herumbalancieren auf dieser schier mathematischen Scheide des Elements.

In der gleichen hohen See, wo die Purpursegel der Karavellen stolzieren, laufen (unser Chamisso hat es mit zuerst gesehen) langbeinige Wasserwanzen regelrecht auf dem blanken Wellenspiegel selber Schlittschuh.

Sie machen's wenigstens von oben, aber unsere ganz gewöhnliche Schlammschnecke, die Limnäa, vollführt gar das Kunststück, von unten sozusagen am Luftspiegel entlang zu kriechen, wobei sie mit ihrem ganzen Hause huckepack nach unten hängt; eine ganze Literatur existiert darüber, bald sollen abgesonderte Schleimbänder, bald kahnartige Höhlung der scheinbar an der Luft Schlittschuh laufenden Sohle das Unmögliche möglich machen, während mir die Sache immer noch etwas von Münchhausen, der sich am eigenen Zopf aus dem Sumpf zog, bewahrt, so sicher auch das Faktum feststeht.

Jedenfalls aber sind auch so die Naturleistungen der Karavelle in zwei menschliche Technikgebiete zugleich hinein unwiderleglich. Aber wieder auch mag man das alte Argument anbringen. Der Karavelle ist ihr Ballonboot schon natürlich gewachsen am Leibe, ihre Gasdrüse und Luftflasche hat sie von Kindheit an als Erbe mitbekommen. Um die Analogie zur Menschentechnik wirklich zu finden, möchte man aber ein Tier sehen, das selber erst mit Luft wirtschaftet als Material, das sich ein Unterseeboot selbsttätig baut und nun damit das Prinzip des Ballons kombiniert. Das äußerlich noch einmal schafft, was die Karavelle, wer weiß woher, einfach bekommen hat. Nun, wenn die Frage so liegt, so läßt sie sich doch auch noch wieder ihr Stück im Tierreich weitertreiben.

Da sind wir im Teich, und es tauchen allerhand dicke Käfer auf, Schwimmkäfer verschiedener Sorten. Ein Käfer ist auf jeden Fall bereits ein weit höher entwickeltes Tier als eine Qualle. Man wird erwarten dürfen, daß manches bei ihm auch entsprechend schon beweglicher, im rechten Sinne gesagt, schon vergeistigter eingerichtet sei; auch in dem höheren Tier muß man ja noch mit gewissen vererbten Instinkten für das Geistige rechnen, die dem einzelnen sozusagen die Schule ersetzen, aber auch so läuft alles doch über eine weit vertiefte Bahn, daran ist kein Zweifel.

Nun sind die Käfer ersichtlich von Ursprung Landbewohner gewesen und hatten also für ihre Organe der Atmung Freiluftatmen als Methode mitbekommen. Nachher aber sind einige im stillen Teichwinkel wieder ins Wasser gegangen, ohne daß sich doch ihr Organ dazu wieder ganz mitumgewandelt hätte. Und so brauchen sie da unten Luft; da das Organ sie ihnen aber nicht nach Art der Fischkiemen aus dem Wasser selber zieht, müssen sie sie nachträglich erst sozusagen durch ihrer Hände Arbeit beschaffen, – damit begann aber für sie zunächst wirklich schon ein sehr viel freieres Wirtschaften mit dem Luftstoff.

Sie holen sich nämlich händeweise oder, um es mit der Freiheit des Naturforschers gerader herauszusagen, teils kopf-, teils hinterteilweise kleine Portionen Freiluft von der Oberfläche, aus der sie die betreffenden Körperteile einen Augenblick herausstrecken, ins tiefe Wasser hinunter, stets einen Schluck direkt in die Atemröhren, aber außerdem auch noch einen mehr oder minder dicken zur Reserve, der unter den Flügeldecken wie in ein Fläschchen gefüllt oder mit dem Haarfilz um den Bauch gebunden wird. Auch der Reserveschluck in der Flasche dient in diesem Falle zur eigenen Luftatzung. Daß er an und für sich gleich dem Ballon der Qualle mit ihrer Luftflasche den Körper des Schwimmers etwas leichter macht, ist dem Käfer sogar gar nicht immer genehm, denn er muß es ersetzen durch verstärkte Arbeit beim Wiederhinabtauchen. Aber das Bedeutsame bleibt diesmal: das Tier holt sich, einerlei zu was für einem Zweck, ein Stück fremder Luft äußerlich hinunter, es beginnt wirklich zu wirtschaften mit Luft wie mit einem fremden Material, das man aufgreift, wie einer sich ein Stück Butterbrot in die Tasche steckt oder ein beliebiges Stück Holz oder Stein von dort fortnimmt, wo es sich bot.

Was verschlüge es, wenn unser Wasserkäfer das, was er jetzt noch als Püllchen oder Stüllchen bloß zu sich gesteckt hat, eines anderen Tages doch auch selber verwertete für irgendeinen luftgefüllten Unterseebau? Eines anderen Tages – eines Entwicklungstages heißt das wieder, natürlich.

Hier ist aber nun wiederum kein Zweifel, daß solcher Käfer etwas kann, was die Karavellenquallen unbedingt noch nicht konnten: er kann nämlich überhaupt schon eine Sache selbsttätig bauen.

Der riesige schwarze Kolbenwasserkäfer unserer Teiche, den jeder sammelnde Schulknabe schon kennen lernt, bewährt diese Kunst zwar noch nicht eben an Häusern, aber er hat sich eine Spezialität ausgesucht: er ist berufsmäßiger Hersteller von Kinderwiegen. Da auch er ins Wasser gegangen ist (an und für sich ist er kein besonders glänzender Schwimmer und stammesgeschichtlich ist er auch kein »verwässerter« Karabide wie die anderen, besseren Schwimmkünstler dort, die noch bekannteren Gelbränder), müssen seine Kinderwiegen aber zugleich Mosesschifflein sein, also auf alle Fälle mit Wassertechnik gebaut werden.

Seit langem sind diese Mosesschiffchen als eine der niedlichsten Naturleistungen bekannt. Der große satansschwarze Kerl treibt im werdenden Mutterstande aus Warzen seines Hinterleibes eine zu weißen Fäden erstarrende Substanz hervor nach ungefährer Art der Spinne. Sonderte er sie bloß ab, so bliebe die Sache beim einfach Organischen, wie bei den Taten der Qualle. Aber darin eben bewährt sich nun das Prinzip des Selbstbauens, daß der Produzent oder, besser gesagt, die Produzentin aus den Fäden sich selber eine hübsche, hinten geschlossene Hose um den Hinterleib webt. In dieses Büchschen als Nest legt sie dann Ei um Ei, bis deren eine tüchtige Fracht in den sicheren Hosenboden hinabgesackt sind. Jetzt läßt sie den Rest des Raumes leer, indem sie sich selber ganz herauszieht, an der ledigen Hose wickelt sie auch noch die offene Seite mit einem richtigen langen Zipfel zu, und das Mosesschiffchen ist fertig. Die Eier im Fond, die Zipfelspitze emporgerichtet, so liegt es als kleiner Ballon im Wasser, sei es an schwimmenden Blättern verankert oder auch frei schwimmend, aber immer doch gestellt, daß es nicht dauernd aus der Balance geschaukelt werden kann.

Es ist nur eine Kinderwiege, und wenn er sie vollendet hat, überläßt der Käfer sie ihrem Schicksal wie in der Mosesgeschichte. Aber wie wenig Arbeit erforderte es mehr: und der gleiche große schwarze Satan würde sich aus dieser Hose einen dauernden eigenen Schlafsack bauen, oder er würde auch den weiten zu einem großen Unterschlupf im ganzen, einem Unterseeboot, in dem er aus und ein gehen und wohnen könnte.

Und warum sollte er, der gewohnheitsmäßig Luft sozusagen stückweise in seinen Teichgrund hinabzuholen weiß – warum sollte er dieses unterseeische Haus nicht selber erfüllen mit solcher herangeschleppten Luft, tragen lassen durch Luft, wohnlich und bekömmlich für sich machen durch angesammelte, darein eingesperrte Luft?

Argyroneta, die Silberumsponnene, heißt sie, die das alles wirklich vollbringt, die ihr Mosesschifflein zum silbernen, aus Duft und Luft gewebten Nixenhause ausgebaut hat.

Sie gehört einem anderen, uralten Parallelstamme der Insektenentwicklung an, der wenigstens in diesem Falle aber recht eigentlich als der erfinderische alte Onkel neben dem täppischeren Neffen steht. Argyroneta, deren Name wie ein Vers Homer klingt, ist nämlich im gleichen Käferteiche unsere kunstreiche Wasserspinne.

Sie steht im Ruf, etwas liebenswürdiger zu sein als andere Spinnen, ihr Weibchen frißt das Männchen nicht nach den Flitterstunden auf, wie das sonst in diesem Pfui-Spinnenreiche öfters Brauch ist; aber vor allem ist ihre Spezialität noch unvergleichlich weit über den Käfer hinaus das »Luftfangen«.

Der brave Schildbürger, so hören wir, gedachte das Licht brockenweise in einer Mausefalle zu fangen. Das Silberkind vom Spinnenlande weiß das in seiner Art wenigstens mit der Luft zu machen, sie sperrt Brocken Luft in eine Falle und benutzt sie dann – als Bausteine. Auch sie muß wie der Käfer immer Atemluft mit ins Wasser nehmen, denn auch sie ist nur ein zum Nix verzaubertes Sonnenkind von da oben. Solche mitgeholte Perle Atemluft ist es, von der ihr Leib immer so wie mit Silber umflossen erscheint, wenn sie ihren Nixenteich durchquert. Und auch sie hat, ist sie doch nicht umsonst selber Spinne, noch vermehrt die Spinnfähigkeit des schwarzen Käfers. Indem sie aber beides jetzt kombiniert, schafft sie aus umsponnener Luft sich den wunderbaren Baustein ihres Hauses.

Angeklebt an ihre Spinndrüsen, werden mächtige Perlen Luft noch unabhängig von der silbernen Atemrüstung von ihr in die Tiefe hinabgerissen. Solche Perle aber wird mit dem Klebstoff umfirnißt, vom Wasser abgeschlossen, und nun ist sie Baustein. Nun wird an geschützten Fleck zwischen Wasserpflanzen Luftstein um Luftstein dieser Art hinabgezaubert, vereint und verankert im ganzen, bis das wunderbarste Lufthäuslein fertig ist, eine Taucherglocke, aus Spinndunst und Luft ätherisch gewebt, an Spinnwebankern ruhend, ein durchsichtiges Unterseeboot, das der Silbernixe oder Silberhexe (denn ein böser Räuber bleibt sie ja in all ihren Zauberkünsten) nun alles in einem gibt: Unterschlupf und die sehr erwünschte ungestörte Schlafkammer, das Försterhäuschen, wohin sie ihr Jagdwild bringen kann, ihr Brautgemach und in vielen Fällen auch ihre Kinderstube, zu deren Zweck sie noch einen besonderen undurchsichtigen Gespinstvorhang über die Kuppel ihres schimmernden Kristallhauses hängt. Von diesem verankerten Unterseekahn läuft sie seiltänzerisch auf schwindelnden Planken ihrer Spinnfäden in die Jagdgründe hinaus, angetan dann mit dem silbernen Hinterhelm ihrer Jagdtaucherglocke; zu ihm kehrt sie immer wieder als dem behaglichen Heim zurück nach vollbrachter Arbeit. Die Liebespaare aber legen ihre Unterseekähne nahe nebeneinander vor Anker und bauen von Kahn zu Kahn einen gedeckten Gang – so wie sich in menschlichem Idyll auf abendlich ruhendem Kanal wohl eine Planke von liebender Hand von Apfelkahn zu Apfelkahn legt oder vorzeiten die Pfahlbauerliebe sich nächtlich in ihrem Einbaum geräuschlos unter den Pfählen des Wasserdorfs hindurchstahl.

So wunderbar wie die Meisterin Argyroneta hat die Technik, mit Luft Unterseewohnungen zu bauen, keiner mehr erlernt. Auf das Prinzip des Bauens mit gefirnißten Luftsteinen sind aber doch mehrere auch sonst gekommen.

Die Labyrinthfische, zu denen unsere beliebten Makropoden der Aquarienfreunde gehören, haben sie speziell wieder für Mosesschiffchen ausgebildet. Obwohl diesmal eigentlich Wasserluft atmende Kiementiere, holen sich diese merkwürdigen Fische doch regelmäßig auch Freiluft brockenweise von der Oberfläche für besondere Kammern (Labyrinthe) neben ihren Kiemenhöhlen herab, und dabei mögen auch sie auf das Bauen mit Luftstein geführt worden sein. Es dient ihrer Kinderpflege, indem sie große Schaumschiffe aus im Maul herangetragenen Luftperlen, die mit einem Firnishäutchen aus Speichel umgeben sind, herstellen. Unter diesen am Wasserspiegel ruhenden Luftkähnen legt nun das Weibchen seine Eier ab. Meist steigen die Eier schon vermöge eigenen Leichtgewichts zum Spiegel empor, sonst hilft das besorgte Männchen nach. Sie müssen nämlich nahe zur reichen Sauerstoffschicht oben, sonst gehen sie ein. Unmittelbar dem grellen Sonnenlicht dort ausgesetzt, würden sie aber wiederum Gefahr leiden, auch leicht Feinden zum Opfer fallen. Und hier schützt nun äußerst sinnreich, daß sie von unten gegen das Schaumschiff prallen, das sie zugleich festhält und deckt und dessen gefangene Luftperlen den Sonnenglanz durch starkes Reflektieren sozusagen wieder ausschalten.

Wer aber zum Schluß auch noch fordert, daß der Erbauer selbst mit seinem Unterseeboot aus Luft dahinfahre, anstatt es bloß wie einen ruhenden Apfelkahn zu verankern, der muß die Blauschnecke Janthina im freien Meere aufsuchen.

Blau ist ihr Reich, das sie durchfährt im Meeresblau, blau wie das Meer ihre Schale. Aber nicht durch diese blaue Schale fährt sie dahin. Der Ballon, an dem sie hängt, ihr luftgewebtes Ballonschiff, ist abermals ein mächtiges schwebendes Schaumschiff, das sie sich selber erbaut hat, indem sie mit ihrem ungefügen Schneckenfuß (oder was man bei Schneckenleibern so nennt) Luftperle um Luftperle gleichsam aus der Freiluft herunterschlug und dann ebenfalls mit Schleimkleister ins Wasser hinein absperrte und verkittete. Auch ihr dient das Luftboot zugleich als Mosesschiffchen, an dessen Unterseite die Mutter ihre Eier hängt.

Wir sind wieder am Ort, von dem wir ausgingen. Im gleichen schönen Meeresblau wie die Blauschnecke segeln die Quallenflotten mit ihren Luftflaschen. Aber was dort Organ war, ist hier eigene Arbeit: das Boot aus Luft.

Das älteste Festungstor

In unseren Tagen des Weltkriegs ist die Ilias ein aktuelles Buch.

Um eine einzelne Burgstadt wird dort gerungen, und doch weiß der Dichter uns den Eindruck zu erwecken, daß es ein Entscheidungskampf der ganzen Menschheit sei. Alle Götter beschäftigen sich nur mit Ilion und den Griechen, als hinge das Schicksal von Recht und Kultur, von Himmel und Erde zuletzt davon ab. Und gerade das ist die ungeheure Stimmung, die wir heute verstehen, wo wirklich die ganze Erde brennt, während es damals nur um ein paar Mauern und Tore an der Schwelle Asiens ging.

Schliemann hat erst so viel später die Stätte selbst wieder ausgegraben, um die der Efeu der Trojasage webte, und es wurde nun doch auch ein starkes geschichtliches Bild – ein Zeugnis menschlicher Zähigkeit, die nicht bloß ein Jahrzehnt ausdauerte. Acht- oder neunmal haben sie immer wieder eine Burg auf den gleichen, durch eigene Trümmer wachsenden Hügel hier gesetzt und ihre Mauern und Tore verteidigt, viele, viele Jahrhunderte lang, und dabei auch einmal wohl (wenn auch in anderer Schicht, als Schliemann meinte) als wirkliche Trojaner.

Es hat doch immer wieder etwas Bezauberndes, wie der kühne Gräber kurz nach dem siebziger Kriege zum erstenmal auf die alten Pflasterplatten unter dem Brandschutt seiner »Goldstadt« stieß, nahe dem uralten Hause, das ihm den wunderbaren Schatz bot, den er den »Schatz des Priamos« nannte; wie er eine lange gespenstische Reihe mannshoher Krüge aufdeckte, groß, daß wirklich ein Mensch hineinkriechen konnte, die Proviantkammer irgendeiner dieser verschollenen Burgen; und wie er dann, dicht vor dem entscheidenden Goldfund, an den Unterbau zweier großer Festungstore geriet, in deren jedem noch der lange kupferne Riegel steckte, der einst die hölzernen Türflügel gegen Nacht und Feind schließen mußte.

Unwillkürlich verweilt die Phantasie bei solchem uralten Tor.

Einerlei, wer nun gerade hier gestürmt hat: an Güte oder Bruch solchen Tors hing einmal das Schicksal dieser ganzen Burg, bange Menschenherzen schlugen dahinter, ob es halte, rohe Siegesjauchzer schallten, wenn es splitterte. Sie ist verbrannt, die Stadt, und ihr Tor muß also gebrochen sein. Aber in ihrem Schutt fand Schliemann die scharfkantigen Trümmerteile vom Gehäuse eines im ganzen Altertum vielbegehrten Tieres, einer Purpurschnecke. In ihrer Weise bewohnt auch solche kleine Purpurschnecke eine Burg, deren Tor sie verteidigen muß. Und wie man an alten Burgtoren noch die unten offenen »Pechnasen« sieht, aus denen siedendes Pech auf die Angreifer herabgeträufelt wurde, so überschwemmt auch die gereizte Purpurschnecke ihren Gegner mit einem scheußlichen Stinksaft aus ihrem Tor. Er hat aber die Eigenschaft, am Lichte trocknend in herrliche Farbtöne auszuklingen, mit denen heute noch spanische Fischer ihre Hemden zeichnen, während einst hier der schlichte Ausgangspunkt der großen Purpurindustrie lag, der diesem eigentlich recht zuwideren Stinkschneckenvolk im alten Byzanz sogar einmal den offiziellen Titel der »kaiserlichen Purpurschnecken« eingetragen hat.

Er ist nie bis in ihre eigene dämmernde Seele eingedrungen, der pompöse Name, und wenn diese Purpurkinder in ihrer schwachen Burg überhaupt ein Bild des Menschenwesens führen, so wird es auch nur das eines großen Ungeheuers sein, das ab und zu durch ihr Tor will oder ihre ganze Burg schleifen will – wert aller Stinktöpfe dieser

Burg. Solches Tier hatte aber nicht nur lange vor Schliemanns Goldstadt und ihren Schicksalen die Burg und die Pechnasen gefunden in seiner Art. Es hat in äußerst kunstvoller Weise, durchaus voraufeilend der Menschentechnik, an seine Burgen auch schon gelegentlich Türen gesetzt, regelrechte Festungstore, hinter denen es auch in gespannter Sorge stand, wie die Helden und Mädchen von Troja, und deren Splittern oder Bestehen auch ihm Glück oder Tod bedeutete. Den Weg dazu in höherer Ähnlichkeit zum Menschenwerk finden wir allerdings zunächst auch beim Tier nur, indem wir den Begriff der Burg selber bei ihm noch etwas vertiefen – das aber können wir leicht.

Das Haus unserer Purpurschnecke ist wohl eine kleine Burg, insofern es den weichen Körper hinter einer Art Zementmauer aus kohlensaurem Kalk einmauert bis auf die einzige nötige Türöffnung. Aber abgesehen vom Material dauern doch noch alle Zeichen dabei des rein persönlichen Panzers: es ist nur sozusagen ein steinerner Mauerpanzer, der immer am Leibe mit herumgetragen wird.

Auf dieser Stufe blieb indessen die organische Technik der Natur nicht überall stehen.

Lebhaft gedenke ich noch daran, wie mir selber einst aus antikem Schutt in Syrakus ein solcher Harnisch einer Purpurschnecke in die Hand fiel. Ordentlich gespenstisch hauchte es wie noch umgehendes Altertum daraus an. Zugleich aber rührten die Finger an eigentümliche lange äußere Dornen des Gehäuses, Zinnen gewissermaßen dieser kleinen Burg, wie ich sie im großen eben an der Menschenburg von Syrakus gesehen. Im Leben des Tieres mochten auch diese spitzen Auswüchse irgendeine Hilfe geboten haben neben Kalkwand und Stinktopf. Gerade das aber erinnerte lebhaft an ein anderes, nicht direkt molluskenhaftes, aber auf ähnlicher Mittelstufe stehendes Geschöpf der gleichen Gewässer, das auch in ähnlichem Mauerharnisch steckte und dazu noch diesen ganzen Mauerumfang mit dem wirksamsten Stacheldraht überzogen hatte: den Seeigel.

Wenn man solchem Seeigel in seiner bekanntesten Gestalt am Seestrande begegnet, so erscheint er als das wahre Ideal eines uneinnehmbaren kleinen Forts. Es zeigt nicht einmal das große Ausfalltor der Schneckenburg, sondern nur winzige Schießscharten, durch die feinste Saugfüßchen geschoben werden, wenn es gilt, das starre Fort in eine Art beweglichen Panzerautomobils zu verwandeln. Der Stacheldraht selber ist bisweilen vergiftet, und zwischen seinen Spitzen sitzen perfide

Greifzangen, die im kleinen an die Wundermaschinen zum Packen der feindlichen Krieger erinnern, mit denen einst Meister Archimedes Syrakus verteidigt haben soll. Solcher Seeigel ist selber meist ein Räuber, und man ahnt nicht, was seinem so verbarrikadierten Raubnest gefährlich werden könnte. Und doch bemerkt man, daß diesen lebendigen Stacheldrahtfestungen vielfach ihr Fort allein nicht genügt und daß sie danach streben, es noch einmal unter den Schutz einer größeren Befestigungslinie zu stellen.

Mit Staunen sieht man die Seeigel an der harten unterseeischen Felsküste die Pfade der alten Diluvialmenschen gehen, die sich in Höhlen bargen. Diese Urmenschen suchten sich die natürlichen Höhlen ihres Landes aus. Die Seeigel, resoluter noch als sie, schaffen sich die Höhlen selber erst, indem sie das eisenharte Gestein buchstäblich anfressen, aufnagen mit den allerdings auch stahlharten Zähnen ihres mächtigen Kauapparats, den man die »Laterne des Aristoteles« nennt. Doflein, unserer prächtigsten Tierbeobachter und Tierschilderer einer, hat sie am Vulkanfels der japanischen Küste so bei der Arbeit gefunden, den Darm noch erfüllt mit den abgefressenen Gesteinssplittern dieses ungeheuerlichen Mahls. Ist das verwegene Werk aber geglückt, der Fels tunnelartig geöffnet, so fahren sie mit ihrem Panzerautomobil erst als zu ihrer fortan eigentlichen Schutz- und Trutzburg ein. Wer aber sind die Eroberer, die solche Stachelkugel zu solcher Doppelverwahrung zwingen könnten?

Hier beginnt das Kapitel von der vielleicht schrecklichsten Waffe der ganzen Natur.

Wir kehren noch einmal zur Schnecke selbst zurück. In der gangbaren Meinung ist Schnecke wie Muschel das harmloseste, hilfloseste Wesen, das weder Mensch noch Mittier zu schaden vermag. Als es einmal hieß, Hollands ganzer Schutz, das Holz seiner Dammpfähle, sei vom Bohrwurm (in Wahrheit einer Bohrmuschel) bedroht, konnte man mindestens im ersten Punkte doch stutzig werden. Ähnliche Bohrmuscheln wühlen aber nicht bloß im Holz, sondern sie graben auch ganz nach Seeigelart Höhlen in den härtesten Stein. Berühmt sind die antiken Säulen von Pozzuoli bei Neapel, die vermutlich einst aus einem Fischbassin ragten und damals an der Basis von solchen zähen Bohrern tief durchlöchert worden sind. In der Regel wird auch hier einfach mechanisch geraspelt. Wo aber reiner Kalkstein beliebt, da taucht noch ein unheimlicheres Mittel auf.

Das Molluskentier sondert eine scharfe Säure ab, die den Stein unmittelbar anätzt, löst, sozusagen chemisch verbrennt. Wir wissen, was das für Säuren sein müssen, denen selbst der Kalkstein einer Marmorsäule unterliegt, etwa Schwefelsäure. Vor rund sechzig Jahren hat der Bonner Zoologe Troschel denn auch zuerst festgestellt, daß gewisse Schnecken in ihrem Speichel in der Tat freie Schwefelsäure ausspritzten, so stark, daß sie den Marmor italischer Fußböden angriff. Eine kühne Sache, aber ein glänzendster Kunstgriff der Natur für ein Tier, das Felsen anbohren sollte. Gewisse Bohrmuscheln bewähren's denn auch, und gern möchte man es dem Seeigel drüben selber so gönnen. Aber gerade hier mischt sich ein neuer, überraschender Gedanke ein.

Wenn der schönste bunte Cipollinmarmor der himmelragenden Säule, die sonst der Jahrtausende spottet, machtlos zerfällt, verbrennt vor der Schwefelsäurespritze des Molluskentieres – wie hoffnungslos muß solcher furchtbaren Chemie die gewöhnliche Panzerwand eben auch des Seeigels verfallen sein, die doch auch ihre Stärke nur in der Kalkeinlage hat. Wie Wachs an der Sonne müßten ihre Platten vor einem Angriff dieser Art dahinschmelzen, die wehrlose Blöße des Insassen nackt offenbarend. Nun aber wissen wir: die vom Molluskenvolk sind keineswegs auch im Verhalten zu ihren Mitvölkern da unten alle sanfte Lämmer. Gewaltige Schnecken, jene allbekannten, oft als Kriegstrompeten verwendeten Tritonshörner, Ungetüme von selber schier uneinnehmbarer Burg, haben sich der Schwefelsäurespritze wirklich bemächtigt, nicht als harmloser Technik zum Einbrennen in den Fels, sondern als einer verheerenden Waffe.

Alle schauerlichsten Sagen kommen kaum gegen das Bild auf, das hier entsteht: der Drache, der mit seinem sengenden Atem und Geifer Wald und Haus verheert – die Teufelsspinne, die sich dem Ritter durch den Helm bis ins Hirn brennt. Unerbittlich, wo sie ihm im freien Wasser begegnen, halten diese Schwefelsäuredrachen den auf seinen Saugseilen und beweglichen Stacheln kunstvoll heranbugsierten Panzerwagen des Seeigels an, begießen ihn mit ihrer infamen Säure, öffnen die angeätzte Stelle vollends mit der Raspel ihrer Zunge und fressen den armen nackten Passagier heraus. Und auf der Flucht vor diesen Scheusalen geschah es also, daß die Seeigel sich noch einmal in besonderen Höhlenburgen wie in gesicherten Automobilschuppen zu bergen begannen, bereit, lieber harte Steinsplitter zu zerkauen, als sich dauernd den chemischen Stichflammen der Schwefeldrachen preiszugeben.

Sobald aber Tiere in künstliche Höhlen einfuhren, mußte auch das Problem gegeben sein, die Höhle durch eine künstliche Tür beliebig abzuschließen.

Den Diluvialmenschen wird das früh bewegt haben, wenn draußen der grimme Höhlenlöwe durch die Nacht brüllte. Der halbtierische Zyklop bei Homer wälzt wenigstens einen rohen Steinblock vor. Freilich, der Seeigel selber hat's noch nicht. Wenn man ihn herausziehen will, stemmt er sich mit aller Gewalt seines beweglichen Stacheldrahts gegen die Höhlenwände, als müsse das genügen. Aber er so gut wie die Schnecke haben ihren eigenen Leibespanzer doch aus Kalkmaterial körperlich selber aufgebaut, sozusagen ausgeschwitzt. Nun sitzt der Panzer noch einmal im Überpanzer, dem engen Höhlenhals. Sollte einer da drinnen nicht ebenso, wie die Schwefelsäureschnecke nach außen ins Fremde hinein zerstören konnte, so nach außen ins Fremde auch etwas weiter aufbauen? Etwa auch etwas absondern, das zeitweise den verdächtigen Höhleneingang ganz zubaute?

Am eigenen Häuslein kennt die Schnecke ja schon so etwas auf Widerruf. Nach zwei Methoden. Bald scheidet sie für ihre ungestörte Winterschlafzeit oder auch allzu dörrende Wüstenhitze einfach eine provisorische, wieder lösbare spanische Wand vor ihrer Schalentür aus ähnlichem Kalkschleim ab, wie er die Schale selbst erzeugt hat. Oder sie verwertet ein altes Schildbürgerprinzip: wie der dort sich ein Stück Blech in den Hinterboden der Hose als die im Kampf gefährdetste Stelle einnähen ließ, so führt sie vorsorgend schon ein hartes Schildstück in ihren sonst weichen Fußrücken, und das klemmt sie gegebenenfalls einfach wie ein Monokel in die Türrundung.

Zunächst das letztere Prinzip hat dann mehrfach Freunde gefunden. Bekanntlich lieben es manche Krebse, sozusagen auf Raub und Schummel sich nachträglich in leere Schneckenhäuser einzunisten. Solche Aftermieter bevorzugen nun auch, so gut es ihnen gegeben ist (sie können nicht so leicht Kalk sabbern wie der echte Hausherr, die Schnecke), die Schildbürgermethode – sie klemmen, oft doch auch höchst kunstgerecht, ihre Scheren und Beine in die ledige Türöffnung, zum Zeichen, daß sie nicht zu sprechen sind, und es langt auch so.

Aber in der selbstgegrabenen Burghöhle wird diese Methode doch schon schwerer. Gehen muß sie im Notfall ja auch. Bei den Kolobopsisameisen, die in hohlen Zweigen wohnen, muß stets ein treuer Soldat des Volkes sich mit dem vorne genau abgestutzten Dickkopf wie ein

Pfropfen in die Tür zum Bau klemmen, wobei der lebendige Verschluß so gut paßt und in Farbe und Rauhigkeit der Oberfläche so genau von außen die Rinde fortsetzt, daß so leicht keiner hier eine Tür überhaupt ahnt. Bei einer Spinne (*Cyclosoma*), die sich senkrechte Erdschachte gräbt, wird gar das eigene Hinterteil so benutzt, das, aufgeblasen und dann ganz jäh völlig platt abgeschnitten, eine Art natürlichen Sektpfropfens bildet.

Aber wenn schon die Höhle ein selbstgefertigtes Fremddding an sich sein soll, wieviel besser wäre es, auch diese äußerliche Höhlentür wäre zuletzt wieder ein Fremdwerk, erst zweiter Hand aus irgendeinem gegebenen Material gezimmert. Und diese letzte praktische Folgerung hat endlich die sogenannte Minier- oder Tapezierspinne (Nemesia- und Cteniza-Arten Südeuropas) im Bann der Entwicklung gezogen. Sie gräbt sich Schutzschachte horizontal in Abhänge hinein, vor allem auch als wohlverwahrte Kinderstuben. Hier hat es Zweck, die Tür hinter sich zu schließen, auch wenn sie selber ausgeht. Ihre große Naturtechnik ist aber das Spinnen. Mit dichter Spinnseide hat sie schon den Schacht selber wie mit einer Tapete, die dem Abbröckeln der Wände wehrt, ganz ausgeklebt. Was kann es dieser Meisterin verschlagen, auch einen kreisförmigen Vorhang zu weben, der den Eingang deckt. Aber sie webt ihn nicht ganz zu, sie schafft ihn als lose bewegliche Platte, die bloß oben in einem Scharnier hängt. Sie webt Erde darein, so daß er selber auch als Tür von außen das Loch nicht verrät. Und sie klappt den Deckel auf, wenn sie hinaus will, hinter ihr fällt er an dem schrägen Hang dann von selber wieder zu. Ist sie aber daheim, so wendet sie für den, der doch das Versteck entdeckt hat, die gleiche Art noch obenein an wie jene Ameisenwache: sie krallt ihre Klauen in kleine Löcher der Türfüllung, stemmt sich fest im Schacht auf und hält krampfhaft die Pforte zu.

Es fehlte bloß noch, daß sie einen Riegel vorschöbe, so wären wir ganz wieder in Troja ...

Eine Liebesgeschichte zwischen Unterseeboot und Aeroplan

Zwei neue volkstümliche Heldentypen hat uns der Weltkrieg geschenkt: den Luftfahrer und den Unterseebootfahrer.

Bisher hing an beiden etwas sozusagen Wissenschaftliches, wie meist zuerst bei neuer Technik. Jetzt sind sie in die Romantik der Volksseele eingewachsen: junge Prachtgestalten in der Überfülle sehniger Kraft, mit eisernen Nerven, die, mit der Kinderruhe des Selbstverständlichen im blauen Auge, das Unmögliche möglich machen, leuchtend siegen und, wenn es sein muß, leuchtend untergehen. Die Liebesliteratur der Folge wird sie finden, wenn sie einen modernen Helden braucht.

Bei uns wird eben Technik, was sonst Märchenzauber war. Die Sage hat sie ja zu allen Zeiten und bei allen Völkern schon gehabt, die Wunderbaren, die zwischen uns traten und freiten bloß wie ein schöner Mensch – die aber plötzlich sich dann wieder aus dem Arm der Liebe lösten, ihr Schwanenkleid anzogen und durch die Lüfte davonfuhren oder als Nix in den dunkeln Wassern untertauchten.

Wieder in der Sage selbst aber lag es wie ein tiefes Erinnern, daß der Mensch, Geisteskönig dieser Welt, eigentlich auch das alles beherrschen, besitzen müsse in geweihter Stunde, was Fisch und Vogel bereits einmal hatten. Aber nur einzelnen Auserwählten gelang es. Den anderen blieb nichts als unendliche Sehnsucht, wenn der Schwanenritter auffuhr oder Melusine wieder versank. So enden auch die Liebesmärchen von diesen Wundermenschen neuer Elemente durchweg tragisch – das Element, dessen Grenze kühn überschritten war, trennt die Liebenden doch wieder zuletzt, und der Verlassene bleibt der Erde, wenn der andere wieder in seine Wolken oder Wellen kehrt.

Ich weiß nicht, ob es irgendwo eine Sage gibt, wo der Flieger eine Nixe liebt – das Wunderbare das Wunderbare selber; es müßte aber, meine ich, wohl eine besonders traurige Geschichte sein von Himmel und Tiefe, die unmöglich dauernd zueinander können. Und doch hat ihn die Natur auch schon einmal verwirklicht, diesen kühnsten Traum ...

Wenn vor dem grauen Nebelhimmel heute eine Schar Wildgänse hoch über uns dahinsteuert – zu jener charakteristischen Keilform geordnet, von der auch unsere Aviatiker sagen, daß sie bei einer Fliegergruppe hinter einem Leitflieger die einzig richtige zur Vermeidung des Luftwirbels vom Vordermann sei –, oder wenn im tiefen grünen Rhein die Pilgerschaft der Lachse still hinauffährt vom fernen Meer bis zum ragenden Alpenfels, – so wissen wir wieder, wie sie früh schon bei Aeroplan und Unterseeboot angelangt war, diese proteisch schaffende Natur. Und wo ihr einer großer Lebensinhalt unerbittlich waltet, der harte Daseinskampf, da gewahren wir auch, wie solches natürliche Luftboot gelegentlich mit dem natürlichen Wasserboot sich wenigstens begegnet im Zusammenstoß solcher Fehde.

Auf dem sonnenüberglänzten märkischen See vor meinem Fenster ist es mir ein alltäglicher Anblick, wie eine der großen schwarzgrauen Krähen urplötzlich ihr gespenstisches Naturluftschiff wie einen Stein lotrecht auf die Wasserfläche herabsausen läßt, um dann beim Wiederaufsteigen im Schnabel weithin leuchtend den weißen Unterseebootskiel eines Fisches in die Lüfte zu entführen. Nicht immer läuft das so einseitig glücklich ab. Wiederholt hat man alte starke Karpfen oder Hechte gefangen, die im Rücken eingewachsen die eisenharten Klauen des Fischadlers trugen: das Boot des Fisches hatte hier, rechtzeitig noch untertauchend, das Flugzeug des Vogels an seiner Harpune mit in die Tiefe gezogen und dann mit der wunderbaren Heilkraft der Natur das furchtbare eigene Leck wieder ausgeheilt.

Um aber auf meine Liebesgeschichte zu kommen, so muß ich zuerst ein Wintermärchen erzählen. Es ist kurz und spielt im Apfelbaum.

In der eisigen Dezembernacht, wenn sonst alles Kerbtiervolk zur Rüste gegangen ist, zeigt sich dort die seltsame Cheimatobia, der Frostschmetterling. In schwankendem Aeroplan von unscheinbarem Grau umkreist er die kahlen Stämme wie der abgeschiedene Geist dieser frohen Sommerkinder vom Falterreich, der in den kalten Tartarus verbannt ist. Er – wohlverstanden aber nur er, der Liebhaber. *Sie* hat kein Flugzeug. Sie ist ein armselig verkümmertes Wesen in dem Punkt, das in solcher Nacht des Frostes und der Naturöde auf den eigenen Zappelbeinchen irgendwo an einem Stamm emporklettern mußte. Da sitzt es nun und wartet geduldig, bis der Schwanenritter aus dem Dunkel auftaucht und zu ihm niederschwebt.

Wie er es überhaupt finden mag? Die Natur hat ja für solche verwickelten Wege ihres Liebeslebens so manchen raffinierten Ariadnefaden. Bei unseren niedlichen Glühwürmchen, jenen kleinen Käfern, wo auch der Jüngling auf etwas unbeholfenem Aeroplan das Luftmeer durchkreuzt, während die ungeflügelte Maid ohne Schwanengürtel an der Küste ihres Moosbodens seiner harren muß, stellt diese Maid ein natürliches Lämpchen bei sich heraus wie Hero ihrem nächtlich anschwimmenden Leander. Die Sage ist nicht so kühn gewesen, im letzteren Falle ihrem schönen Mädchen Locken zu verleihen, die so süß dufteten, daß sie allein in finsterer Nacht den Weg über den Hellespont hätten weisen können. Zu solcher Wirkung denken wir uns kein schönes Mädchen mehr, sondern es müßte wohl schon ein ganzes Land voll aromatischer Düfte sein, wie man die blühenden Küsten der tropischen Gewürzländer oder gewisser Mittelmeerinseln tatsächlich schon über das Meer hin riecht, ehe die Feste selber sichtbar wird. Und doch tut's gerade bei Schmetterlingen wirklich schon das schöne Mädchen allein. Auf zwei Kilometer weit, über alle Qualmfabriken, Wurst- und Käseläden einer ganzen Stadt hinweg (weiß Gott, was das besagen will!) lockt der Duft gefangen gehaltener Pfauenaugenmädchen die jungen Bewerber heran, wie ganz einwandfreie Beobachtungen festgestellt haben. Und so wird wohl auch die verliebte Cheimatobia der Winternacht ihren heimlichen Magnet haben.

Aber diese ganze Winterliebe zwischen Erdenmädchen und Luftfahrer bildet doch nur ein schüchternes Vorspiel zu dem, was in abgeschiedener Stille deutscher Gewässer, wo nächtlich die Sterne sich im schwarzen Grunde spiegeln und schwankes Wasserkraut, wie bewegt von unsichtbaren Nixenhänden, mit der dunklen Strömung auftaucht und wieder versinkt, das einzigartige Tier Acentropus vollbringt. In gewissem Sinne das wunderbarste Geschöpf unserer ganzen Heimat! Wenigen erst ist es vergönnt gewesen, bisher einen Zipfel vom Schleier seiner Geheimnisse zu lüften, so unter anderen Zeller und unserem trefflichen Stuttgarter Meister Kurt Lampert, die ihr Studienmaterial an besonders bedeutsamem deutschen Fleck fanden.

Solange wir Menschen von Luftschiffahrt singen und sagen werden, so lange wird uns der Bodensee in der Erinnerung ein geweihtes Stück Erde bleiben. Den alten Reiter traf der Schlag, weil er sich versehentlich über das Eis gewagt. Den bewußten Menschengeist, der sich gerade hier selbstwillig zum erstenmal durch die freie Luft gesteuert, hat kein Schlag beirren können. Viele Jahrtausende aber, ehe der ungeheure Schatten des ersten Zeppelin über diesen schönen Sonnenspiegel ziehen sollte, ist hier wohl schon ein kleiner Schmetterling vom Volk der Zünsler oder Lichtmotten zu verborgener Nachtstunde in seiner Weise nahe dem Wasser hin mit lenkbarem Luftschiff gefahren – nach jener uralten Weise, die das schwache Insektengeschlecht einst in den Sümpfen der Steinkohlenzeit sich mit kühner Neuerung errungen, indem es plattenartige Anhängsel seines Brustrückens zu mächtigen Luftrudern ausgestaltete. Er ist dahingefahren und hat etwas gesucht – auch er ein Schwanenritter – eine Braut, die gleich dem Mädchen im Apfelbaum selber nicht fliegen konnte. Aber was irrt er gerade über den Wassern dabei herum?

Es hat immer etwas Rührendes für den Menschen, auch das einfachste Gemüt, gehabt, wenn er weitab vom Lande auf grauer Wasserwüste solchem einsam verflatterten Schmetterling begegnete. Dem Seefahrer erschien er wie ein Gruß aus der Heimat, aber zugleich auch als ein armer Verirrter, den das Spiel der Winde ins Verderben trieb. Lenau, dessen düsterer Geist hier ein Sinnbild des eigenen zerrissenen Lebens sah, verglich ihn auf solcher Fahrt einem verwegenen Denker, der sich dem Tode voraus ins »Geistermeer« gewagt und nun in der Wüste verloren gehe, »von wannen keine Wiederkehr«.

Aber keinem dort ist wohl je der Gedanke gekommen, daß der zarte Luftfahrer auf seinen zitternden Flügelchen wirklich da draußen etwas suchen könne – in den Wassern selber, über die er mühsam steuerte. Der Schwanenjüngling Acentropus über seinem nächtlich stillen Bodensee aber sucht wirklich und wahrhaftig eben in den Wellen unter sich nichts Geringeres als seine in ein anderes Element verzauberte Braut.

Der Naturspuk hat sie ihm, dem Luftkinde, dem Flieger, verkehrt in ein ewiges Wasserkind, eine Nixe. Diesmal geht der Gegensatz nicht bloß darauf, daß das geflügelte Männchen eines Schmetterlings ein ungeflügeltes Weibchen suchen muß. Sondern wenn der männliche Acentropus ein regelrechter Luftschmetterling gleich anderen ist, so ist, mag es noch so unglaublich klingen, sein zugehöriges Weiblein der einzige bisher bekannt gewordene Fall eines Wasserschmetterlings – eines regelrechten Unterwasserschmetterlings. Fisch und Vogel, Unterseeboot und Aeroplan, Nix und Schwanenritter – und diese Gegensätze verteilt auf ein Liebespaar der gleichen Art!

Vom Wesen eines Schmetterlings, der unter Wasser lebt, sich ein Bild zu machen, ist ja schon an und für sich ein gewisses Kunststück. Von der ersten bis zur letzten Stunde seines Daseins haust das Nixenweibchen vom Hause Acentropus ausschließlich in seinem Kristallschloß der Wassertiefe. Nie verläßt es sein feuchtes Reich, auf nichts anderes versteht es sich als auf das Wasser. Im Wasser ist es selber aus seinem Puppenschrein gekrochen. Wenn der gewöhnliche Schmetterling da oben im rosigen Licht, irgendein Admiral oder Fuchs, aus der Puppe kommt, so sind seine Aeroplanflügelchen ja auch zuerst noch eingefaltet und feucht und er muß abwarten und proben, bis er sozusagen »trocken hinter den Ohren« ist, dann aber schwingt er sich frei davon und freut sich ihres prächtigen Tragens. Die Schmetterlingsnixe braucht das alles nicht. Ihre verkümmerten Flügel werden überhaupt nie trocken und reif. Mit den Vorderbeinchen hält sie sich an Wasserpflanzen fest, ganz wie das Frostmädchen an seinem Apfelbaum, während sie die anderen stark befiederten Glieder beständig wie kleine Schaufelrädchen lebhaft schwingend bewegt.

Und wie sie es geworden, so werden auch ihre Kinder zunächst alle wieder echte Nixenkinder. Unter dem Wasserspiegel im Kristallreich der Mutter kriechen sie als niedliche Wasserräupchen aus den Eiern, leben in kleinen Gehäusen aus Wasserblättern, denen die untergetauchte Pflanze selber Luft gibt, und schlafen ihre Puppenzeit in wohlverankerten, schön silberglänzenden, da auch mit Luft erfüllten Mosesschifflein aus eigenem Seidengewebe aus.

Dann aber kommt das Wunder im Nixenreich.

Aus solcher Nixenpuppe steigt, wenn es ein Töchterchen werden soll, ganz folgerichtig weiter auch wieder ein der Mutter gleicher Wasserschmetterling, eine Nixenbraut, die in der Tiefe verharrt. Da, dort aber ringt sich etwas ganz anderes vor: jeder Jüngling erscheint wieder mit dem alten stolzen Schwanenkleide seines Stammes. Sogleich strebt er auch aus dem Nixengrunde wieder in die freie Lufthöhe hinauf. Er entfaltet dort die Ruderflügel seines schönen natürlichen Aeroplans und könnte nun fern dahinschweben, den Sonnenhalden seiner entfernteren Brüder am Lande zu, weitab vom vergessenen Storchteich der Nixenheimat. Und doch sehen wir auch ihn diesen Weg nicht ganz einschlagen.

Ein dunkler Bann scheint ihn auch jetzt doch noch an die Nähe des Wasserspiegels zu fesseln wie jenen Geisterschmetterling Lenaus. Sein Leben ist kurz. Und doch steckt in ihm noch der große Sinn, dem alles Schmetterlingsdasein zu tiefst geweiht ist: die Liebe. Aber die Nixenmädchen seines Volkes sind ja im Kristallgrunde verblieben. Und das nun bestimmt unabwendbar auch des freien Luftfahrers Tun. In den kurzen Abendstunden, die ihm nur vergönnt sind, muß auch er rastlos über dem verlassenen Kinderteiche schweben, ob nicht doch eine solche Nixe irgendwo auftauche.

Und sie schwimmen in solcher Feierstille der Nacht wirklich dicht zur Oberfläche heran, die Nixenmädchen, auch sie im dunkeln ererbten Wissen des Naturwillens, daß für ihr Geschlecht umgekehrt die Liebe von oben, aus den Himmeln niedersteige.

Und nun vollendet sich, was sonst nur der wilde Kampf vollbrachte, im Frieden der Liebesharmonie.

Das Unterseeboot taucht zur äußersten Grenze seines Wasserbereichs. Der Aeroplan senkt sich bis hart auf den Spiegel. So im Kuß der Elemente finden sich die Liebenden.

In der Sage steigt Perseus auf seinem Flügelpferde herab und erlöst die am Felsen über den Wassern angekettete Braut. Oder in der anderen taucht Leander aus den Wassern zu seinem schönen Mädchen Hero empor. Hier aber vermischen sich alle Legenden. Hero selber taucht aus dem Hellespont, und zu ihr nieder senkt sich im Mondlicht der Schatten des Flügelreiters.

Aber im Märchen von der schönen Melusine stirbt auch der Ritter zuletzt im Nixenkuß zur Sühne einer freventlichen Störung des Geheimnisses im Bund der fremden Elemente. Der strenge Geschichtschreiber der Natur vermerkt hier, daß auch im Hause Acentropus bisweilen, wenn auch ungewollt, der Nixenleib bei jäher Störung der verschwiegenen Liebesstunde den kühnen Flieger ganz in die Wasser hinabziehen soll, also daß der Liebhaber elendiglich ertrinken muß. Auch die Natur scheint der Tragik der vertauschten Elemente also ihren Tribut zu zahlen ...

Und vielleicht hat gerade die Gefahr, die hier liegen könnte, den Naturwillen oder die Naturzüchtung (wie man's nun ausdrücken mag – Menschenausdruck bleibt ja immer nur Stückwerk) noch zu dem letzten Wunder genötigt, das uns Acentropus zeigt.

Zu gewissen, angeblich genau geregelten Zeiten entwickelt dieser seltsamste Schmetterling nämlich neben den geflügelten Männchen *zwei* verschiedene Sorten von Weibchen, von denen die eine ebenfalls beflügelt und zur freien Luftfahrt und reinen Aeroplanliebe geeignet ist. Zu den regelrechten Nixenmädchen und Schwanenrittern erscheint diese Nebengeneration wie eine Art hilfsweisen dritten Geschlechts. Aus den Puppenwiegen steigt mit ihr eine bestimmte Anzahl bevorzugter Bräute auf, die regelrechte Walküren sind, auf ebenso schönen Aeroplanflügeln sich emporschwingen können wie die Schwanenritter selbst und nunmehr in freier Seeluft hoch über den Wassern ihre Helden vom gleichen Element suchen und finden mögen.

Es ist, als gehe hier auch durch das wilde Naturmärchen der Schatten der Erlösung, der den Frosch doch wieder zum Prinzen, den Nixenschmetterling wieder zum Luftfahrer befreit ...

Wir aber beugen uns vor den Schauern und Geheimnissen dieses Alls, das immer groß bleibt, ob Du nun zu flammenden Sonnen gehst oder zu der Liebesnacht eines Schmetterlings auf stillem See – und aus dem immer etwas klingt – – etwas klingt – – – als wenn es in unseren innigsten Träumen wäre – und doch auch im kältesten Raum da draußen – – – etwas, von dem wir aber eigentlich noch kaum angefangen hätten, es zu begreifen – –